Yoga

Anneliese Harf

Yoga

Weg zur Harmonie

In Zusammenarbeit mit Wulfing von Rohr

FALKEN

Zum gleichen Thema sind im FALKEN Verlag erschienen:
»Richtige Atmung und Entspannung durch Yoga« (321)
»Yoga gegen Haltungsschäden und Rückenschmerzen« (394)
»Yoga für Schwangere« (777)
»Yoga für jeden« (341)

Über den Buchhandel ist außerdem ein Package mit drei Videokassetten »Yoga« erhältlich (Spieldauer jeweils 60 Minuten, in Farbe; auch einzeln zu erwerben).

ISBN 3 8068 4417 8

Umschlaggestaltung: Andreas Jacobsen
Titelbild: Fotodesign Hesselmann, München
Bildquellen: Ansata Verlag Paul A. Zemp, Interlaken (S. 13 re); Archiv für Kunst und Geschichte, Berlin (S. 13 li); Erhard Donig, Unterbrunn (S. 13 Mitte unten); dpa (Lehtikuva Dy), Frankfurt/Main (S. 57); Claus Hansmann, Stockdorf (S. 9); Historia-Photo Charlotte Fremke, Hamburg (S. 11); Keystone, Hamburg (S. 12 re, 13 Mitte oben); Reinhard-Tierfoto, Heiligkreuzsteinach-Eiterbach (S. 107, 113, 116, 125, 134, 139, 159, 164); Silvestris (Jörg-Andreas Reihle, S. 3; Ladislav Janicek, S. 10; Frank Lane, S. 17, 42); Kastl; Vedanta Centrum, Wiesbaden (S. 12 li und Mitte); Xeniel (Heinz Tschanz-Hofmann), Stuttgart (S. 45).
Alle anderen Fotos: Fotodesign Hesselmann, München.
Die Bilder auf den Seiten 143–152 hat Roland Frey, Intra-Verbania, Italien, gemalt.
Zeichnungen: Gerhard Scholz, Dornburg

Satz: LibroSatz, Kriftel bei Frankfurt
Druck: Karl Neef GmbH & Co., Wittingen

06441789X817 2635 4453

Inhalt

Wer sich selbst und andre kennt,
Wird auch hier erkennen:
Orient und Okzident
Sind nicht mehr zu trennen.

Sinnig zwischen beiden Welten
Sich zu wiegen, laß ich gelten;
Also zwischen Ost und Westen
Sich bewegen, sei's zum Besten!

Johann Wolfgang von Goethe,
»West-östlicher Divan«

Vorwort

»Yoga – Weg zur Harmonie« ist eine Einführung in wesentliche Yoga-Übungssysteme, die es Anfängern wie Fortgeschrittenen erlaubt, Yoga auf einfühlsame Weise zu verstehen und im Alltag auszuüben. Das vorliegende Buch bemüht sich um eine klare Darstellung der thematischen Grundsätze, verbunden mit einer Fülle einprägsamer, ungefährlicher und besonders wirksamer Übungen im Rahmen eines erprobten Lernsystems. Auf zu spezielle Fachbegriffe, übertriebenen Gebrauch indischer Sanskritausdrücke und Übernahme östlicher Religionsphilosophien wurde bewußt verzichtet. Im Vordergrund steht eine praxisbezogene Anleitung für uns Menschen im Westen, wie wir uns die kulturunabhängigen Vorzüge von Yoga zunutze machen können. Anneliese Harf legt damit ihre Erfahrungen aus mehr als 30 Jahren eigener Yoga-Übung und mehr als 25 Jahren fast täglicher Yoga-Lehrpraxis in einer Form vor, die unserer Zeit entspricht. Der FALKEN Verlag hat dieses Buch in einer Weise gefördert – insbesondere im Hinblick auf die reichhaltige Ausstattung und auf das große Verständnis für diesen westlichen Yoga-Ansatz –, die es den Leserinnen und Lesern sehr erleichtern wird, Anneliese Harfs Erfahrungen, Anleitungen und Übungsvorschläge in die eigene Praxis umzusetzen. Dafür danken die Verfasser dem Verlag ausdrücklich.
Es bleibt mir an dieser Stelle nur noch, Ihnen Freude, Muße und viele positive Bewußtseinsimpulse durch dieses Buch zu wünschen.

Wulfing von Rohr

Wendepunkte

Trotz meines beglückenden Berufes – ich war Pianistin und Musikpädagogin – und trotz eines scheinbar erfüllten Lebens bedrängte mich innerlich immer wieder die Frage nach einem tieferen Lebenssinn. Zuerst war es nur eine Ahnung, allmählich aber klare Überzeugung, daß meinem Leben etwas Wesentliches fehlte. Ich hatte weitgehend erreicht, was ich mir wünschte; dennoch spürte ich oft eine innere Leere. Doch was fehlte mir?
Den Ausschlag für einen Neubeginn gab mein Arzt, als ich, etwa siebenundzwanzigjährig, wieder einmal schwer krank war: »Geben Sie Ihren Beruf auf, dann können Sie vielleicht noch 3 Jahre leben!« Daraufhin richtete ich alle inneren Kräfte intensiv auf die Sinnfrage meines Lebens, und ich bemühte mich um ein tieferes Verständnis meiner Situation.
In dieser Zeit kam ich zum ersten Mal mit Yoga in Berührung, zuerst mit dem sogenannten geistigen Yoga, dann auch mit Hatha-Yoga. Damals gab es in Deutschland noch keine großen Yoga-Schulen mit langjähriger Erfahrung, sondern nur vereinzelt Lehrer, zu denen der Weg oft weit, zeit- und kostenaufwendig war.
Als ich dann mit viel Freude täglich übte und mich mit dem geistigen Hintergrund der Weisheitslehren des Yoga befaßte, spürte ich, daß mir diese Übungen halfen, in mir zu ruhen, Kräfte zu sammeln und stets neue, tiefere Lebenszusammenhänge ursächlich zu erkennen. Ich war oft so glücklich, wenn mir immer wieder »Lichter aufgingen«, durch die ich mich und andere besser verstehen konnte. Auch in meinem Beruf und im sogenannten Alltag konnte ich mich dann besser harmonisieren oder auch aktivieren. Die Folge war, daß ich im Laufe der Zeit wieder gesund wurde. Lebensfreude und -intensität bestimmten mein Tun, und mein Erleben gewann an Bewußtseinsqualität.
Durch die Stille der täglichen Meditation sah ich alles wie neu, lichtvoller, von Kraft erfüllt, entwicklungs- und damit sinnbezogen. Selbst bei schweren Belastungen war mir immer noch bewußt, daß sie in jenem Augenblick für meine Entwicklung notwendig und damit »nur« ein vorübergehender Durchgang waren, um etwas Bestimmtes zu lernen. Neue Kräfte und Fähigkeiten kamen dadurch in mir zur Entfaltung. Hinterher hat sich so oft bestätigt, daß vieles geschehen mußte, damit ich zum nächsten Schritt meiner Entwicklung fähig war. So hat sich mein Leben durch Yoga von Grund auf verändert und mein Erleben wesenhaft und wesentlich vertieft.
Aber bei all dem merkte ich schon bald: So wertvoll das uralte indische Weisheitsgut für mich war, so mußte ich vieles westlich umgestalten, ja in unser abendländisches Kulturgut integrieren, anstatt es an seine Stelle zu setzen. Während mir die Prinzipien des Yoga von Anfang an weitestgehend klar waren, so forderte mich doch meine Umwelt auf, östliche Weisheit mit westlichem Denken zu verbinden, bestimmte Dinge entsprechend unserer Erfordernisse auszuwählen und auch wegzulassen.
Manche Hatha-Yoga-Übungen waren mir zu anstrengend. So mußte ich mir erst behutsam durch vorbereitende und ergänzende Übungen den Zugang zu schwierigen Asanas (psychosomatisch wirkende Körperhaltungen des Hatha-Yoga-Systems) erarbeiten, um schließlich zu verstehen: Wir im Westen haben andere Lebensumstände, eine andere Mentalität und Konstitution als Inder, also brauchen wir auch eine andere Weise, Yoga zu üben und zu vermitteln. So sah ich damals meine Aufgabe darin, Yoga für den Westen aufzubereiten – zuerst für mich selbst, dann für immer mehr Menschen, die mit mir zusammen Yoga üben wollten. Dabei entstand zunächst mit einem meiner Lehrer zusammen der *Hrydaya-Ashram,* dann das westlich ausgerichtete *Münchner Yoga-Zentrum.* Daß sich diese Arbeit einmal so erweitern würde, daran dachte ich damals allerdings nicht.
Im Laufe der Jahre entwickelte sich eine Schule, an der speziell auf westliche Bedürfnisse abgestimmtes Yoga angeboten wird. Yoga ist für uns eine wertvolle Ergänzung und Erweiterung abendländischen Weisheitsgutes und dient als Weg zur Ganzwerdung im Sinne von Selbstbewußtwerdung.
Yoga ist sicher nur eine von vielen Möglichkeiten zu diesem hohen Ziel.
Heute, nach über 30 Jahren Übungspraxis und 25 Jahren Yoga-Lehrtätigkeit, empfinde ich am Yoga so beglükkend, daß ich immer Anfänger blieb; denn jeder Schritt meiner Entwicklung erschließt mir neues Erleben und ein weiteres Bewußtsein. Jeder Tag schenkt mir so viele Möglichkeiten zum Lernen, zum Gutmachen und zur Selbstwerdung. Ich fühle mich auf meinem *Weg* zur allumfassenden Liebe geführt und in mir geborgen, auch wenn ich weiß, daß Prüfungen und Belastungen in dieser »Schulklasse des Erdenlebens« nicht ausbleiben. Jeder Mensch, unabhängig davon, ob er Yoga oder ob er einen anderen inneren Weg geht, wird durch seine Weiterentwicklung Schwester und Bruder auf dem Lebensweg. Diese Einstellung gibt mir Kraft, auch wenn wir an unterschiedlichen Standorten stehen. Wir alle können einander helfen durch tieferes Verstehen, durch Vertrauen in die innere Führung, durch unser tägliches Üben und durch unsere Lebensverwirklichung.
Letzteres ist der wesentlichste Aspekt des Yoga; denn ohne Umsetzung innerer Erfahrung und erweiterter Bewußtheit durch größere Liebes- und Friedensfähigkeit im Alltag bliebe alles nur Theorie.

Anneliese Harf

Was ist Yoga?

Bedeutung

Yoga ist das älteste uns überlieferte Übungssystem für eine bewußte Entwicklung des ganzen Menschen. Yoga vermittelt einen Einblick in Gesetzmäßigkeiten und Zusammenhänge des Lebens und erleichtert durch geeignete Übungen den Weg zur Selbstfindung und Selbstwerdung. So kann eine kurzgefaßte Antwort auf die Frage »Was ist Yoga?« lauten.

Wir werden in dieser knappen Einführung einige wesentliche Aspekte ansprechen – eine auch nur annähernd vollständige Darlegung ist im Rahmen eines sehr praxisorientierten Übungsbuches weder möglich noch ratsam.

Im westlichen Sprachgebrauch wird das Wort Yoga als Sammelbegriff für verschiedene philosophische Systeme und damit verbundene Übungsmethoden verwendet, die aus Indien und zum Teil aus Tibet stammen. Das Ziel aller Yoga-Wege ist Selbstbewußtwerdung und schöpferische Selbstverwirklichung des Menschen.

Das Wort Yoga entstammt der indischen Gelehrtensprache Sanskrit und leitet sich aus dem Wurzelwort *yuj* ab. Die Urbedeutung dieses Wurzelwortes ist *Anschirren* (von Zugtieren), *Einspannen* unter das *Joch.* So wird als Übertragung des Wortes Yoga sowohl der Begriff *Joch* als auch *Vereinigung* verwendet, da das Joch Zugtiere zu einer Aufgabe vereint. Aus diesem Bild wird auch der Begriff *Beherrschung* für Yoga abgeleitet.

Das *»Handbuch für die Yoga-Lehrerausbildung und den Yoga-Unterricht«* des Berufsverbandes Deutscher Yoga-Lehrer unterscheidet drei grundsätzliche Bedeutungsfelder:

- Yoga als Ober- und Unterbegriff für eine Reihe praktischer Übungs- und Heiltechniken. Hier gehören die meisten uns heute bekannten Yoga-Formen, z. B. Hatha-Yoga, Raja-Yoga, Kriya-Yoga usw., hinein.
- Yoga als Name für eines von sechs klassischen Systemen der indischen Philosophie. Diese philosophischen Systeme beinhalten in erster Linie die **»Yoga-Sutras«** des Patanjali sowie die dazugehörige Kommentarliteratur.
- Yoga als allgemeiner Ausdruck für Fertigkeit, Fähigkeit, Technik, Vereinigung usw.

Entscheidend für die Interpretation des Begriffes Yoga ist also immer der Zusammenhang, in dem das Wort gebraucht wird.

Westliche Tempelgruppe von Khajuraho mit Detail

Yoga-Wege

Die Spuren der Yoga-Techniken reichen bis in die Frühzeit indischer Religionsgeschichte zurück. Manche namhafte Autoren gehen davon aus, daß Yoga bereits in der vorarischen *Induskultur* (etwa 4.-Anfang des 2. Jahrtausends vor Christus) bekannt war. Andere meinen, daß in Indien einwandernde arische Stämme das Yoga als Kulturgut mitgebracht hätten. Sowohl in den *»Veden«* (religionsphilosophische Schrift Indiens, entstanden etwa 1200–600 vor Christus) als auch in den *»Upanishaden«* (religionsphilosophische Schriften Indiens, die ältesten entstanden etwa 800–600 vor Christus) finden sich Hinweise auf Yoga als Übungs- und Heilsweg. Vermutlich im 3.–2. Jahrhundert vor Christus entstanden die bereits erwähnten *»Yoga-Sutras«* des Patanjali und die *»Bhagavadgita«,* ein mythologisches und zugleich belehrendes Epos um die Gottheit Krishna und den Prinzen Arjuna. Das später als *Raja-Yoga* (Königs-Yoga) bezeichnete achtgliedrige System nach Patanjali wurde zur wohl wichtigsten Yoga-Richtung (nicht zu verwechseln mit dem achtfächrigen Weg des Buddhismus!).
Die acht Stufen des Raja-Yoga sind:

- **yama** = allgemeine Ordnung: Gewaltlosigkeit – Wahrhaftigkeit – Nichtstehlen – reiner Lebenswandel und Enthaltsamkeit – Nichthorten;
- **niyama** = besondere Regeln: Reinheit – Zufriedenheit – glühendes Streben – geistiges Studium – Hingabe an Gott;
- **asana** = rechte Haltung: rechte Körper-, Sitz- und Bewußtseinshaltung;
- **pranayama** = Atemachtsamkeit, Atemkontrolle zur Beherrschung der Lebenskraft;
- **pratyahara** = Zurückziehen der Aufmerksamkeit von den Sinnen und von Sinnesobjekten;
- **dharana** = Sammlung, Konzentration;
- **dhyana** = Meditation;
- **samadhi** = Erleuchtungserleben, Bewußtseinseinheit, Einssein.

Die *Bhagavadgita* lehrt einen dreifachen Yoga: Karma-Yoga, Jnana-Yoga und Bhakti-Yoga. Im *Karma-Yoga,* dem »Tat-Yoga«, geht es um Erfüllung der Pflichten ohne innere Bindung an Folgen oder Früchte des eigenen Tuns. Im *Jnana-Yoga* steht die kontemplative Erkenntnis im Vordergrund. Es geht bei diesem »Erkenntnis-Yoga« um die existentiell-philosophische Erfahrung der letzten Wahrheit. Im *Bhakti-Yoga,* dem Yoga der liebenden Hingabe an Gott, geht es um eine religiös-fromme, auch gefühlhafte Öffnung für die Allgegenwart Gottes. Allen indischen Yoga-Formen ist gemeinsam: der Glaube an den Kreislauf der Wiedergeburten, der Glaube an die Vergeltung der Taten und der Glaube an die Möglichkeit und Notwendigkeit eines individuellen Ausstieges aus dem karmabedingten Kreislauf der Wiedergeburten, also die Idee der persönlichen Befreiung.
Die inzwischen auch bei uns recht bekannte Form des *Hatha-Yoga* wurde ungefähr 1100 nach Christus in den Yoga-Upanishaden und der Hatha-Yoga-Tradition des Gorakh oder Goraksanatha begründet. Ungefähr um 1500 nach Christus entstand die *»Hatha-Yoga-Pradipika«,* ein noch heute vielzitiertes Standardwerk. Hatha bedeutet ursprünglich Kraft, wurde inzwischen aber auch als *ha* = Sonne und *tha* = Mond umgedeutet. Hatha-Yoga wäre demnach die Vereinigung von Sonne und Mond, die Vereinigung von gegenpoligen Kräften.
Es sollte hier auch kurz erwähnt werden, was Yoga nicht ist! Yoga ist keine Gymnastik (vor allem Hatha-Yoga wird manchmal als reine Körpergymnastik mißverstanden). Yoga ist vielmehr ein Weg zu größerer Bewußtheit und intensiverer Lebenserfüllung.
Des weiteren ist Yoga kein Religionsersatz. Die Verfasserin hat beglückende Stunden und Tage erfahren dürfen, während derer Yoga als Hilfe und Fundament zu einer christlichen Meditation genutzt wurde. Dennoch kann er Religion nicht ersetzen.
Und noch ein letzter Hinweis: Yoga ist kein Mittel, um besondere psychische und mediale Kräfte zu erwerben, wie es in manchen Publikationen angedeutet oder gar versprochen wird. Wer solches möchte, der möge zuallererst seine Motivation prüfen. Yoga kann nur dann positive Wirkung zeitigen, wenn wir von der Grundlage einer positiven Motivation ausgehen. Mediale Kräfte gelten im Yoga als ab und zu auftretende Begleiterscheinungen, die jedoch vom Erfolg bei der Selbstverwirklichung ablenken und deshalb nicht angestrebt werden sollten.

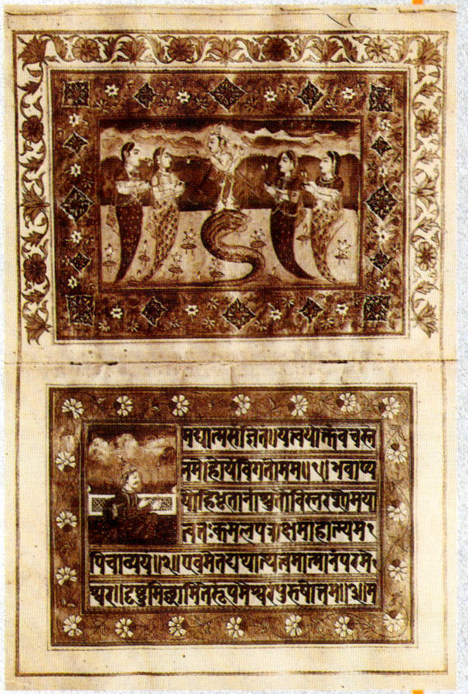

Sanskritmanuskript auf Goldgrund (Bhagavadgita)

Yoga-Meister

Swami Vivekananda (1863–1902)

Für die Verbreitung des Yoga im Westen war *Swami Vivekananda,* ein gebildeter Inder und Schüler des berühmten Heiligen *Ramakrishna,* wesentlich. Er vertrat beim *Weltparlament der Religionen* 1893 in Chicago einen aufgeklärten Hinduismus. Durch seine Neuinterpretation der traditionellen Yoga-Wege bereitete er die geistige Basis für Yoga im Westen. Insbesondere seine Bücher über Raja-Yoga, Jnana-Yoga, Karma- und Bhakti-Yoga sind hier zu nennen. Weitere wesentliche Impulse wurden vermittelt durch:

Paramahamsa Yogananda, der die vielgelesene *»Autobiographie eines Yogi«* schrieb und Kriya-Yoga lehrte (Yoga der heiligen Handlungen = Askese, Studium, Gottesverehrung);

Sri Aurobindo mit seinem integralen Yoga; er bemühte sich in Auroville in Südostindien mit Unterstützung der Vereinten Nationen um eine ideale Gemeinschaftsform;

Swami Shivananda, der als Yoga-Meister in Rishikesh in Nordindien klassische Yogaformen lehrte und ein fast weltumspannendes Netz indisch orientierter Yoga-Schulen inspirierte;

Sawan Singh (1858–1948) und *Kirpal Singh,* die in der Neuzeit als herausragende Vertreter des Surat-Shabd-Yoga galten, eines Yoga, der durch Konzentration auf den inneren Licht- und den inneren Tonstrom über das Körperbewußtsein und zum Ursprung des Seins zurückführen soll;

Ramana Maharshi, dem Jnana-Yogi, der am Fuße des heiligen Berges Arunachala in Südindien lebte und zu dem bedeutende Indien- und Yoga-Forscher aus dem Westen pilgerten, um von ihm zu lernen.

Aus heutiger westlicher Sicht sind alle jene Yoga-Wege und -Übungen für uns geeignet, die uns physisch nicht überfordern, die uns psychisch nicht belasten und die uns zudem nicht an irgendwelche fremden Dogmen binden. Ohne eine fachkundige und gleichzeitig menschlich verantwortliche Führung ist Yoga-Praxis letzthin genauso undenkbar oder zumindest so schwierig zu erlangen, wie es uns schwerfiele, z. B. Chinesisch nur mit Buch und Tonbandkassette zu lernen. Dem Lehrer oder Meister, im indischen Bereich sagt man *guru,* kommt deshalb eine besondere Bedeutung zu. Guru leitet sich ab von *gu* = Dunkelheit und *ru* = Licht, Helligkeit. Guru ist also jene Kraft, die das Dunkel durch Licht beseitigt.

Ramakrishna (1834 oder 1836–1886)

Gurus oder Meister sind vielleicht am ehesten den Kirchenlehrern und den Mystikern der christlichen Tradition vergleichbar. So wie Thomas von Aquin oder Augustinus ebenso verehrt wurde wie Meister Eckhart, Jakob

Paramahamsa Yogananda (1893–1952)

Böhme oder Theresia von Avila, so galten auch herausragende Persönlichkeiten indischer Religionen als Anziehungspunkte für religiöse Sucher.

Für den Osten und den Westen gilt: Ein persönlich integrer, seriöser und kompetenter Guru, Meister oder auch Lehrer bindet nicht, sondern hilft dem Schüler, frei, unabhängig und selbständig zu sein.

Alles, was uns – allen Lebewesen gegenüber – freier, froher, weiter, verantwortungsbewußter, ja letztlich liebesfähiger werden läßt, ist für uns wertvoll und richtig; denn *Liebe* ist Ziel allen Werdens und Lebens.

Ramana Maharshi sagt in *»Be As You Are«* zu diesem Thema:

»Gott, Guru und das wahre Selbst sind identisch. Solange wir an der Vorstellung der Dualität (des Getrenntseins)

Sri Aurobindo (1872–1950)

Swami Shivananda (1887–1963)

Ramana Maharshi (1879–1950)

festhalten, solange werden wir den Guru als jemanden suchen, der außerhalb von uns steht. Er lehrt jedoch die Wahrheit, und man gewinnt schließlich die Einsicht, daß der wahre Guru nichts anderes als das wahre Selbst ist. Befreiung ist nicht außen zu finden. Sie ist nur im Inneren jedes Menschen. Wenn ein Mensch Befreiung sucht, zieht der innere Meister ihn nach innen und der äußere stößt ihn ins Selbst hinein.... Das Selbst bedeutet nur Sein, nicht, dies oder jenes zu sein.... Dem wahren Selbst wohnt Glück inne. Die Suche des Menschen nach Glück ist eine unbewußte Suche nach seinem wahren Selbst. Das wahre Selbst ist unvergänglich; wenn ein Mensch es also findet, findet er gleichzeitig ein Glück, das ohne Ende ist.... Ihr und ich sind nicht verschieden. Wir sind dasselbe. Was ich erlangt habe, ist sicher euch allen möglich. Ihr seid das wahre Selbst jetzt und könnt niemals etwas anderes sein. Werft eure Sorgen in den Wind, wendet euch nach innen und findet Frieden.«
Inspirierte Worte eines Jnana-Yogis, der es zeitlebens ablehnte, als Guru zu gelten.
Solche Gedanken weisen auf das Ziel jedes Yoga-Weges: Bewußtwerdung

Kirpal Singh (1894–1974)

und Selbstverwirklichung. Bis dahin ist ein zuweilen langer und durchaus auch mühseliger Weg zurückzulegen.
(Jede Hilfe, insbesondere durch kompetente und seriöse Lehrer, sollte uns dabei hochwillkommen sein. Der Berufsverband Deutscher Yoga-Lehrer bemüht sich, daß seine geprüften Mitglieder den hier umrissenen Ansprüchen genügen.)

Im vorliegenden Buch wird versucht, Anfängern und Fortgeschrittenen eine praxisorientierte Hilfe für ihren Yoga-Weg zu geben. Die Verfasserin genoß den Vorzug, mit den Lehrweisen von *Boris Sacharow* und *Selvarajan Yesudian* vertraut geworden zu sein, den beiden Persönlichkeiten, die in der Zeit nach dem Zweiten Weltkrieg entscheidende Impulse für Yoga im Westen gesetzt haben. Yoga heute im Westen – das bedeutet sorgfältige Prüfung und, falls notwendig, auch Umgestaltung von Übungen und Techniken, so daß sowohl unsere Lebensweise und unsere Gesellschaftsform wie auch unser kultureller und religiöser Hintergrund berücksichtigt werden. Deshalb sind in den folgenden Übungen Entspannung, Beruhigung, Öffnung des Bewußtseins und harmonische Einstimmung auf Gesamtzusammenhänge stärker betont als anregende und überstimulierende Übungsimpulse.
Alles, was uns dem Leben entfremden könnte, wurde bewußt weggelassen; denn wir brauchen Yoga als Hilfe für unsere Lebensverwirklichung in der Welt.

Übungshinweise

Bevor wir nun zum praktischen Teil kommen, stellen wir wesentliche Hinweise voran, die für alle Yoga-Übungen gelten. Es lohnt sich, diese Anregungen bewußt aufzunehmen und vielleicht auch später immer wieder einmal durchzusehen.
Allgemeine Hinweise für Übungen:

- **Üben Sie** nicht mit vollem Magen, sondern am besten vor den Mahlzeiten oder mindestens 2–3 Stunden danach.
- **Kontrollieren Sie** zu Beginn einer Übung immer bewußt Ihre Körperhaltung und Ihre Gesamtverfassung.
- **Erleben Sie,** vor allem vor und nach Atemübungen, ganz bewußt Ihre natürliche Atmung.
- **Beginnen Sie** alle Atemübungen mit einem entspannten Ausatmen.
- **Versuchen Sie,** die Übungen so einfühlsam, behutsam und bewußt wie möglich durchzuführen.
- **Achten Sie** auf körperliche, psychische und spirituelle Reaktionen.
- **Beatmen Sie** hin und wieder auch den oberen Teil der Lungen durch ein freies Aufatmen.
- **Üben Sie** nicht zu lange auf einmal, jedoch regelmäßig.
- **Zwingen Sie** sich selbst zu nichts, aber lassen Sie die Übungen auch nicht zur Belastung für die Umwelt werden. Es ist nicht ratsam, während der Übungen Radio oder Fernseher laufen zu lassen, und es empfiehlt sich, mit Familie und Partner abzusprechen, wann man eine Viertelstunde oder 20 Minuten in einem Zimmer oder in der Ecke eines Raumes ungestört üben möchte.

Alle Yoga-Übungen, auch die vorbereitenden, besitzen positive gesundheitliche Wirkungen, wenn sie in der rechten Weise und zum rechten Zeitpunkt eingesetzt werden. Dennoch warnen die Verfasser dringend davor, einen notwendigen Arztbesuch aufzuschieben oder ganz auf ihn zu verzichten, um sich in vielleicht schwierigen Situationen mit der einen oder anderen Übung selbst zu heilen. Es gibt inzwischen viele aufgeschlossene Ärzte, die sowohl über schulmedizinische Kompetenz verfügen als auch mit Homöopathie, Naturheilweisen und Übungswegen wie Yoga, autogenem Training und ähnlichem vertraut sind.
Noch ein Vorschlag: Es fällt oft leichter, zusammen mit einem Partner oder in der Familie zu üben.
Alles rechte Üben ist ein bewußter Vorgang, also ein Bewußtseinsvor-

gang, der jedoch keiner Willensanstrengung bedarf. Bei jeder Übung auf dem Yoga-Weg geht es nicht um Wissen oder Können, sondern um Werden, mit dem Ziel, bewußter zu werden, um schließlich bewußt zu sein. Die Wirkung von Übungen hängt sehr von der Weise ihrer Durchführung ab! Yoga-Übungen lassen sich nicht »schnell«, erst recht nicht »nur mit dem Körper« machen! Im Grunde geht es immer um die Übung ganzheitlicher Konzentration, die körperliche, gefühlhafte und gedankliche Aufmerksamkeit erfordert.
So entsteht z. B. das Erleben des Atemvorganges oder eines Entspannungsablaufes durch

- **Körperkonzentration** (körperliches Erspüren und Ertasten bewirkt Körperwahrnehmung und körperliches Erleben);
- **Gefühlskonzentration** (Einfühlen in einen Körperbereich ermöglicht Körpergefühl und empfindendes Erleben);
- **Gedankenkonzentration** (gedankliches Sicheinleben, eventuell mit Hilfe der Vorstellungskraft, führt zu bewußtem Wahrnehmen und Erleben).

Je länger die Aufmerksamkeit – körperlich, gefühlhaft und gedanklich – unabgelenkt aufrechterhalten werden kann, um so bewußter werden Wahrnehmung und Erleben.
Beim Üben sind körperliches Erspüren, emotionales Einfühlen und gedankliches Einleben Voraussetzung für bewußtes Wahrnehmen und Erleben. Entspanntheit, Wachheit und Ruhe sind notwendige Grundlagen, um bisher unbewußte Vorgänge bewußt erleben zu können. Dadurch wird im Laufe der Zeit die Wahrnehmung unmittelbarer, zunächst in der Übung und schließlich auch im Alltag. Solches Erleben ist Vorstufe zu einer umfassenderen Bewußtseinserweiterung. Sie beginnt nicht außer uns, in den Sternen oder in übersinnlichen Bereichen, sondern in uns, in unserem Körper! Dabei lernt der Übende, seine nach außen strebenden Kräfte in sich zu sammeln und sie auf einen Bereich zu richten. Seine Ablenkbarkeit und Beeinflußbarkeit durch die Umwelt läßt durch Üben allmählich nach, und er findet zu vertieftem Erleben und damit immer mehr zu sich selbst. Durch solche Leiberfahrung entsteht ein Körperbewußtsein, das Fehlhaltungen und Fehlspannungen erkennen und später vermeiden läßt, weil ihre psychischen Ursachen bewußt werden.
Doch nicht nur das Üben im leiblichen Bereich ist für die Entwicklung und Wahrnehmungsfähigkeit von Bedeutung! Alles Erleben hängt von der Empfindsamkeit, der Unterscheidungsfähigkeit und der Bewußtheit der Wahrnehmung ab! Ob es sich um Wahrnehmungen in der Natur handelt, im künstlerischen, beruflichen oder mitmenschlichen Bereich, immer sind sie das Tor zum Erleben!

Wunder des Atems

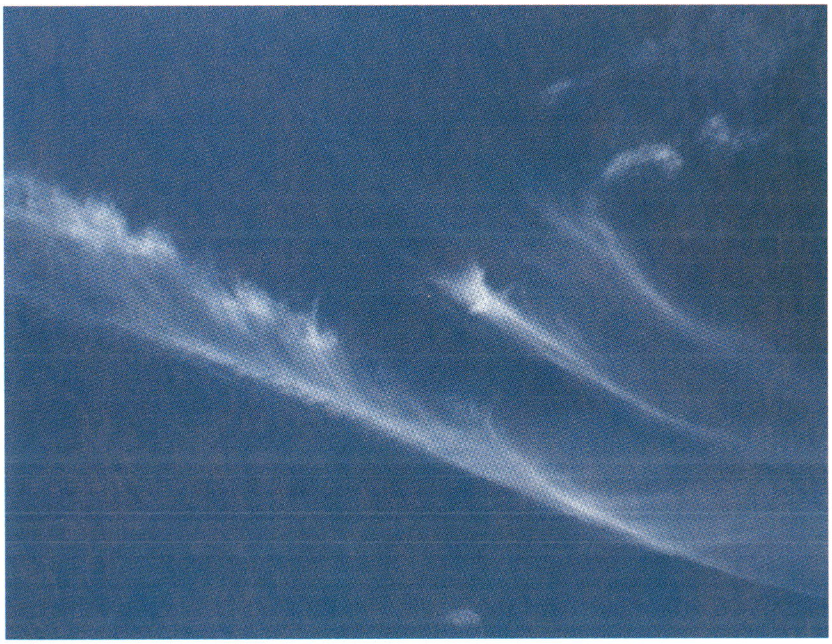

Ohne Atem kein Leben

Ein neuer Mensch. Der erste Atemzug. Die Welt: eine neue Umgebung, eine neue Lebenswirklichkeit für das Baby, das soeben die schützende Hülle der Gebärmutter verlassen hat. Auf unserem Planeten kann kein menschliches Leben ohne Luft existieren. Wir müssen atmen, um zu leben. Der Mensch kann durchaus einige Wochen ohne Nahrung leben, einige Tage ohne Flüssigkeit und Schlaf, aber nur wenige Minuten, ohne zu atmen! In der weitverbreiteten Hektik unserer Gesellschaft sind wir uns der Bedeutung des Atems zumeist nicht bewußt. Wenn wir beginnen, unsere Atmung zu beobachten, werden wir vermutlich feststellen müssen, daß unser Atemrhythmus oft unregelmäßig ist, daß wir in Spannungssituationen angestrengter atmen, vielleicht sogar gepreßt oder stoßweise, wir klagen vielleicht ab und an über Atemnot. Tiefe, Regelmäßigkeit und Ruhe sind Kennzeichen des natürlichen Atems. So paradox es klingen mag: Wir müssen zum natürlichen Atem erst wieder zurückfinden, lernen, ihn zuzulassen, anstatt ihn zu »machen«. Dazu dienen die später beschriebenen Übungen.

Leben ist Rhythmus

Der Rhythmus des Lebens läßt sich mit dem Atemvorgang vergleichen. Der Wechsel von Einatmen, einem gewissen Innehalten, Ausatmen und wiederum einem – etwas längeren – Innehalten entspricht im Leben Spannung und Lösung, Bewegung und Ruhe, Werden und Vergehen. Wenn wir bereit und fähig sind, uns auf die Gesetzmäßigkeiten von dynamischem Wechsel und steter Wandlung einzulassen, werden wir unser Leben bewußter, erfüllter und gesünder gestalten können. Nicht nur die Weisen Indiens und Tibets haben die Bedeutung des Atems erkannt und in ihren uralten Lehren beschrieben (*pranayama,* die vierte Stufe des achtstufigen Raja-Yoga-Weges ist ein Beispiel dafür). Auch Sänger, Redner, Musiker und Sportler werden sozusagen beruflich gezwungen, sich mit einer harmonischen Atmung vertraut zu machen. Wird über eine längere Zeit nur jeweils eine Seite einer Lebensganzheit berücksichtigt, so stört dies den natürlichen Lebensablauf und kann sogar zu gesundheitlichen Schäden führen. Wenn wir uns immer nur in Spannung befinden und nie eine Lösung geschehen lassen, oder wenn wir uns nur bewegen, ohne zu ruhen, wird der Pulsschlag des Lebensrhythmus einseitig und unser Leben disharmonisch. Der eigene Herzschlag ist ein Hinweis auf Harmonie oder Disharmonie von Lebensrhythmen. Ein individuell angemessener Gleichklang und Wechsel zwischen Spannung und Entspannung läßt sich körperlich erfahren. Dazu dient z. B. das Erleben der Streckung eines Muskels sowie der passiven und der aktiven Dehnung. Wir werden beim Üben erfahren, wie unser Bewußtsein, unsere Körperhaltung und unser Atem in engem Zusammenhang stehen und sich gegenseitig beeinflussen.

Streckung – passive und aktive Dehnung

Die *Streckung* des Muskels erfolgt, wenn ein Körperteil durch Zusammenziehen des betreffenden Streckmuskels in eine Längsrichtung gebracht wird. Der Beugemuskel wird dabei über seine normale Spannung hinaus passiv gedehnt. Wird zum Beispiel der Arm gestreckt, so zieht sich der Strecker (Trizeps) zusammen, und der Beuger (Bizeps) dehnt sich. Wird der Arm gebeugt, zieht sich der Beugemuskel (Bizeps) zusammen, und der Streckmuskel (Trizeps) wird gedehnt. Diese über das zentrale Nervensystem gesteuerte Bewegung ist ein mechanischer Vorgang, der die Atmung unter Umständen reflektorisch behindern kann.

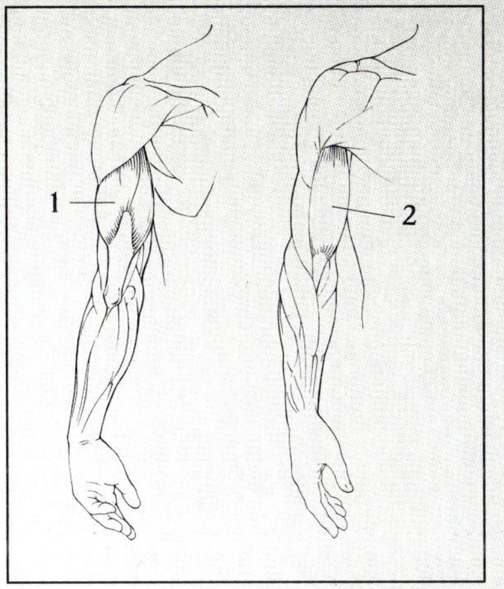

Trizeps (dreiköpfiger Streckmuskel, 1) und Bizeps (zweiköpfiger Beugemuskel, 2)

Eine *aktive Dehnung* entsteht, wenn eine Streckung durch einen zielbezogenen Bewußtseinsvorgang weiter »verlängert« wird. Bei diesem Über-sich-Hinausspüren (1) kann die Vorstellung helfen, etwas weiter Entferntes berühren zu wollen. Die aktive Dehnung ist somit ein von psychischem Erleben bewußt verursachter Bewegungsvorgang, der sich auf ein Ziel bezieht. Die Atmung wird vertieft, der Stoffwechsel angeregt und der Muskeltonus normalisiert. Strecker und Beuger bleiben dabei in einem Höchstmaß elastisch, denn der Kraftaufwand entspricht dem Bewußtseinsvorgang.

Eine *passive Dehnung* entsteht, wenn ein Muskel durch Zugkraft, z. B. durch ein Gewicht oder durch eine Dehnlagerung (2), verlängert und gedehnt wird. Dieser Vorgang kann vom Bewußtsein unterstützt werden durch die Vorstellung, daß man körperliche oder psychische Spannungen losläßt. Bei einer tiefergehenden Lösung kann sich, z. B. bei und nach einer Dehnlagerung, die Atmung wesentlich vertiefen.

Atmungs- und Entspannungspraxis

Vielen Menschen wird heute bewußt, daß der Lebensstil, der unsere Zeit prägt, uns immer mehr aus unserer Seinsmitte entfernt. So einseitig Menschen des Mittleren und Fernen Ostens, aus unserer Sicht, den Weg nach innen gegangen sein mögen, so sehr sie uns als »fatalistisch« oder »passiv« erscheinen mögen, so einseitig sind wir im Westen oft auf der Flucht vor uns selbst, auf der Flucht vor der vermeintlichen Einsamkeit der inneren Stille.
Wenn es uns im Alltag gelingt, das Wunder des Atems bewußt zu erfahren, wenn wir mit einem immer natürlicheren Atem neue Körperräume erschließen, werden wir auch zu geistigen Innenräumen geführt und erhalten die Chance, ein rechtes Verhältnis zu uns selbst und damit zum Du, zur Umwelt und zum Leben selbst zu gewinnen.
Durch Atmungs- und Entspannungspraxis findet der Übende zu seinem natürlichen Atem zurück und kann ihn jederzeit frei fließen lassen. Dies ist auch eine wesentliche Voraussetzung für Hatha-Yoga. Eine natürliche Form der Atempflege führt zum freien Strömen aller Lebenskräfte, zu Kraftsammlung und Bewußtwerdung.

Übungsteil I

1. Wer atmet? Ich oder es?

Atem ist Leben – wir leben, wir wollen leben. Das läßt sich einfach überprüfen! Atmen Sie tief aus. Halten Sie inne, ohne sogleich wieder einzuatmen. Versuchen Sie – aber nur so lange, wie es Ihnen ohne allzu große Anstrengung möglich ist –, dem Impuls, erneut einzuatmen, zu widerstehen. Erspüren Sie, wie der Drang nach einem neuen Luftzug immer stärker wird. Nach kürzerer oder längerer Zeit, vielleicht nach einer halben oder einer ganzen Minute, werden Sie dem Zwang zu atmen nachgeben und frische Atemluft regelrecht in sich hineinsaugen. Wir werden auf diese kleine Übung später zurückkommen (siehe S. 40), wenn es darum geht zu erspüren, woher im Körper der Atemimpuls kommt und wie wir eine sogenannte Vollatmung erzielen. An dieser Stelle soll es uns genügen zu erfahren, daß wir atmen müssen.

2. Greifübungen zur Streckung und zur aktiven Dehnung im Sitzen

Auf einem Stuhl sitzend, strecken wir einen Arm nach vorne und erspüren dabei die Muskelspannung im Arm sowie unsere Atmung.
Nun stellen wir uns vor, daß wir mit der Hand desselben Armes nach einer Dose greifen, die etwas außerhalb unserer Reichweite steht. Dabei spüren wir über die Fingerspitzen hinaus und beobachten, inwieweit wir uns der Muskelspannung in Arm und Hand bewußt sind und ob sich unsere Atmung verändert.
Nun stellen wir uns vor, daß wir mit derselben Hand nach einem außerhalb unserer Reichweite hängenden Apfel über uns greifen. Erneut erspüren wir bewußt die Muskelspannungen sowie eine mögliche Atemveränderung.
Nachdem wir den Arm gesenkt haben, vergleichen wir beide Körperseiten miteinander, die aktive mit der passiven. Danach führen wir die gleichen Übungen mit dem anderen Arm und der anderen Hand aus.

Die Erfahrung zeigt, daß Bewußtheit und Atemfreiheit im Laufe der Übung erheblich zunehmen.

3. Aktive Dehnung mit abschliessender passiver Dehnung im Sitzen und Stehen

Auf einem Stuhl sitzend, lehnen Sie den Oberkörper zurück, dehnen sich von der Leibmitte her und spüren über Zehen und Fersen hinaus. Dann heben Sie die Arme nach oben und spüren über die Fingerspitzen hinaus, bis ein natürlicher Dehnreiz einsetzt (3). Dann dehnen und räkeln Sie sich. Vielleicht gähnen Sie unwillkürlich ganz herzhaft, und dann entspannen Sie sich wieder.
Nun wiederholen Sie diese Bewegung, spüren aber mit den Fingerkuppen so nach rechts, daß der Oberkörper nach rechts gebeugt wird: Dabei erspüren Sie, wie die linke Körperseite gedehnt wird (4). Das gleiche führen Sie nach links aus, gehen dann wieder zurück in die Mittelstellung und entspannen sich.
Sie verschränken die Hände hinter dem Nacken, führen den rechten Ellenbogen nach hinten und lassen den Kopf mitdrehen, um am rechten Ellenbogen vorbei zu schauen (5). Genauso zur anderen Seite hin.
Nun spüren Sie mit den Fersen durch den Boden hindurch zur Erde, heben die Arme und dehnen die Fingerspitzen so nach oben, als ob Sie die Decke ertasten wollten (6). Wie verhält sich dabei die Atmung? Danach entspannen Sie sich wieder.
Nun setzen Sie sich aufrecht, nehmen beide Arme nach oben, beugen die Ellenbogen so, daß die Fingerspitzen nach unten entlang der Wirbelsäule zeigen, die Hände aneinanderliegen und die Ellenbogen zur Decke gerichtet sind (7, 8). Leben Sie sich in die Ellenbogen ein, spüren Sie mit ihnen zur Decke hinauf, so daß der Rücken aktiv gedehnt wird. Wiederum entspannen Sie sich und erspüren die Wirkung dieser Übung.

3

5

6

4

7

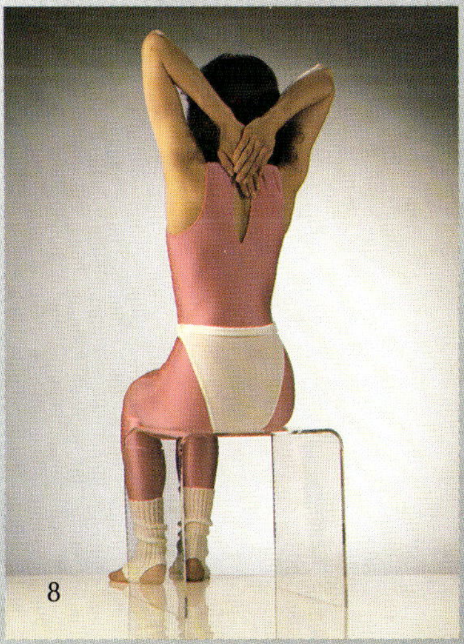
8

Die Übungen auch im Stehen durchführen (9–14).

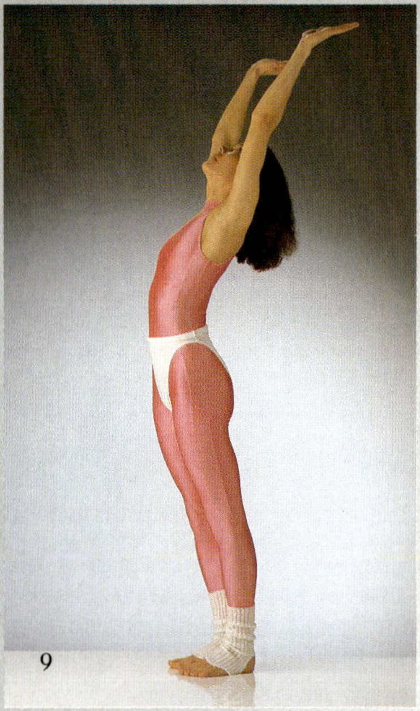
9

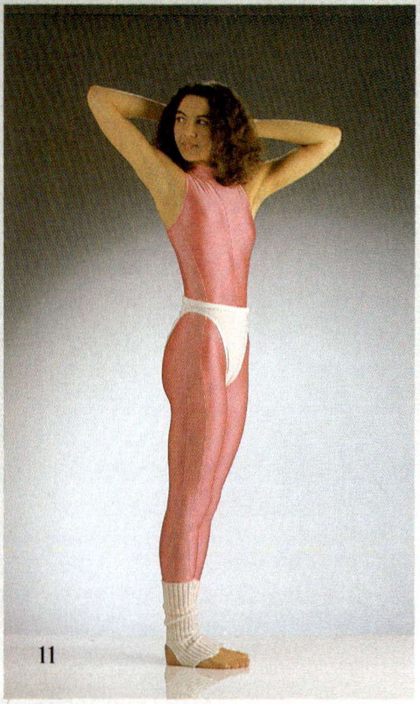
11

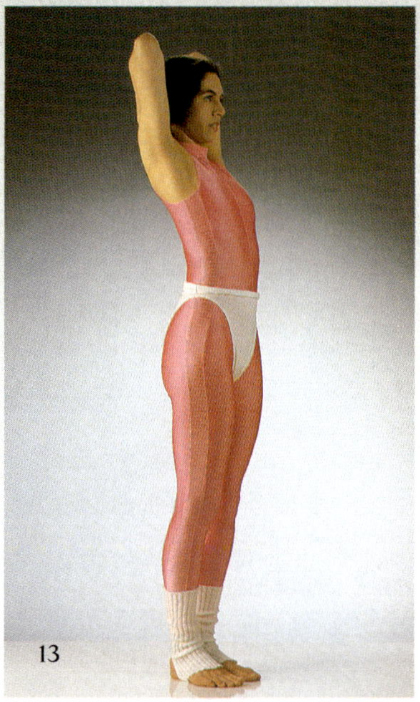
13

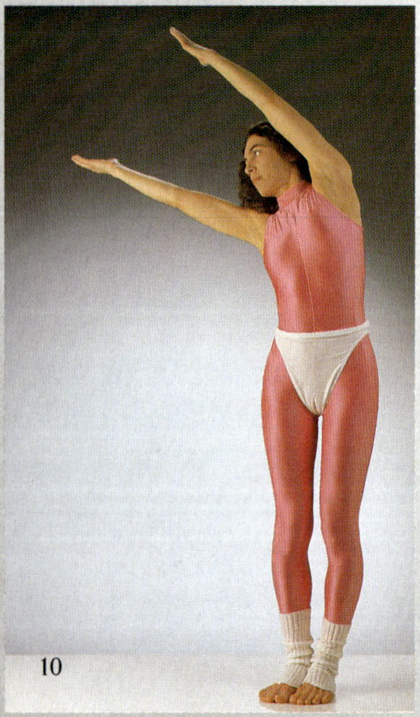
10

12

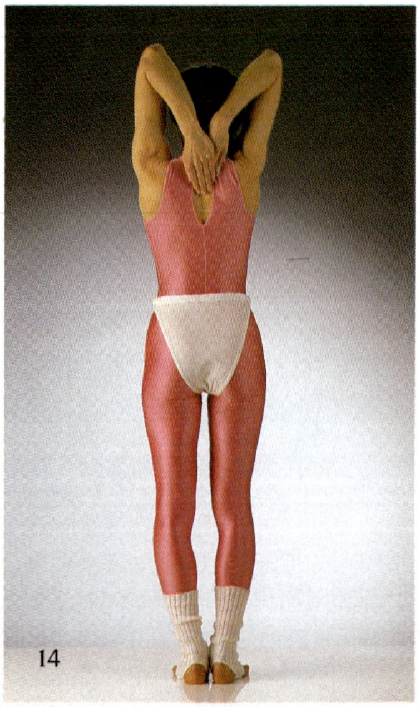
14

4. Beckenübung

Im Sitzen versuchen Sie, das Becken langsam vor (15) und zurück zu bewegen (16). Sie lassen den Oberkörper bei dieser ruhig fließenden Bewegung locker. Wird Ihnen dabei bewußt, welchen Einfluß die Haltung des Beckens auf die Haltung der Wirbelsäule und des ganzen Oberkörpers ausübt? Wie reagiert die Atmung? Bei welcher Bewegung entsteht die Einatmung? Wobei strömt der Atem aus?

Legen Sie sich nun auf eine Decke auf den Boden oder auf eine nicht zu weiche Matratze (achten Sie darauf, daß Sie nicht im Zug liegen oder frieren). Ertasten Sie mit dem Rücken den Boden. Beobachten Sie Ihre Atembewegung. Versuchen Sie, nach einer Ausatmung nicht sofort wieder einzuatmen, sondern warten Sie auf den zwingenden Impuls, frische Luft zu schöpfen. Erspüren Sie, woher der Atemimpuls kommt. Vom Bauch? Aus dem Bereich des Brustkorbs? Haben Sie durch die Nase oder durch den Mund eingeatmet? Dann lassen Sie den Atem kommen und gehen, wie er will. Erleben Sie die natürliche Atembewegung. Stellen Sie nun die Füße auf, und machen Sie sich auch den

15

16

veränderten Bodenkontakt bewußt. Nun bewegen Sie die Knie langsam nach rechts und nach links, bis in der unteren Körperhälfte eine Lockerung entsteht. Nehmen Sie bewußt den Atem und etwaige Atemveränderungen wahr. Dann lassen Sie die Füße langsam weggleiten und erspüren die neue Lage und den Bodenkontakt. Jetzt heben Sie abwechselnd langsam ein Knie etwas vom Boden ab und lassen es wieder locker sinken, wobei die Ferse am Boden bleibt. Mit den Händen erspüren Sie die Bewegung in den Hüften. Lassen Sie dann die Bewegungen zur Ruhe kommen, erspüren Sie den Bodenkontakt und die Lockerheit in Beinen und Hüften. Hat sich die Atmung vertieft?
Zuletzt schwingen Sie bei ausgestreckten Beinen mit beiden Fußspitzen nach links und nach rechts. Nach einiger Zeit schwingen Sie mit den Fußspitzen gleichzeitig auseinander und zusammen, also in Gegenbewegung. Dabei erspüren Sie wiederum mit den Händen die Bewegung der Hüften. Dann lassen Sie die Fußspitzen locker auseinanderfallen und entspannen Ihre Beine.

Hat sich Ihre Atmung verändert? Ist sie jetzt ruhiger, freier und tiefer geworden? Dann dehnen Sie sich genüßlich durch, bis ein tiefes Gähnen entsteht. Anschließend richten Sie sich langsam auf und bleiben noch kurze Zeit sitzen, um sich Gedanken zu Ihrer Lebenspraxis zu machen. Ein Vorschlag dazu: Unser Körper ist ein lebendiger Teil der Natur. Wenn seine natürlichen Funktionen unterstützt werden, erlangen wir größeres Wohlbefinden und werden gesünder. Durch regelmäßiges Üben lassen sich konkrete Erfahrungen sammeln.

Nasenatmung

Zu den Atemwegen gehören: Nase, Nasengänge, Rachen, Kehlkopf, Luftröhre, die beiden Hauptbronchien und innerhalb der beiden Lungenflügel rechts drei und links zwei Stammbronchien bis hin zu den feinsten Verzweigungen im Lungengewebe, den sogenannten Lungenbläschen (Alveolen). Die Nase, eine tiefe Höhle mit muschelförmigen Gängen, die mit den Seitenhöhlen in Verbindung stehen, erfüllt für die Atmung folgende Aufgaben: Die Luft wird in der Nase trocken und feucht gereinigt, sie wird entkeimt, erwärmt und befeuchtet.
Die Luft passiert in der Nase einen Vorhang aus feinen Härchen, der größere Staubteilchen auffängt. Die Nasenschleimhaut ist beim gesunden Menschen feucht, an ihrer Oberfläche befindet sich ein salzhaltiges Sekret, das einerseits kleine Staubteilchen, Bakterien und Viren festhält und andererseits durch den Salzgehalt manche Krankheitserreger an ihrer Entfaltung hindert.
Neben der Reinigung von mechanischen und bakteriellen Teilchen kommt es in der Nase auch zu einer Erwärmung der Luft. Die Wände der Nase sind reich an feinen Blutgefäßen. Hier wird die Luft so weit vorgewärmt, daß sie in den Lungen die volle Körpertemperatur erreicht.
Durch die Nasenschleimhäute erfolgt die Befeuchtung der Luft. Erwärmung und Befeuchtung der Luft sind besonders im Winter wichtig, damit eine Überreizung der Bronchien vermieden wird und ihre Widerstandskraft erhalten bleibt.
Ständige Mundatmung reizt die Lunge, da Schmutz, Mikroben, Kälte und Trockenheit nicht beseitigt und ausgeglichen werden. Das wirkt sich oft erst bei besonderen Belastungen oder im Alter in Form einer mangelnden Widerstandskraft aus. Deshalb werden wir uns der Wirkungen häufig nicht rechtzeitig bewußt.

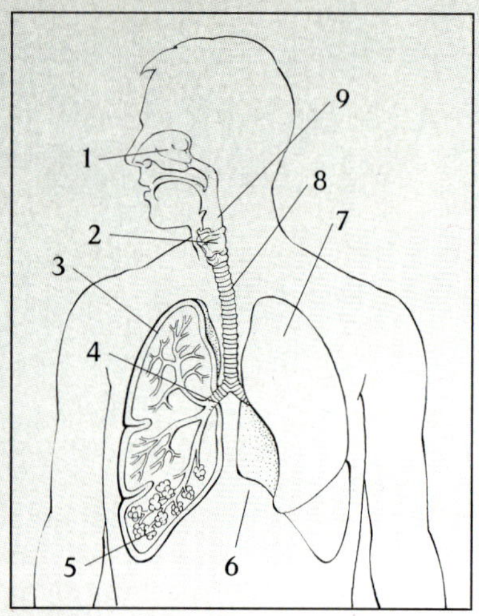

Atemwege
1 Nasenhöhle
2 Kehlkopf
3 rechte Lunge (dreilappig)
4 Bronchus
5 Lungenbläschen
6 Raum für das Herz
7 linke Lunge (zweilappig)
8 Luftröhre
9 Rachenraum

Ungenügende Atmung, vor allem bei Kindern, führt oft zu verengtem Brustkorb, zu Sauerstoffmangel, Stoffwechselstörungen, Müdigkeit und Konzentrationsschwäche.
Die Nasenatmung ist der Mundatmung entschieden vorzuziehen. Sie gehört auch zu den Grundlagen westlicher Atemtherapie. Beobachten wir einmal bei uns selbst, wie häufig wir durch den Mund und wie häufig wir durch die Nase atmen. Yoga-Atemübungen basieren auf einer bewußt durchgeführten Nasenatmung, wobei der Schwerpunkt in der Aufnahme und der Verteilung von Lebenskraft liegt. Jetzt, nachdem uns die Bedeutung der Atmung durch die Nase bewußter geworden ist, wollen wir vielleicht die Übungen aus dem Übungsteil I (siehe S. 20–23) noch einmal bewußt unter diesem Aspekt wiederholen.

Übungsteil II

1. Wasserschnupfen

Geben Sie lauwarmes (später kaltes) Wasser, in dem etwas Emser-Salz aufgelöst wurde, in die hohle Hand, und ziehen Sie das Wasser behutsam, mit leichtem Schnarchton, nach hinten – nicht nach oben. Dann die Nase gründlich reinigen. Dies dient zur Anregung der Nasenschleimhaut.
Sie können auch, besonders im Winter, einige Tropfen reizfreies Öl in die Nase geben, z. B. süßes Mandelöl oder spezielles Nasenöl. Beide Maßnahmen verstärken die Durchblutung und die Widerstandskraft der Nasenschleimhäute, verbessern die Reinigung, Erwärmung und Befeuchtung der Atemluft und ermöglichen in vielen Fällen erst ein freies Durchatmen.

2. Massageübungen

Atmen Sie bewußt durch die Nase, und erspüren Sie dabei die Nasenschleimhäute.
Massieren Sie mit den Fingerspitzen, von der Nasenwurzel ausgehend, über die Augenbrauen hinweg.
Massieren Sie den Nasensattel mit kreisenden Bewegungen, und zwar in beide Kreisrichtungen (17).
Massieren Sie Ihre Nasenflügel in gleicher Weise.
Klopfen Sie mit Zeige- und Mittelfinger leicht auf Nasensattel, Kieferhöhlen und Nasenflügel.

Atmen Sie nun erneut bewußt aus und ein, erspüren Sie den Innenraum Ihrer Nase, bewegen Sie beim Einatmen die Nasenflügel etwas, erspüren Sie den Luftstrom und die Atemtiefe. Können Sie eine Veränderung feststellen im Vergleich zum Beginn der Übung?

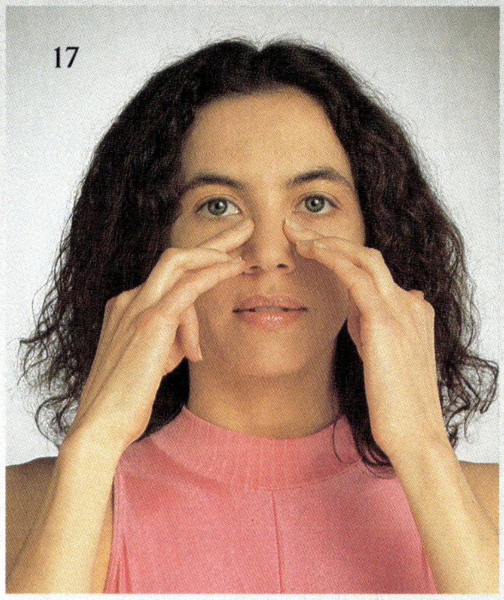

Diese Massageübungen dienen zur besseren Durchblutung, Erwärmung und Befeuchtung der Nasenschleimhäute. Dadurch wird das Reinigen der Nase, auch ohne Wasser zu schnupfen, erleichtert. Darüber hinaus bewirkt die Nasenmassage eine Vertiefung der Basisatmung (siehe S. 31/32).

Entspanntes Sitzen und Stehen

Etwa ein Drittel des Lebens verbringen wir Menschen des Westens im Sitzen, ein weiteres Drittel im Liegen und den Rest stehend oder gehend. Bei Naturvölkern ist das Sitzen auf dem Boden üblich. Dabei bleiben Bänder, Sehnen, Muskeln und Gelenke geschmeidig; darüber hinaus verhilft der Bodensitz zu einer natürlichen, aufrechten Haltung. Fehlhaltungen werden im Sitz auf dem Boden durch Schmerzen bewußt! Kinder besitzen oft noch die Fähigkeit, bequem auf dem Boden zu sitzen, während sich Erwachsene auf Stühlen meist viele Stunden täglich mit übereinandergeschlagenen Beinen, durch Gürtel und schlechte Haltung eingeengter Leibmitte, krummem Rücken und schlechter Atmung mehr quälen als bequem und entspannt sitzen. Kein Wunder, daß im Westen Wirbelsäulen- und Bandscheibenschäden so häufig sind!

Gewohnheitsmäßig verspanntes Sitzen belastet im Laufe der Zeit die Herztätigkeit und die Blutzirkulation, vor allem auch den Rückfluß des venösen Blutes, was zur Bildung von Krampfadern führen kann. Ferner wird die Zwerchfellbewegung eingeengt, so daß eine Fehlatmung mit allen Folgen für Zellatmung, Stoffwechsel und psychische Verfassung entsteht. Bei anhaltenden Verspannungen werden alle inneren Organe in ihren Funktionen eingeschränkt. Diese Belastungen wirken sich möglicherweise erst nach Jahren aus.

Fehlhaltungen und Verspannungen beim Stehen mögen uns nicht so bewußt sein. Lassen wir die Schultern vornüberhängen, und sinken wir im Bauch zusammen? Stehen wir gerade, oder haben wir das Becken unnatürlich vorgeschoben? Stehen wir in einer »Imponierhaltung« mit gewölbtem Brustkorb, hochgezogenen Schultern, durchgedrückten Knien und sich berührenden Füßen, aber ohne jede gelassene Sicherheit (siehe dazu auch den entsprechenden Abschnitt im Kapitel über Hara; S. 50)? Halten wir unsere Arme vor der Brust verschränkt, wie um uns zu schützen? Unsere Körperhaltung, sei es im Sitzen oder im Stehen, steht in unmittelbarem Zusammenhang sowohl mit unserer Bewußtseinshaltung als auch mit unserem Körpergefühl und dem rechten Maß von Muskelspannung. Aufrechtes, man könnte sagen »menschenwürdiges«, Sitzen und Stehen, das gelassen und sicher ist, fördert eine natürliche, gesunde Atmung. Und umgekehrt gilt ebenso: Eine natürliche, gesunde Atmung führt – wenn wir uns vom Atemstrom bewußt in die Innenräume unseres Körpers tragen lassen – zu einer aufrechten, natürlichen und gesunden Körperhaltung!

Übungsteil III

1. Sitzübungen

Für ein aufrechtes und entspanntes Sitzen ist die Haltung des Beckens entscheidend. Dies läßt sich bei der Beckenübung (siehe S. 22) deutlich erleben. Um die Sitzhaltung zu verbessern, können Sie folgende Übungen durchführen:

Sie setzen sich auf die vordere Hälfte eines Stuhles; die Sitzfläche sollte so hoch sein, daß die Knie tiefer als die Hüftgelenke sind. Erspüren Sie nun die Sitzknochen im Gesäß. Dazu verlagern Sie das Gewicht auf das rechte Sitzbein, dann auf das linke usw. (18). Sie können auch das aufgerichtete Becken nach hinten sinken lassen, wieder aufrichten und dabei die Sitzknochen erspüren.
Nun schieben Sie Ihre rechte Hand, mit der Handinnenfläche nach oben, von hinten her unter die rechte Gesäßseite, so daß die Fingerspitzen nach vorne zur Kniekehle zeigen (19). Erspüren Sie mit Ihrer Hand das rechte Sitzbein, ebenso versuchen Sie, mit dem Sitzbein die rechte Hand zu fühlen. Dann ziehen Sie die Hand langsam nach hinten oben heraus und beobachten, ob das Becken auf dieser Seite aufgerichtet bleibt. Zur Unterstützung einer aufrechten Beckenhaltung bietet sich, wenn sich normale Stühle als nicht zweckdienlich erwiesen haben, ein kleiner Sitzkeil an, um das Absacken des Beckens nach hinten – eine der häufigsten Fehlhaltungen beim Sitzen – zu vermeiden.
Die gleiche Übung führen Sie nun mit der linken Hand unter der linken Gesäßseite durch.
Beobachten Sie jetzt, wie Ihre Füße und Fußsohlen belastet sind. Sind die Füße so weit zurückgenommen, oder werden sie so ungleichmäßig belastet, daß fast das ganze Gewicht auf der vorderen Hälfte lastet, auf den Ballen und Zehen? Eine derartige Fehlbelastung führt dazu, daß der Atem nach oben steigt, daß die Atembewegung also im oberen Teil des Brustkorbs stattfindet und nicht tiefer hinein in den Zwerchfell- und Bauchbereich – geht. Nur bei gleichmäßiger Belastung der Füße, so daß also sowohl Ballen wie Fersen unser Gewicht mittragen, können sich die Beine entspannen. Die Fußspitzen sollten übrigens nicht nach außen zeigen, sondern gerade nach vorne, so daß die Innenseiten der Füße in hüftbreitem Abstand parallel zueinander stehen.
Um die Hüftgelenke zu lockern, nehmen Sie die Knie zusammen und erspüren die dabei entstehenden Anspannungen in Beinen, Gesäß, Rükken, Schultern, Nacken, Brustkorb und im Beckenraum. Dann lassen Sie die Knie wieder locker, so daß sie mit den Beinen nach außen fallen und auch noch etwas nachschwingen können. Drücken Sie nun mit den Händen die Oberschenkel erneut zusammen, und lassen Sie wiederum los, so daß die Beine locker nachschwingen.

19

18

Führen Sie die Beckenübung durch: Richten Sie Ihr Becken bewußt auf, führen Sie die Bewegung weiter bis zum Hohlkreuz, lassen Sie dann das Becken wieder langsam nach hinten sinken. Beobachten Sie die Veränderung in der Haltung Ihrer Wirbelsäule (siehe dazu auch die Beckenübung aus Übungsteil I; S. 22).
Lassen Sie nun die Wirbelsäule und den Oberkörper so aus dem Becken »herauswachsen«, daß zwischen den beiden Gesäßknochen und dem Scheitelpunkt des Kopfes ein hohes Dreieck entsteht.
Heben Sie die Schultern ein wenig an, und lassen Sie sie nach hinten fallen. Beobachten Sie, ob dabei ein Nachschwingen entsteht. Um Nacken und Kopf in eine natürliche und entspannte Haltung zu bringen, können Sie Ihren Kopf langsam nach links drehen, dann nach rechts und dies einige Male wiederholen. Danach recken Sie Ihren Kopf behutsam ein wenig nach oben, als ob er an den Haaren des Hinterkopfes nach oben gezogen würde. Sie können auch in Zeitlupe und mit aktiver Dehnung eine nickende Bewegung durchführen, als ob Sie jemandem zustimmen, wobei der Nacken ein wenig gedehnt wird.
Nun können wir eine bewußte Sitzhaltung mit dem natürlichen Atem verbinden: Während des Einatmens heben wir einen Arm bis zur Waagrechten, während des Ausatmens senken und entspannen wir ihn langsam wieder. Dies wiederholen wir einige Male, um dann mit dem anderen Arm zu üben und schließlich mit beiden Armen gleichzeitig. Die Armbewegungen werden dem Atemvorgang angepaßt, nicht umgekehrt! Sie werden feststellen können, daß sich eine auf natürliche Weise verlängerte Ausatmung mit anschließender Entspannung einstellt, die körperlich und psychisch beruhigt und die natürliche Einatmung vertieft.
Sie erspüren in dieser entspannten Sitzhaltung nach und nach Ihren Körper und beginnen dabei an den Fersen, gehen dann weiter zu Beinen, Gesäß, Rumpf, Armen, Nacken bis hin zum Kopf und lassen jeweils mit der Ausatmung Spannungen (auch Schmerzen) los und geben sie an die Erde unter uns ab. Dabei sollten Sie wiederum nur den natürlichen Atem strömen lassen, ihn also nicht irgendwie beeinflussen oder lenken wollen. Es empfiehlt sich übrigens, enge Gürtel oder enganliegende Kleidung zu öffnen.

Vielleicht können Sie bei dieser kombinierten Entspannungs- und Atemübung beobachten, wie sich sogar Falten im Gesicht glätten, wie Spannungen um Ohren, Augen, Nase und Mund aufgelöst werden, wie auch eine friedliche Gemütsverfassung entstehen kann.

2. Stehübungen

Entspanntes Stehen und Gehen wird von der Gewichtsverteilung auf die Füße bestimmt. Ferse, Längswölbung, Ballen und große Zehen tragen das Gewicht des Körpers, während der übrige Fuß das Gleichgewicht aufrechterhält. Von der Seite her gesehen, befinden sich die Hüft- und Schultergelenke über den Fußgelenken. Um Verspannungen in Beinen und Gesäß zu vermeiden, werden die Knie nicht fest durchgestreckt oder durchgedrückt, sondern bleiben ein wenig gebeugt.

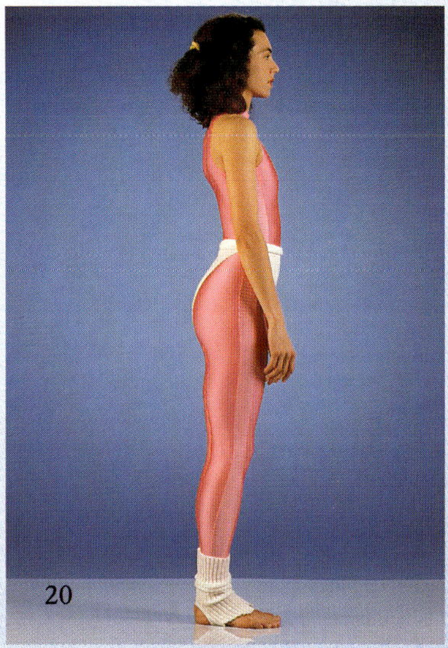
20

Damit sind die Beine elastisch und jederzeit bewegungsbereit. Ein starkes Hohlkreuz (20) läßt sich vermeiden, wenn das Becken sanft aufgerichtet wird (21). Ebenso wie beim aufrechten Sitzen sollte die Wirbelsäule aus dem Becken »herauswachsen«. Dann erhalten die entspannten Schultern ihre volle Breite, und der Kopf ruht in seiner natürlichen Haltung auf dem statisch korrekt aufgerichteten Oberkörper und dem Nacken. Füße und Schultergürtel sind in harmonischem Gleichgewicht, mit dem Scheitel des Kopfes spüren wir zur Decke. Wird das Körpergewicht hauptsächlich von Ballen und Zehen getragen, z. B. durch hohe Absätze, verlagert sich das Atemgeschehen in die oberen Atemräume. Tragen die Fersen das Gewicht stärker mit, dann öffnen sich auch die unteren Atemräume, so daß eine natürliche Basisatmung entstehen kann.

Stehen Sie aufrecht, die Füße etwa 20 Zentimeter voneinander entfernt, und leben Sie sich in die Fußsohlen ein. Erspüren Sie mit den Fußsohlen den Boden.
Nehmen Sie bewußt Ihre Gewichtsverteilung in den Füßen wahr: Verlagern Sie langsam das Gewicht des Körpers nach vorne und dann nach hinten, anschließend auch nach links und nach rechts, um unmittelbar zu erleben, wann mehr die Fersen und

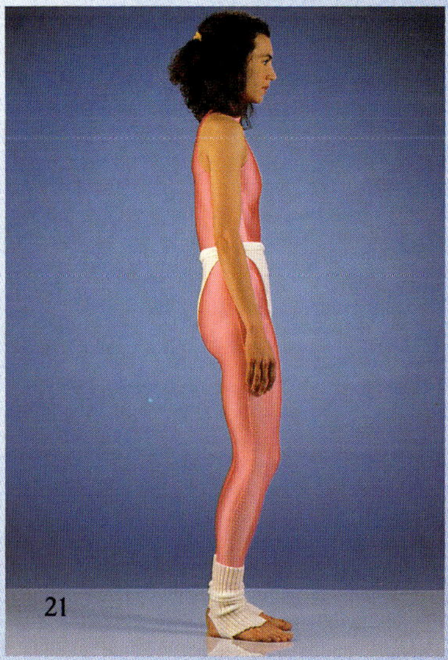
21

22

23

24

wann mehr die Ballen und die großen Zehen belastet werden.
Sind Ihre Beine elastisch und die Oberschenkel weitgehend entspannt? Oder haben Sie das Gefühl, daß Sie die Knie durchdrücken müßten, um sicherer und bequemer zu stehen? Dies ist häufig ein Zeichen für eine fehlerhafte Haltung des Beckens, wodurch die Wirbelsäule belastet und die Rükkenmuskulatur geschwächt wird.
Ist Ihr Becken aufgerichtet oder zu weit nach vorne oder nach hinten verschoben? Gleichen Sie die Beckenhaltung gegebenenfalls aus, wobei die Knie elastisch nachgeben. Befinden sich die Hüftgelenke senkrecht über den Fußgelenken (22)?
»Wächst« der Oberkörper aus dem Becken heraus? Erspüren Sie Ihre Schultern in ihrer vollen Breite. Sinkt Ihr Brustbein ein (23) oder ist es aufgerichtet (24)? Sie können auch die Schulterübung aus dem Sitzzyklus – siehe S. 27 – wiederholen: Dafür heben Sie die Schultern hoch und lassen sie locker nach hinten fallen, wobei sie etwas nachschwingen.
Spüren Sie mit dem oberen Teil des Hinterkopfes nach oben zur Decke, so daß der Nacken ein wenig gedehnt wird.
Um das Gesicht zu entspannen, lassen Sie den Unterkiefer »herunterfallen«, so daß die untere Zahnreihe die obere nicht mehr berührt.
Beobachten Sie nun den natürlichen Atemrhythmus, und erspüren Sie die Atembewegung sowohl im Bauch- als auch im Brustraum. Versuchen Sie, alle Veränderungen und Verbesserungen Ihrer Haltung zu erspüren, und erleben Sie auch die damit verbundene psychische Verfassung. Fühlen Sie sich freier, wohler, gelassener?

Über das Gähnen

Gähnen ist eine natürliche Form der vertieften Atmung, Dehnung und Lösung. Gähnen ist ein Ausgleichsvorgang des Körpers, der erfolgt, wenn

- zuviel Kohlensäure und zuwenig Sauerstoff im Blut sind;
- durch Übermüdung ein zu geringer Spannungszustand, d. h. ein Untertonus, oder durch körperliche Anstrengung eine zu hohe Spannung, d. h. ein Übertonus, der Muskulatur entstanden ist;
- psychische Spannungen zu einer Erhöhung des Muskeltonus geführt haben;
- eine Dämpfung des Sympathikus und damit der Tätigkeit bestimmter Organe erreicht werden soll, z. B. auch als Vorbereitung auf den Schlaf;
- durch die Aktivierung des Parasympathikus Drüsen und Schleimhäute angeregt und Blutgefäße erweitert werden sollen.

Alice Schaarschuch schreibt in *»Der atmende Mensch«*: »Wenn Sie ... erst so recht aus tief geweitetem Basisraum heraus gähnen können, dann sind Sie doch schon ein gelösterer und im Maße Ihres körper-seelischen Gleichgewichtes ein glücklicherer Mensch; denn gähnen können ist wirklich ein Atem- und Entspannungstest. Unsere größere Atemfreiheit aber ist das Zeichen größerer, stärkerer und tieferer Lebendigkeit.«

Was sind Verspannungen?

Die zahlreichen Muskeln des menschlichen Körpers ermöglichen seine vielfältigen Bewegungen. Die Muskeln arbeiten weitgehend antagonistisch, d. h., wenn bei einer Bewegung ein Muskel angespannt wird, so entspannt sich dabei sein *Gegenspieler* und umgekehrt. Damit die Muskulatur jederzeit reaktionsfähig bleibt, behält sie, wenn wir wach sind, eine Spannung, den *Tonus* bei. Im Tiefschlaf ist dieser Tonus herabgesetzt. Erfolgt nach Anspannungen keine genügende Lösung, so führt dies zum *Übertonus,* also zu einer Überspannung der Muskeln. Wird diese Überspannung längere Zeit hindurch aufrechterhalten und nicht gelöst, entstehen Verspannungen bis hin zu schmerzhaften Verkrampfungen und Verhärtungen der betroffenen Muskeln. Im Gegensatz dazu gibt es den sogenannten *Untertonus,* also eine zu geringe Spannung der Muskeln, die zur Erschlaffung des Muskelgewebes führt.
In beiden Fällen handelt es sich um Fehlspannungen, deren Ursachen im psychischen Bereich, letztlich in der Bewußtseinshaltung, liegen. Verspannungen entstehen meistens durch nicht abgeklungene Reize aus Um- und Innenwelt, die durch mangelnde Verarbeitung den Menschen selbst dann noch in Spannung halten, wenn diese Einflüsse längst vorüber sind. Es genügen Gefühle der Angst, der Freude oder auch Streß, um den Muskeltonus wesentlich zu verändern. Nicht die Muskeln selbst verspannen sich, sondern der psychische Druck löst die Spannung der Muskulatur aus. Alle unverarbeiteten, unterdrückten oder verdrängten Kräfte und Energien wirken sich auf die körperliche Spannung aus. Oft bleiben sie unbewußt und unbemerkt; allerdings können sie durchaus bis in den Schlaf hinein störend wirken und unter anderem auch zu Schlafstörungen führen.

Die innere Haltung des Menschen ist für seine psychischen wie körperlichen Spannungszustände entscheidend. Fehlspannungen lassen sich durch eine positive Veränderung der Bewußtseinshaltung von der Ursache her beheben. Umgekehrt vermag auch eine körperliche Ent-spannung die psychische Verfassung wesentlich zu verbessern. Jede Verspannung ist eine sinnlose Kraftvergeudung. Fehlspannungen behindern nicht nur die Arbeitsleistung, sondern auch Organfunktionen. Sowohl Verkrampfungen als auch eine Erschlaffung der Körpergewebe belasten den natürlichen Ablauf unserer Atmung und damit unsere Kräfteströme. Je länger Fehlspannungen beibehalten werden, um so schwieriger sind sie zu lösen. Um Fehlspannungen rechtzeitig wahrzunehmen, bedarf es der Entwicklung eines lebendigen Körpergefühls. Vermeiden lassen sie sich allerdings erst dann, wenn eine ausreichende Bewußtseinsschulung erfolgt ist, die die wirklichen Ursachen – psychische Fehlhaltungen – erkennen und beheben läßt.

Übungsteil IV

Die nachfolgende Aufzählung dient der Selbsterkenntnis und der Erfahrungssammlung. Sie ist nicht vollständig. Sie können sich die psychischen Zustände, die mit den aufgeführten Verspannungen verbunden sind, vergegenwärtigen, wenn Sie die Anspannung im betreffenden Körperbereich oder Körperteil bei sich selbst herbeiführen. Denn erst, wenn Sie selbst unmittelbar spüren, wie körperliche Verspannungen Gefühlsreaktionen auslösen und umgekehrt, werden Sie auch im Alltag solche Fehlspannungen eher wahrnehmen und schließlich lernen, sie zu vermeiden.

1. Bewusstmachung sichtbarer Verspannungen

Im Kopfbereich:
Runzeln Sie Ihre Stirn, lassen Sie senkrechte und waagrechte Falten entstehen. Zwinkern Sie mit den Augen, und kneifen Sie sie zu. Spannen Sie die Kiefer an, beißen Sie die Zähne zusammen. Pressen Sie Ihre Lippen zusammen (25). Versteifen Sie Hals und Nacken (26). Spannen Sie Ihre Stimmbänder an, ohne zu sprechen!

25

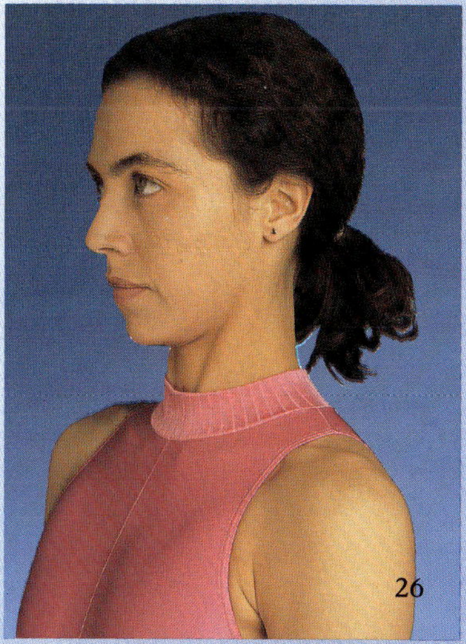
26

Im Oberkörper:
Sie sitzen zunächst entspannt aufrecht. Spannen Sie dann die Schultern an (27), ziehen Sie sie hoch, vor oder zurück. Drücken Sie Ihr Kreuz bewußt zu einer Hohlkreuzhaltung durch; buckeln Sie, so daß ein Rundrucken entsteht. Spannen Sie Finger und Hände an, machen Sie eine Faust; halten Sie Ihre Hände in ständiger Bewegung oder Tätigkeit. Atmen Sie einige (wenige) Male stoßweise durch den Mund ein und aus.

27

28

In der unteren Körperhälfte:
Spannen Sie Ihre Gesäßmuskeln an. Halten Sie Ihre Knie eng aneinandergepreßt (28); wippen Sie mit einem Bein, wenn Sie die Beine übereinandergeschlagen haben. Spannen Sie Ihre Zehen an.

2. Bewusstmachung verborgener Verspannungen

Sie sitzen zunächst entspannt und aufrecht. Dann spannen Sie Bauch und Beckenboden (Darmbereich) an und versuchen, die Atembehinderung wahrzunehmen. Sind dabei die Muskeln im Schulterbereich entspannt oder angespannt?
Beobachten Sie die Atembehinderung und die Belastung der Verdauungstätigkeit, wenn Sie in der Leibmitte verspannt sind, wenn Sie beispielsweise durch zusammengesunkenes Sitzen in weichen Sesseln im Bauch einknicken (29) und vielleicht gleichzeitig Ihre Arme schützend vor Brust oder Bauch verschränken.

29

3. Gähnübungen im Sitzen

Sitzen Sie entspannt aufrecht, wie Sie es bereits geübt haben.
Öffnen Sie Mund und Rachen weit, um die Wölbung des Gaumens und die Schlundöffnung zu erspüren – ahmen Sie das Gähnen nach.
Hecheln Sie, bis der körpereigene Gähnreiz einsetzt; nehmen Sie bewußt die Dehntiefe wahr.
Rollen Sie Ihre Zunge nach hinten, und drücken Sie Ihre Zungenspitze gegen den weichen Gaumen, bis ein Gähnen kommt. Erfaßt der Dehnreiz nur Mund und Hals, oder nimmt der ganze Körper diesen Eigenimpuls auf, dehnt und räkelt er sich durch?

4. Gähnübungen im Liegen

Legen Sie sich mit dem Rücken zum Boden auf eine Decke oder eine nicht zu weiche Matte; dehnen und räkeln Sie sich so lange, bis ein tiefes Gähnen einsetzt.
Nun können Sie die zuvor beschriebenen Gähnübungen (Übung 3) im Liegen wiederholen.
Zur Entspannung des Nackens massieren Sie mit den Fingerspitzen vom Nackenansatz zu Ihrem Hinterkopf hinauf. Dabei können Sie das Gewicht des Kopfes zur passiven Dehnung nutzen. Danach verschränken Sie Ihre Hände unter dem Hinterkopf und ziehen den Nacken behutsam ein wenig in die Länge. Wiederum können Sie bewußt die passive Dehnung durch das Gewicht des Kopfes erleben.
Zur Lockerung der Hüft- und Kniegelenke ziehen Sie nun das rechte Bein an, nehmen das Knie so weit an den Brustkorb heran, wie es Ihnen ohne Schwierigkeiten möglich ist, heben dann den Unterschenkel an, um das Bein langsam und sacht gestreckt zu senken. Es soll dabei eine fließende Bewegung entstehen. Anschließend führen Sie diese Übung mit dem linken Bein durch. Wenn kein starkes Hohlkreuz vorhanden ist, können Sie diese Bewegung auch mit beiden Beinen gleichzeitig durchführen.
Zur Lockerung der Beine stellen Sie jetzt den rechten Fuß auf und lassen ihn nach vorne weggleiten. Dann führen Sie dies mit dem linken Fuß und schließlich mit beiden Füßen aus.

Die Basisatmung

Das Zwerchfell ist ein zweifach gewölbter Muskel, der die Brusthöhle von der Bauchhöhle abgrenzt und den größten Teil der Atembewegung bewirkt. Es wird von der Speiseröhre, der Aorta, der unteren Hohlvene und verschiedenen Gefäßen und Nerven durchbrochen. Seine rechte, größere Kuppe wölbt sich über der Leber, seine linke über Magen und Milz. Oberhalb der linken Kuppe liegt die Herzspitze. Bei der Einatmung senkt sich das Zwerchfell, und Luft strömt in die Lungen. Dies bewirkt die Ausdehnung der Lungen und des Brustkorbes sowie einen leichten Druck auf die Beckenorgane. Bei der Ausatmung kehrt das Zwerchfell entspannt in seine Ausgangslage zurück, wobei sich der Lungenraum verkleinert. Die Atmung wird hauptsächlich vom Atemzentrum im verlängerten Rükkenmark gesteuert. Ausschlaggebend für diesen Steuerungsvorgang ist der Kohlendioxydgehalt des Blutes. Durch die Zwerchfellbewegung werden nicht nur die unmittelbar unter dem Zwerchfell liegenden Organe, sondern im Idealfall auch alle Teile des Bauchraumes bis hin zur Beckenbodenmuskulatur bewegt und »massiert«. Das bedeutet, daß sich die natürliche Atembewegung, wenn wir entspannt sind, bis in die Tiefe des Unterleibes erstreckt. Deshalb wird die Basisatmung auch *Zwerchfell-, Tief- oder Bauchatmung* genannt.
Die Wirkungen der Basisatmung sind so vielseitig, daß hier nur einige wesentliche erwähnt werden können: Durch eine regelmäßige rhythmische »Innenmassage« belebt sie alle Organe, sie unterstützt Herz und Kreislauf, dabei vor allem den venösen Rückfluß, sie löst Spannungen im Unterleib und schafft Erleichterung bei Menstruationsbeschwerden und Blutdruckstörungen. Im Gegensatz zur Atmung im oberen Brustkorbbereich, zur sogenannten oberen Atmung, entlastet

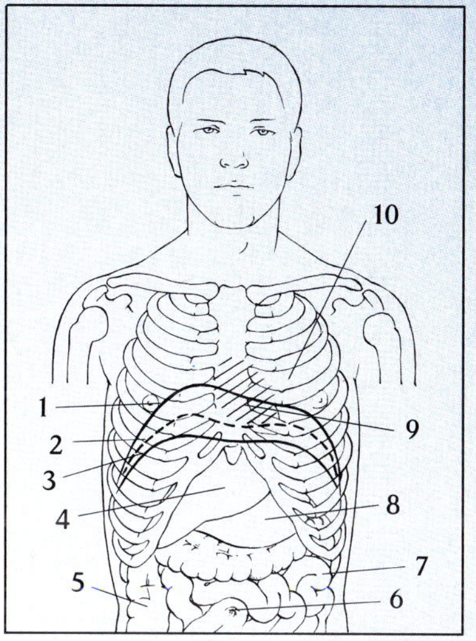

Zwerchfell
1 **maximale Stellung bei Ausatmung**
2 **mittlere Stellung**
3 **maximale Stellung bei Einatmung**
4 **Leber**
5 **Dickdarm**
6 **Nabel**
7 **Dünndarm**
8 **Magen**
9 **Herz**
10 **Lunge**

die Zwerchfellatmung die Schilddrüse und wirkt kräftigend und beruhigend auf Körper und Psyche. Vor allem im Alter wird die ausgleichende Wirkung der Basisatmung bei Herzstörungen wohltuend empfunden. Darüber hinaus ermöglicht sie eine optimale Sauerstoffzufuhr bei gleichzeitiger Belebung und Entlastung aller inneren Organe. Die Zwerchfellatmung ist die natürliche Atemweise und eine Voraussetzung für alle Yoga-Atemübungen.

Übungsteil V

1. Basisatmung im Sitzen

Sie sitzen entspannt aufrecht. Legen Sie die Hände auf den Bauch, und ertasten Sie die Atembewegung. Lassen Sie dabei den Atem frei fließen, obwohl Sie ihn bewußt wahrnehmen. Schnuppern Sie kurz mehrere Male durch die Nase ein und lassen *es* ruhig ausatmen. Entspannen Sie sich bei der Ausatmung, und nehmen Sie die Bewegung des Zwerchfelles in der Leibmitte wahr.
Schnuppern Sie zweimal kurz ein, und schnuppern Sie dann wieder zweimal kurz aus; beobachten Sie dabei die Zwerchfellbewegung.
Legen Sie die Hände wiederum auf den Bauch, und geben Sie Ihrem Atem immer mehr Freiheit. Lassen Sie sich in einen natürlichen Atemfluß ein, und erspüren Sie die ruhige Zwerchfellbewegung.

Achtung:
Führen Sie diese Übungen nicht mit vollem Magen, bei Magenschleimhautentzündung, Magengeschwür oder Entzündung der Bauchspeicheldrüse durch!

2. Atemübungen zur Kräftigung des Zwerchfelles

Sie sitzen wieder entspannt aufrecht. Atmen Sie durch die Nase ein, als ob Sie bewußt an einer Blüte riechen wollten. Atmen Sie sodann mit einem stimmlosen »Wuuuhhh« aus, ohne dabei den Brustkorb einsinken zu lassen. Spüren Sie beim Ausatmen den vorübergehenden leichten Preßvorgang im Oberbauch? (Diese Atemweise nur 2- bis 3mal durchführen, da sie eine sehr starke Ausatmung bewirkt.)

Nun üben Sie mit »wwww« und dann mit »ffff«. Sie verbinden also die Ausatmung mit dem W (es ist eine Art Ausblasen der Luft) und dann mit dem F. Lassen Sie dabei die Luft wie durch ein Ventil ausströmen.

Durch den Widerstand beim Ausatmen erfolgt eine Kräftigung des Zwerchfelles, und die wesentlich vertiefte Ausatmung bewirkt eine ebenso vertiefte Einatmung. Sie verstärkt den Gasaustausch und regt den Stoffwechsel an. Die W-Atmung ist eine große Hilfe für Asthmakranke.

Achtung:
Bei Kreislaufstörungen und Asthma behutsam, kurzzeitig und regelmäßig üben!
Bei Überfunktion der Schilddrüse den Hals locker und den Nacken gedehnt lassen! Nicht zu tief einatmen und beim Ausatmen auf gar keinen Fall pressen!

3. Entspannen im Liegen

Legen Sie sich entspannt auf eine Decke, und führen Sie die Basisatmung durch, wie sie auf Seite 31 beschrieben wurde.
Spannen Sie nun einige Male Ihre Schultern an, und beobachten Sie, ob zwischen den Muskeln im Schultergürtel und denen im Beckenraum eine Wechselwirkung besteht. Entspannen Sie sich danach wieder. Spannen Sie sodann nacheinander sowohl die Bauchmuskeln wie die Gesäßmuskeln an, und erspüren Sie die Wirkungen auf den Schulterbereich.
Schließen Sie nun einige Male fest die Schließmuskeln von Mund und Schlund, und nehmen Sie wahr, ob sich auch eine Tendenz zur Anspannung der Schließmuskeln des Beckenbodens ergibt. Sodann spannen Sie die Schließmuskulatur des Beckenbodens (also von Blase und After) an und erspüren die Wirkung der Schließmuskeln von Mund und Schlund.
Lassen Sie sich bewußt vom Boden tragen; nehmen Sie den Körper als Ganzes wahr; versuchen Sie, ohne sich zu bewegen, den Boden zu erspüren.
Nehmen Sie jetzt nacheinander Muskelspannungen im ganzen Körper wahr, und gleichen Sie diese Spannungen aus, indem Sie sie mit der Ausatmung loslassen und an die Erde »abgeben«. Nacheinander können Sie hineinfühlen in Füße, Beine, Becken, Rücken, Schultern, Nacken, Kopf, Stirn, Augen, Wangen, Mund, Unterkiefer, Zunge, Hals, Brustkorb, Leibmitte, Arme und Hände; zuletzt erspüren Sie wieder Ihren Körper als Ganzes.
Wie erleben Sie jetzt Ihr Atemgeschehen? Kann der Atem frei strömen? Erfahren Sie, wie sich in den Muskeln, in den Nerven, im Atem und im ganzen Körper Ruhe ausbreitet.

Wenn Sie die Übung beenden wollen, spüren Sie hinein in Ihre Gliedmaßen, und dehnen und räkeln Sie sich, bis ein tiefes Gähnen einsetzt. Dann erst setzen Sie sich langsam von rechts her auf. Machen Sie sich Ihre Haltung und Ihre Verfassung – sowohl körperlich wie psychisch – bewußt. Stellen Sie sich auch wieder bewußt auf den Aufgabenkreis, die Umwelt und die Lebensbedingungen ein, die Sie persönlich erwarten.
Wiederum ein Gedanke zur Lebenspraxis: Fehlhaltung, Fehlspannung und Fehlatmung bewirken Störungen in Körper und Psyche. Natürliche Körperhaltung, Spannung und Atmung sind Ausdruck einer rechten inneren Haltung und damit Voraussetzung für Gesundheit und Lebensfreude. Durch regelmäßiges Üben läßt sich dies erfahren!

Atemformen

Die Atmung ist der körperliche Ablauf des Gasaustausches mit allen physiologischen und psychosomatischen Vorgängen. Die *Atemweise* wird unter anderem durch Alter und Konstitution, durch körperliche und psychische Vorgänge, durch Haltung, Belastung, vor allem aber durch den Bewußtseinszustand bedingt. Bereits feinste Gefühls-, Gedanken- und Willensimpulse verändern das Atemgeschehen. Pneumogramme, also Atemkurven, bestätigen dies.
Eine *natürliche Atmung* besteht dann, wenn der Atem frei vom Ichwillen zugelassen werden kann, so daß sie sich ungehindert der augenblicklichen Gesamtverfassung sowie den äußeren und inneren Gegebenheiten anzupassen vermag und dabei ein Höchstmaß an Atemtiefe und -freiheit gewährleistet. Alice Schaarschuch sagt dazu in *»Der atmende Mensch«:* »Zu wahrhafter Atemfreiheit und wohltuender Weiträumigkeit der Atembewegung, die wir in unserem täglichen Leben zur Verfügung haben sollten, kommen wir nie durch die uns überfremdende Atem-‚Übung'. Was dagegen nottut, als Grundlage für jegliche Weiterarbeit mit dem Atem, ist das Wiederfinden unserer schlichten und echten Naturatmung. … Normale, unverkrampfte Naturatmung aber verlangt bei einem weit und groß arbeitenden Zwerchfell die frei und allseitig reagierende Muskelhülle aller Atemräume, und zwar von unten bis oben und vollkommen rundum.«

Der Atem reagiert auf natürliche Weise ausgleichend auf körperliche und seelische, unbewußte und bewußte Vorgänge. Dabei entstehen die verschiedensten Atemweisen wie Aufatmen, Gähnen, Lachen, Jauchzen, Schreien, Weinen, Schluchzen, Stöhnen oder die typische Schlafatmung; im weitesten Sinne auch das Singen, Riechen, Niesen und Husten. Diese oft seltsam anmutenden Atemweisen sind natürliche, psychosomatische Eigenimpulse des Organismus, um die Atmung unter allen Umständen sicherzustellen – aber auch, um Kräfte auszugleichen, zu aktivieren, abzufangen und zu entlasten. Der Mensch kann sich in verschiedensten Bereichen an andere anpassen, z. B. in der Kleidung, der Ernährung, der Lebensweise, in Schlaf- und Denkgewohnheiten – jedoch nicht in der Atmung! Bei dem Versuch, auch nur für 10 Minuten in einem fremden Rhythmus zu atmen, treten bald Störungen auf, die die Rückkehr zum Eigenrhythmus erzwingen.

Eine *Fehlatmung* besteht dann, wenn die Atmung nicht dem natürlichen Pendelausschlag der augenblicklichen Verfassung entspricht. Dafür gibt es unzählige Ursachen wie Fehlspannungen, Fehlhaltungen, einen gestörten Lebensrhythmus, psychische oder physische Störungen, Erziehung zur Fehlatmung oder auch falsch angewandte Yoga-Atemübungen.

Die *Kunstatmung,* d. h. die bewußte Atemführung als Übung, läßt sich in zwei Gruppen einteilen:

Atempflege und -erziehung sowie Atembeherrschung. Die Atempflege und -erziehung dient dem Wiederfinden der natürlichen Atmung, der Gesangs- und Sprechtechnik; sie kann auch als Therapie dienen und ist Grundlage für körperliche Leistungen. Die Atembeherrschung ist ein spätes Ergebnis des Yoga-Übungsweges. Durch Bewußtwerdung lassen sich physische, psychische und geistige Kräfte entfalten und lenken. Dies setzt das Zulassenkönnen der natürlichen Atmung voraus! Andernfalls entsteht eine falsche Kunstatmung. Die daraus entstehenden physischen und psychischen Störungen werden meist erst spät erkannt und sind dann oft schwer zu beheben. Manchmal ist in solchen Fällen eine Atemtherapie bei einer Fachkraft notwendig. Es ist auf jeden Fall sinnvoller, von vornherein verantwortungsbewußt mit dem Atem umzugehen. Wir wollen es noch einmal wiederholen: Im Mittelpunkt aller Atemübungen steht der natürliche Atem. Erspüren Sie zunächst Ihren Atem, nehmen Sie ihn wahr, und erleben Sie ihn. Lernen Sie Ihre eigene Atemweise, auch das Lösen von Verspannungen, kennen, damit Ihr Atem immer frei strömen kann. Erst wenn der Atem frei vom Ichwillen zugelassen werden kann, ist es ratsam, mit weiterführenden Yoga-Übungen zu beginnen.

Übungsteil VI

Der Wert einer Übung liegt nicht nur in ihrer Durchführung, sondern in ihrem richtigen, also gezielten Einsatz! Auch die beste Übung kann Störungen hervorrufen, wenn sie zum Beispiel zum falschen Zeitpunkt durchgeführt wird. So ist für ein gutes Ergebnis Voraussetzung, daß die Auswahl der Übungen bewußt getroffen und der Zeitpunkt richtig gewählt wird. Dies bedingt, daß das Ziel, das mit der Übung erreicht werden soll, bewußt ist. Ein Beispiel: Führen Sie keine tiefe Entspannung unmittelbar vor einer angestrebten Höchstleistung durch.

Wenn Sie sich tagsüber, im Sitzen – oder besser noch im Liegen – entspannen, geht es zumeist um mehr Wachheit, größere Frische, Entlastung des Kreislaufs und Förderung der Durchblutung, Anregung der Sauerstoffzufuhr und damit des Stoffwechsels. Dazu können Sie sich in Ihren Körper einleben und mit dem freien Ausatmen Spannungen, aber auch Sorgen, sogar Ängste abgeben.

Wenn Sie sich vor dem Einschlafen entspannen – auch dies ist hilfreich, manchmal sogar notwendig, um zu einem tiefen, gesunden Schlaf zu gelangen –, sollten nur die ersten Stufen der Entspannungsübungen, wie Lockerung der Muskeln und Beruhigung des Atems, durchgeführt werden. Darauf folgt dann das Loslassen psychischer Belastungen. Es geht dann nicht um Wachheit oder Konzentrationsfähigkeit, sondern um das vertrauensvolle Sich-sinken-Lassen. Würde vor dem Einschlafen eine vollständige Entspannungsübung hellwach durchgeführt, wäre zwar eine Entspannung erreicht, das Schlafbedürfnis aber gewichen.

1. Summatmung

Vorübung:

Setzen Sie sich aufrecht und frei auf einen Stuhl, sprechen Sie in Abständen ein A, wiederholen Sie dieses A schneller oder langsamer, und erspüren Sie mit einer flach auf die Brust gelegten Hand die dabei entstehende Vibration. Dann summen Sie, nicht kontinuierlich, sondern in Abständen, und nehmen bewußt den Unterschied zwischen der Vibration, wenn Sie summen, und der Ruhe, wenn Sie es nicht tun, wahr.

Hauptübung:

Atmen Sie »riechend« ein, als ob Sie einen Duft behutsam prüfend erfassen wollten, und summen Sie auf einem stimmhaften, weichen S aus. Erspüren Sie dabei, welche Körperbereiche von der Schwingung oder Vibration des Summens erfaßt werden. Eine längere Durchführung dieser Übung vertieft die Lösungs- und Entspannungsprozesse.

Diese Summübung vertieft die Ausatmung, verbessert den Gasaustausch, beruhigt und löst; die Vibration verstärkt die Durchblutung. Bewährt bei Asthma, Bronchitis und Emphysem, bei Atem- und Herzbeschwerden sowie bei Schlafstörungen. Bei allen ernsthaften oder länger andauernden Beschwerden und Krankheiten sollten Sie natürlich einen Facharzt Ihres Vertrauens aufsuchen!

Achtung:
Wird anstelle des weichen, stimmhaften S ein scharfes, stimmloses S verwendet, so hat die Übung eine aktivierende Wirkung.

2. Stöhnübung

Sie sitzen wieder aufrecht und frei, senken dann den Oberkörper nach vorne, lassen dabei aber den Rücken gedehnt und stützen die Unterarme auf den Oberschenkeln ab (30). Nun

30

atmen Sie »riechend« ein und »stöhnend« aus. Dabei erspüren Sie die Atembewegung bis hinein in den Rükken und beobachten auch die Vibrationsschwingung. Mit dem Ausstöhnen lassen Sie innerlich und äußerlich los, so daß die Ausatmung länger wird als die Einatmung und allmählich nach der Ausatmung kleine Atempausen entstehen.
Abschließend atmen Sie vertieft aus und lassen *es* aufatmen; Sie dehnen sich durch und lassen ein tiefes Gähnen zu.

Wenn durch das Stöhnen ein Loslassen und Ablassen der vorhandenen psychischen Spannungen gelingt, entlastet, löst und beruhigt die Übung auch körperlich.

3. Erleben der Basisatmung

Unter Basisatmung wird der ganzheitliche Vorgang der Zwerchfellatmung verstanden. Die Basisatmung ist die natürliche Atemweise des Menschen. Im Regelfall müssen wir allerdings erst wieder lernen, diese Atemweise geschehen zu lassen. So einfach die Übung erscheint, ist sie doch nicht so leicht durchzuführen, denn es gibt dabei nichts »zu tun« oder »zu machen«. Vielmehr geht es uns darum, bewußt im Atem gegenwärtig zu sein und ihn frei fließen zu lassen. Häufig greift, sobald der Atemvorgang bewußt beobachtet wird, der Ichwille ein und »macht« die Atmung entsprechend irgendwelcher Gewohnheiten. Die Übung der Basisatmung hat sowohl körperlichen wie psychotherapeutischen Wert. Ein weiteres Ziel liegt in der Entwicklung von Konzentrationsfähigkeit und Gelassenheit, bis diese Übung sogar zur Meditationsübung werden und damit zur unerwarteten Bewußtseinserweiterung führen kann.

Setzen Sie sich entspannt und aufrecht, und schließen Sie die Augen. Leben Sie sich in Ihren Atemvorgang ein, wobei Sie dem Atem alle Freiheit geben. Nehmen Sie in allen Einzelheiten wahr, wie der Luftstrom durch die Atemwege fließt und wie sich die Atembewegung in den ganzen Beckenraum bis zum Beckenboden hin erstreckt. Achten Sie auf die Atemtiefe und -weite, auf den Atemrhythmus, auf Atemimpulse und die Atemberuhigung, auf die Atemfülle und die Atemstille. Versuchen Sie, die Natürlichkeit und die Freiheit des Atems und das Atemgeschehen als Ganzes zu erfassen, und beobachten Sie auch psychische Veränderungen in sich.
Abschließend können Sie sich fragen: Ist jetzt der Atem Ausdruck meiner Gesamtverfassung? Bin ich mir dabei fremd, oder bin ich jetzt ganz ich selbst?
Dann erspüren Sie wieder Ihren Körper als Ganzes, nehmen Bodenfühlung auf und werden sich Ihrer Körperhaltung bewußt. Sie können vertieft ausatmen und *es* aufatmen lassen, sich dehnen und räkeln und ein freies Gähnen zulassen.

Diese Übung eignet sich zur Kraftsammlung und Harmonisierung, wenn wir »außer Atem« oder »außer uns« sind; auch zur Beruhigung von Herz, Kreislauf, Nerven und Psyche.

4. Lockerung im Stehen

Um nach Sitz- oder Liegeübungen während des Tages bewußter im Körper zu sein, eignen sich etliche kleine Übungen, auch aus vorangegangenen Übungsteilen (Übungsteil II: Massageübungen, siehe S. 24; Übungsteil III: Sitz- und Stehübungen, siehe S. 26 bis 28; Übungsteil IV: Gähnübungen im Sitzen und im Liegen, siehe S. 30; Übungsteil V: Basisatmung im Sitzen, Atemübungen zur Kräftigung des Zwerchfelles, siehe S. 31/32; Übungsteil VI: Summatmung, Stöhnübung, Erleben der Basisatmung auch im Stehen, siehe S. 33/34). Weitere sollen hier angefügt werden.

Stehen Sie entspannt, die Füße hüftbreit auseinander, und beugen Sie den Oberkörper langsam etwas nach vorne, so daß die Arme frei nach unten hängen. Lassen Sie auch den Kopf hängen, und entspannen Sie dabei den Nacken (31). Dann schütteln Sie die Schultern zuerst langsam, danach schneller durch, während Sie die Arme weiter locker baumeln lassen. Jetzt richten Sie den Oberkörper langsam wieder auf und stehen bewußt gerade.
Stehen Sie weiter entspannt und aufrecht. Leben Sie sich in das Steißbein ein, und nehmen Sie das Gesäß etwas nach hinten; sodann senken Sie den gedehnten Rücken, wenn möglich bis zur Waagrechten (Beine und Oberkörper sind also im rechten Winkel zueinander). Sie dehnen den Nacken etwas, lassen Schultern und Arme passiv hängen (32). Schütteln Sie sich erneut durch, zuerst langsam, dann schneller.

Nun richten Sie sich wieder langsam auf, dehnen und räkeln sich, lassen ein Gähnen zu.
Sie stehen wieder entspannt und kreisen zunächst mit dem rechten Knie, ohne das Bein zu heben, im Uhrzeigersinn – behutsam, wie es Ihr Körper zuläßt – und danach in die gegenläufige Richtung (33). Das gleiche führen Sie mit dem linken Knie durch. Lassen Sie dabei die Oberschenkel locker, und beobachten Sie, ob sich Ihre Atmung verändert.
Nun führen Sie die gleiche Übung mit beiden Knien gleichzeitig aus – zunächst im, dann gegen den Uhrzeigersinn (34) und schließlich mit beiden Knien in jeweils gegenläufige Richtung.

31

32

Noch ein Gedanke zur Lebenspraxis: Je einfühlsamer und regelmäßiger das Üben erfolgt, um so eher werden Ihnen die Anwendungsmöglichkeiten für viele Situationen des Lebens bewußt. Pfarrer Kneipps Gedanken haben auch heute noch Gültigkeit: »Wer nicht täglich etwas für seine Gesundheit tut, muß später viel für seine Krankheit tun.« Und dies gilt nicht nur für die körperliche Gesundheit, sondern auch für das psychische Wohlergehen und die bewußte geistige Lebensorientierung.

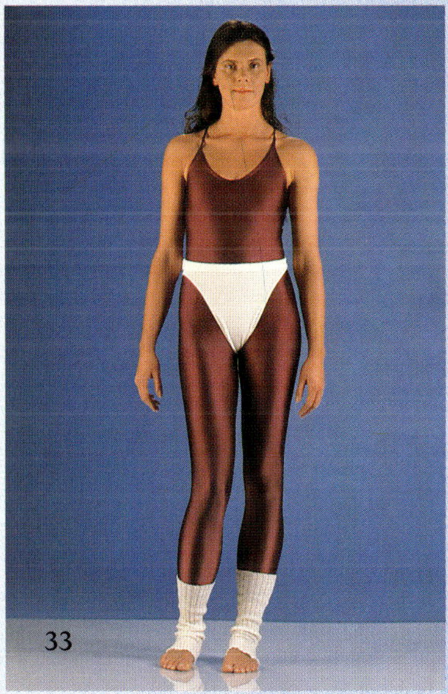
33

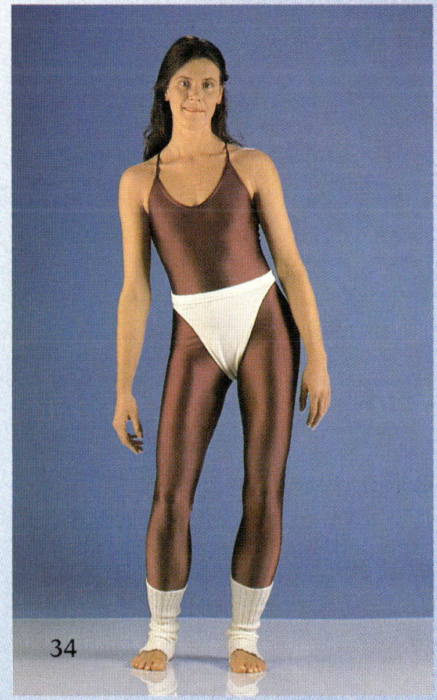
34

Atmung und körperlich-psychische Wechselwirkungen

Dieses Thema ist so umfangreich, daß an dieser Stelle nur knappe Hinweise gegeben werden können. Andererseits ist es so bedeutsam für unser Alltagsleben, daß wir nicht darauf verzichten wollen, einen gewissen Hintergrund zum Verständnis des Atemgeschehens, seiner Wechselwirkungen und zum Sinn der bisherigen und noch folgenden Übungen zu geben.

Atmung und Blutkreislauf: Durch die *äußere Atmung* wird dem Körper Sauerstoff zugeführt und Kohlendioxyd ausgeschieden. Dieser Gasaustausch erfolgt in den Lungen. Bei der *inneren Atmung* werden die Körperzellen und damit die Organe mit Sauerstoff versorgt und die Schlackenstoffe abtransportiert. Der *kleine Blutkreislauf* umfaßt den Weg des kohlendioxydhaltigen Blutes vom Herzen in die Lungen und den des dort gereinigten und mit Sauerstoff angereicherten Blutes zurück zum Herzen. Der *große Blutkreislauf* führt das arterielle, sauerstoffreiche Blut vom Herzen weg zu allen Zellen des Körpers und das venöse, mit Abfallstoffen beladene Blut zurück zum Herzen.

Aus diesen Zusammenhängen wird schon deutlich, warum die Qualität der Ausatmung die der Einatmung bestimmt. Durch eine freie, tiefe Ausatmung kann die Reinigung des Blutes erfolgen, wodurch eine ausreichende Aufnahme neuer Baustoffe für unser Leben bis hinein in jede Zelle möglich wird.

Atmung und Psyche: Die Atmung paßt sich augenblicklich körperlich-seelischen Bedingungen an. Bei Veränderungen des körperlichen Spannungszustandes läßt sich die Anpassung der Atmung leicht erkennen, z. B. bei einer Anstrengung, einer sportlichen Leistung oder im Schlaf. Aber auch psychische Spannungszustände wirken auf den Atem, wie jeder weiß, der seinen Atem einmal während einer heftigen Auseinandersetzung, in einer Prüfungssituation oder bei anderen besonderen Gefühlsumständen beobachtet hat. Der Berliner Nervenarzt Dr. Wladimir Lindenberg schrieb in seinem Buch *»Yoga mit den Augen eines Arztes«*: »Erregt sich der Mensch, so stockt sein Atem, er wird unregelmäßig, zu flach oder zu tief, und es kommt sofort reaktiv zu unregelmäßigen Verengungen oder Erweiterungen des Gefäßsystems, die Haut wird entweder blaß oder rot, der Blutdruck steigt oder sinkt. … In der Freude atmen wir tief und voll ein, es wird uns ‚warm ums Herz', wir haben das Gefühl der Weite. Ein froher und bejahender Mensch bleibt, weil er tief und regelmäßig atmet, gesund. Der Verdrossene, Mißmutige, Gehässige, Verstimmte, Mißtrauische verkrampft sich immerzu, er ist verspannt, sein Atem ist kurz und flach, weil er auch zu mißtrauisch ist, sich mit Luft aus dem Kosmos zu füllen. … Er ist gegen unzählige Krankheiten anfällig, er wird früher alt und verbraucht.«

Verspannungen und Bewußtsein: Wenn Anforderungen aus der Umwelt eigenen Vorstellungen, Wünschen und Erwartungen entgegenstehen, wenn unsere bislang entwickelten Fähigkeiten nicht ausreichen, um Probleme zu lösen, werden sie zu Belastungen. Es kommt zu Komplikationen, die starke psychosomatische Spannungen und Störungen auslösen können. Das Unvermögen, sie zu überwinden, erschwert den Überblick, und es können gefühlhafte und nervliche Fehlreaktionen entstehen. Werden dazu noch unverarbeitete Kräfte aus dem Unbewußten – seien sie unterdrückt oder verdrängt worden – angesprochen, verstärken sich vorhandene Spannungen und intensivieren durch unbewußte Fehlhaltungen die augenblickliche vorliegende Problematik.

In diesem verstärkten Druck, von innen wie von außen, liegt die Chance, daß uns durch Konzentration und persönlichen Einsatz Kräfte und Fähigkeiten bewußt werden, die wir unter schwächerem Druck nicht entwickeln könnten. Hält dieser Spannungszustand jedoch an, weil wir das Problem nicht lösen können, führt dies möglicherweise zu körperlichen Störungen, wie z. B. Verspannungen oder sogar Verkrampfungen, zu Fehlhaltungen und Fehlatmung, zu Nervenbelastung, Hemmungen, Aggressionen, Angst, Schwäche, Herzbeschwerden, Schlafstörungen und dergleichen mehr.

Daß Schwierigkeiten nicht unbedingt zu solchen Komplikationen führen müssen, beweist die Tatsache, daß manche Menschen die gleichen Anforderungen mit einem geringeren Aufwand an Überlegung, Einsatz und Kraft überwinden, während andere dabei zusammenbrechen. Anstatt die Schuld für Versagen in der Umwelt zu suchen, lohnt es sich zu fragen, welchen tieferen Sinn die derzeitigen, ja letztlich alle Schwierigkeiten in meinem Leben haben!

Nach den Lehren des Yoga sind Schwierigkeiten nichts anderes als Herausforderungen des Lebens an den Menschen, bewußter zu werden und ein Höchstmaß an Fähigkeiten zur Entfaltung zu bringen. Dies führt durch Lernprozesse zu steter Wandlung und Entwicklung des Bewußtseins und zur Reifung der Persönlichkeit. Fehlt eine bejahende Einstellung zu den Anforderungen des Lebens, wird oft sehr viel mehr Kraft für Widerstand, Aggression oder Flucht vor den Schwierigkeiten verbraucht, als zur Bewältigung der Aufgabe notwendig wäre.

Die Yoga-Praxis gibt vielseitige, konkrete Hilfen, so daß durch die fortwährende Bewußtseinsschulung nicht nur die physische, sondern auch die psychische Belastbarkeit zunimmt. Dadurch können selbst schwierige Situationen zu interessanten Übungen werden, so daß wir nicht mehr Spielball der Umstände sind, sondern lernen, uns in der rechten Weise für unser Leben zu öffnen und es immer mehr mitzubestimmen. Dadurch vermögen wir schöpferische Kräfte zu entfalten, ein körperlich-psychisches Gleichgewicht sowie größere Gesundheit und Lebensfreude zu gewinnen.

Übungsteil VII

1. Dehn- und Drehübungen im Sitzen (auch für den Arbeitsplatz)

Aktive Dehnübung:
Sie sitzen auf der vorderen Hälfte des Stuhles und strecken Ihr linkes Bein schräg nach links aus. Die linke Hand liegt auf dem linken Oberschenkel. Dann heben Sie Ihren rechten Arm schräg rechts nach oben und dehnen ihn aktiv (35). Sie können sich auch vorstellen, nach einer etwas weiter entfernten Dose zu greifen. In dieser aktiven Dehnung können Sie verweilen und den Atem weiter strömen lassen. Um die Dehnung zu verstärken, können Sie den Arm dabei weiter seitlich und etwas nach hinten führen, wobei der Blick der rechten Hand folgt. Den Arm auch während eines oder mehrerer Atemzüge aktiv gedehnt lassen, um dann erst zu entspannen. Vergleichen Sie nun beide Körperseiten, und erspüren Sie ihren Unterschied. Anschließend führen Sie diese Übung mit dem anderen Arm durch und vergleichen wieder beide Körperseiten miteinander.

Drehübung:
Die Grundhaltung ist die gleiche wie bei der aktiven Dehnübung, jedoch stützen Sie sich jetzt mit der linken Hand am linken Oberschenkel oder an der linken Hüfte fest ab, führen den gedehnten rechten Arm behutsam nach rechts hinten und drehen dabei sowohl den Oberkörper als auch den Kopf mit, wobei Sie immer den Fingerspitzen der rechten Hand nachschauen (36).

35

36

Erleben Sie wieder, wie der Atem während des Dehnungsvorganges einströmt, und lösen Sie diese Haltung mit der Ausatmung ruhig und bewußt auf. Entspannen Sie sich, und führen Sie dann diese Übung nach der linken Seite hin durch.

Passive Dehnübung:
Sitzen Sie auf der ganzen Stuhlfläche, und stellen Sie die Füße weit auseinander. Ertasten Sie mit den Fußsohlen den Boden. Legen Sie die Unterarme auf die Oberschenkel. Dehnen Sie den Rücken, und senken Sie den Oberkörper langsam nach vorne. Lassen Sie Kopf und Schultern ebenfalls hängen (37). In dieser Hängehaltung versuchen Sie, der Atembewegung nachzuspüren, vor allem im Rücken, und lassen dabei so entspannt wie möglich den Atem strömen. Zur Lockerung können Sie mit dem Oberkörper weich wippen und ihn dann wieder entspannt hängen lassen. Dann richten Sie sich langsam wieder auf.

37

2. Flankenatmung

In aufrechter und entspannter Sitzhaltung legen Sie Ihre Hände mit den Handflächen seitlich auf die Rippen und erspüren Ihre Atembewegung. Atmen Sie bewußt in die Hände hinein, so daß Ihre Flanken gedehnt und beim Ausatmen gelöst werden. Lassen Sie zwischendurch immer wieder die natürliche Atmung geschehen, und atmen Sie bewußt in die Flanken hinein. Wie fühlen Sie sich dabei?
Legen Sie nun beide Hände auf die rechte Flanke, und atmen Sie mit Hilfe der Vorstellungskraft in die Hände hinein, so daß der rechte Lungenflügel stärker beatmet wird. Vermeiden Sie dabei jede Willens- und Muskelanspannung – es genügt, wenn Sie sich in das Geschehen einfühlen. Sie können auch vor dem Spiegel üben und dabei besonders auf Lockerheit achten. Führen Sie nun diese Übung mit den beiden Händen auf der linken Flanke durch.

Bei einfühlsamem Üben kräftigt dies Herz und Kreislauf sowie die seitliche Atemhilfsmuskulatur. Da die Übung die Herztätigkeit anregt, sollte sie bei schwachem Herzen sehr behutsam durchgeführt werden; eventuell sollten Sie erst nach Rücksprache mit dem Arzt üben.

Achtung:
Achten Sie darauf, daß die Atmung nicht nach oben, in die Lungenspitzen, geht. Dadurch würden Herz und Schilddrüse noch stärker angesprochen, eventuell sogar belastet.

3. Rückenatmung

Setzen Sie sich auf den Boden, ziehen Sie ihre Beine an, und umfassen Sie mit den Armen die Knie. Lassen Sie Ihren Atem frei strömen, und erspüren Sie, ob Sie Ihre Atembewegung im Rücken fühlen können.
Knien Sie auf dem Boden, das Gesäß bleibt so dicht auf den Fersen wie möglich. Die Arme legen Sie parallel zueinander vor sich, und den Kopf lassen Sie auf den Boden sinken (38). Diese Haltung entspricht der muslimischen Gebetshaltung. Können Sie die Atembewegung im Rücken spüren? Richten Sie sich langsam wieder auf, und spüren Sie in Ihren Körper hinein. Dann erst wenden Sie sich wieder bewußt dem Geschehen in der Umwelt und Ihren Aufgaben zu und erleben, ob sich in Ihrer Gesamtverfassung etwas verändert hat oder nicht.
Sie können die Rückenatmung auch in einer Partnerübung erspüren: Die Partner sitzen Rücken an Rücken gelehnt auf dem Boden, die Beine können ge-

38

39

streckt oder gebeugt sein (39). Nehmen Sie den Körperkontakt vom Becken bis zum Kopf hinauf wahr. Um den Körperkontakt bewußt zu erleben, können Sie den Oberkörper abwechselnd etwas neigen oder dehnen und einfühlsam den Bewegungen des Partners folgen. Dann richten Sie Ihre Aufmerksamkeit auf Ihr Atemgeschehen und das des Partners, wie es sich über den Rücken äußert: auf den Atemrhythmus, die Atemtiefe und die Atemfreiheit.

4. Vokalatmung

Im Stehen, Sitzen oder Liegen singen Sie mit der Ausatmung ein klangvolles U. Nehmen Sie die Schwingungen im Körper wahr, achten Sie darauf, welchen Bereich der U-Laut anspricht (im Regelfall den Basisraum, d. h. den Unterbauch).
Nun führen Sie diese Übung mit dem O-Laut durch und spüren zur Leibmitte und zum Herzbereich hin.
Beim E-Laut spüren Sie in die Flanken und bis zum Hals.
Beim A-Laut nehmen Sie die Schwingung und Wirkung im Brustraum und über den Körper hinaus wahr.
Beim Singen des I-Lautes spüren Sie in den Schulterbereich und in den Kopf hinein.

Sie können auch einmal ausprobieren, mit der Ausatmung die Vokale nicht tatsächlich zu singen, sondern sie nur innerlich anklingen zu lassen, sich ihren Klang also mit der Ausatmung vorzustellen.
Die Vokalatmung wirkt lösend, durchblutend und regenerierend auf jene Organe, in deren Räumen die Vokale hauptsächlich schwingen. Die Vokalatmung vertieft die Ausatmung, regt den Stoffwechsel an und verhilft zu einem besseren Körperbewußtsein.

5. Lachatmung zur Entspannung

Wenn es gelingt, zu einem natürlichen Lachen zu kommen, führt dies zur stärksten Vertiefung der Ausatmung, die möglich ist. Dadurch erfolgt eine wesentlich vertiefte Einatmung bei gleichzeitiger Lockerung und Kräftigung der Atemmuskulatur, besonders des Zwerchfells; Herz, Kreislauf und der Stoffwechsel werden angeregt und die Durchblutung verbessert. Deshalb wirkt diese Übung gegen Frieren, Abgeschlagenheit, Verspannung, Müdigkeit und sogar gegen Hemmungen.

Achtung:
Bei Bluthochdruck und Asthma nicht zu stark ausatmen!

6. Zweifachatmung

Sie sitzen aufrecht. Lassen Sie die Basis- oder Zwerchfellatmung so entspannt wie möglich entstehen, und atmen Sie dann weiter, so daß die Flanken weich gedehnt werden. Das Ausatmen entsteht durch das Entspannen der Leibmitte und der Flanken.

Achtung:
Bei der Zweifachatmung – im Gegensatz zur Voll- oder Dreifachatmung (siehe S. 40) – noch nicht nach oben, also nicht in die Lungenspitzen atmen! Bei Bluthochdruck und Herz-Kreislauf-Beschwerden anfänglich sehr behutsam üben!

7. Pendelatmung

Sitzen Sie aufrecht und entspannt, und lassen Sie den Atem frei aus- und einströmen. Verbinden Sie mit dem Atemvorgang die Vorstellung der Bewegung des Pendels einer großen Uhr, und konzentrieren Sie sich auf Ruhe. Bei jedem Einatmen denken Sie »Ru-« und bei jedem Ausatmen »-he«. Wenn andere Gedanken und Gefühle aufkommen (und das ist ganz normal!), ersetzen Sie diese wieder durch Ru-he.

Diese Übung wirkt harmonisierend und lösend auf Körper und Psyche; sie hat sich bei Belastungen genauso bewährt wie zum besseren Einschlafen.

Die Vollatmung

Die Vollatmung ist Grundlage für viele Yoga-Atemübungen. Sie wird auch Yoga-Atmung oder Dreifachatmung genannt, weil sich hierbei Zwerchfell-, Flanken- und obere Atmung, d. h. die Atmung, bei der der Brustkorb weich gedehnt wird, zu einem vollen Atemzug verbinden. Diese Atemweise sollte jedoch nicht willentlich »gemacht« werden, sondern durch Bereitschaft und Bewußtheit auf natürliche Weise entstehen. Jede Yoga-Atemtechnik setzt die Fähigkeit voraus, den natürlichen Atem frei fließen zu lassen und ihn dabei sehr bewußt zu erleben.
Dann wird es nicht schwerfallen, die *Vollatmung als ein natürliches, befreiendes Aufatmen zuzulassen* oder die Atmung so behutsam zu führen, daß sie dem momentanen Bewußtseinszustand entspricht. Andernfalls besteht zumindest anfänglich die Gefahr, daß der Atem zu sehr nach oben, in die Lungenspitzen, geht.
Eine solche Übertreibung bewirkt eine Überaktivierung und Verspannung. Würde die Vollatmung ohne Rücksicht auf die Gesamtverfassung über längere Zeit willentlich durchgeführt, so wäre dies eine Fehlatmung, die früher oder später physisch wie psychisch schadet. Eine willentlich durchgeführte Vollatmung verführt durch die Überbetonung der Ein- und Hochatmung zu einer Anregung der Schilddrüse, was zur Überfunktion führen kann, wenn diese Atemweise über längere Zeit beibehalten wird. Dies geschieht z. B. *unbewußt* bei psychischen Spannungen und Belastungen.
Je nachdem, ob die Ein- oder die Ausatmung verstärkt wird, überwiegen Aktivität oder Ruhe, Nehmen oder Geben, Spannung oder Lösung, Ichkräfte oder Seelenkräfte. Während die Menschen im Mittleren und im Fernen Osten vielleicht eher eine Aktivierung brauchen und deshalb die Einatmung betonen, ist für uns im Westen wohl die lösende, beruhigende Wirkung durch eine natürliche, tiefe Ausatmung heilsamer. Diese Atemweise bildet eine Voraussetzung für eine ganzheitliche Gesundheit und eine intensivere Yoga-Praxis.
Ist der Körper nicht hin und wieder zu einem freien Aufatmen bereit, so liegt dies oft an ungenügender, zu wenig entspannter Ausatmung oder an zu willensbetonter Einatmung. Bei einer natürlich zugelassenen Vollatmung kann ein befreites Aufjauchzen entstehen, in dem oft Lebenskraft und Lebensfreude, oder zumindest eine innere Befreiung, empfunden werden.
Entgegen den Hinweisen in manchen Yoga-Büchern ist es für den Menschen im Westen ratsam, zumindest am Anfang des Yoga-Weges, die Vollatmung nicht zu forcieren, sondern sie als befreiendes Aufatmen von selbst entstehen zu lassen. Unsere Bereitschaft hierzu ist die Voraussetzung dafür.

Übungsteil VIII

Übung zur Vollatmung

Sie können diese Übung im Sitzen oder im Stehen durchführen. Beginnen Sie zunächst mit einer Basisatmung (siehe S. 31–32) in Ihrem natürlichen Atemrhythmus. Nehmen Sie danach die Flankenatmung (siehe S. 38) hinzu, und seien Sie bereit für ein freies Aufatmen, um dann die Luft ruhig ausströmen zu lassen. Spüren Sie, wie mit dem tiefen Einatmen Basis und Zwerchfell, Flanken, Brustraum und schließlich auch die Lungenspitzen geweitet werden. Erleben Sie die dem freien Aufatmen folgende ruhige Ausatmung bewußt als einen Lösungs- und Entspannungsvorgang.
Nun heben Sie beim Einatmen langsam Arme und Hände mit den Handflächen nach oben, als ob Sie Wasser schöpfen und in Ihren Handflächen nach oben führen wollten. Senken Sie beim Ausatmen Arme und Hände so nach unten, als ob Sie aus Ihren Handflächen das Wasser nach unten ausgießen würden. Wenn jeweils eine Pause zwischen Aus- und Einatmung entsteht, lassen Sie dies zu, und nehmen Sie bewußt Stille wahr.

Prana und Atem

Bisher wurden hauptsächlich physiologische und praktische Grundlagen der Atmung behandelt, die auch westlich-wissenschaftlich anerkannt sind. Die Lehren des Yoga haben darüber hinaus noch Wesentliches für die Atempraxis zu vermitteln: das uralte Wissen über Prana. Wenn es wissenschaftlich auch noch nicht hinreichend bestätigt wurde, so haben doch Yogis durch vollständige Beherrschung ihrer physischen und psychischen Kräfte die Richtigkeit dieser Lehre bewiesen. Diese Tatsachen gaben auch bei uns im Westen wiederholt Anlaß zu Überraschung und Staunen.

Die folgenden Zusammenhänge können zunächst als Arbeitshypothese aufgefaßt werden. Die Yoga-Lehre geht davon aus, daß allen Erscheinungen der Natur eine Urkraft zugrunde liegt: *prana.* Das ist ein Sanskritwort und bedeutet: *universelles Prinzip der Kraft; aktives Prinzip des Lebens, das in allem Erschaffenen wirkt, das allen Stoff belebt und verändert; Lebenskraft, die sich im Weltall offenbart; »kosmische Lebensenergie«* nach Boris Sacharow, *»Atem, Leben, Vitalität«* nach B. K. Iyengar. Um Mißverständnissen vorzubeugen: Mit Prana ist nicht Gott oder das schöpferische Prinzip gemeint – dafür haben Yogis andere Namen –, sondern der dynamische Aspekt des Lebens. Prana ist die Gesamtheit aller im Weltall aktiv wirkenden Kräfte.

Wie wirkt sich Prana auf unser Leben aus?

Prana ist sowohl im Körper als auch in der Psyche wirksam. Je mehr Prana vorhanden und je harmonischer diese Kraft im Menschen angelegt ist, um so vitaler, gesünder, leistungsfähiger und lebensfroher ist er.

Prana ist einem lebendigen, sich ständig verändernden Kraftfeld vergleichbar. Seine Stärke und Dynamik wechseln dauernd entsprechend der Kraftabgabe, z. B. in Form von Körper-, Gefühls- und Gedankenkräften, und der Prana-Aufnahme durch Atmung, Licht, Sonne, Nahrung und Bewußtseinsvorgänge. Der Bewußtseinszustand macht sich entsprechend der Entwicklungsstufe bemerkbar, d. h. – je nachdem, ob Prana ausreichend vorhanden ist oder fehlt – als Belastbarkeit oder Schwäche, als Spannkraft oder Müdigkeit, Gesundheit oder Krankheit, Arbeitsfreude oder Arbeitsunlust.

Hat unser Körper nicht genügend Prana gespeichert, ist er gegenüber Krankheit und Beeinflussung nicht genügend abgeschirmt. Prana wirkt wie eine schützende Hülle, die wir körperlich empfinden können, aber auch als Nervenkraft, Körperwärme und Vitalität. Psychisch wirkt es als Erlebniskraft, Gefühls-, Konzentrations-, Willenskraft und dergleichen. Nachdem wir ständig Prana verbrauchen, muß es laufend aufgenommen und ergänzt werden.

Nach den Lehren des Yoga nehmen wir mit jedem Atemzug nicht nur ein Gasgemisch auf, sondern eben jenes Prana, das uns durch den Atem am Leben erhält. Die Atmung ermöglicht es, Prana ständig auf einfachste Weise aufzunehmen. Bei mangelhafter Atmung ist die Versorgung mit Lebenskraft unzureichend und die Aktivierung gering.

Sonnenstrahlung ist die wichtigste Prana-Quelle. Von daher wird die große Abhängigkeit des Menschen von der Sonne verständlich. Ein Zuviel an Prana-Aufnahme durch zu intensive oder zu lange Sonnenbestrahlung wirkt jedoch schädlich. Immer ist die Harmonie der Kräfte maßgebend. Ähnlich ist es bei der Aufnahme von Nahrung, Wärme und Duftstoffen.

Unsere Nahrung ist nichts anderes als formgewordenes Prana. Die Prana-Zufuhr durch die Nahrung erfordert jedoch vom Körper zunächst einen beträchtlichen Kraftaufwand für die Umwandlungsprozesse, durch die Energie freigesetzt und für den Körper gewonnen werden kann. Besonders gut läßt sich Prana während des Schlafens speichern. Wenn auch die Prana-Zufuhr durch das Fehlen direkter Sonneneinwirkung nachts vermindert ist, so nimmt der Körper doch mit jedem Atemzug etwas Prana auf und verausgabt nur, was für die herabgesetzte Körperfunktion notwendig ist.

Was bedeutet nun aber der Sanskritausdruck *pranayama?* Boris Sacharow sagt in *»Yoga aus dem Urquell«:* »Dieses Wort bedeutet ›Spannung (ayama) der kosmischen Lebensenergie (prana)‹ und verbirgt eigentlich das ganze Geheimnis der Atemtechnik.« Und B. K. Iyengar formuliert in *»Licht auf Yoga«:* »Pranayama ist rhythmische Kontrolle des Atems«, die vierte Stufe im System des Raja-Yoga. Bei all dem geht es um die Beherrschung der Lebenskraft. Bezeichnenderweise wird der Begriff Pranayama für alle Atemübungen auf dem Yoga-Weg verwendet, wobei es nicht um die Atmung als solche geht, sondern um den sie begleitenden Bewußtseinsvorgang, durch den Prana gelenkt und beherrscht werden kann. *Ayama* heißt laut Iyengar *»Ausweitung, auch Kontrolle, Anhalten, Beschränkung«.* Auch in dieser Verbindung wird das Wort Pranayama als Kontrolle der Lebenskraft verständlich.

Yogis haben bewiesen, daß durch Atembeherrschung die Kräfte im Menschen bewußt gemacht, kontrolliert, gelenkt und schließlich beherrscht werden können, seien es Antriebe und Affekte aus dem Unterbewußten, Körperkräfte bis zu vegetativen Funktionen oder Gefühls- und Gedankenkräfte. Um diese Beherrschung zu erreichen, ist jedoch eine jahrzehntelange intensive Yoga-Praxis erforderlich. Uns im Westen stehen schon zeitlich nur begrenzte Möglichkeiten des Übens zur Verfügung. Doch bereits eine geringe Einflußnahme auf

die Nervenkräfte, auf das Gemüt oder auf die Konzentrationsfähigkeit im Alltag, ist für jeden von großem Wert.
Auf dem Übungsweg des Raja-Yoga ist die Stufe des Pranayama – wie bereits gesagt – die vierte von acht Stufen.
Wodurch wird Prana gelenkt und beherrscht? Sivananda schreibt dazu in *»Kundalini-Yoga«:* »Prana ist die Summe aller im Weltall offenbarten Energie, ist die Lebenskraft. Seine äußere Erscheinungsform ist der Atem. Durch Beherrschung des grobstofflichen Atems kann man das subtile innere Prana beherrschen. Beherrschung des Prana aber bedeutet Beherrschung des Bewußtseins, das ohne Prana nicht wirksam sein kann.
Das subtile Prana *(sukshma prana)* ist eng an das Bewußtsein gebunden und ergibt die Gesamtsumme der im Menschen vorhandenen und ihn umgebenden latenten Kräfte. Hitze, Licht, Elektrizität, Magnetismus sind Manifestationen des Prana. Über das Bewußtsein steht Prana in enger Beziehung zum Willen, durch diesen in Beziehung zur individuellen Seele und durch diese zum höchsten Wesen. …
Der bewußt und willensmäßig gerichtete Atem wird zur lebensspendenden, regenerierenden Kraft, die vernunftsgemäß zur Selbstentwicklung und zum Heilen vieler Krankheiten eingesetzt und für andere, nützliche Zwecke angewendet werden kann.«
Und André van Lysebeth sagt in *»Die große Kraft des Atems – Pranayama«:* »Wir leben in einem Meer von Prana, jedes Lebewesen ist darin eine Erscheinungsform. Die Yogis versichern, daß ein Kennzeichen des Lebens in der Fähigkeit besteht, Prana in sich aufzunehmen, es zu speichern und umzuwandeln, um es von innen und außen her wirksam werden zu lassen. … Prana durchdringt den Organismus, sogar dort, wo dies der Luft nicht möglich ist. Prana ist unsere eigentliche Nahrung. Ohne Prana ist kein Leben möglich. Selbst die Lebensenergie ist eine subtile und besondere Form von Prana, welche das gesamte Universum erfüllt. … Yogis behaupten, daß Prana im Nervensystem und insbesondere im Plexus solaris auf Vorrat gesammelt und gespeichert werden kann. Diese Tatsache bildet die eigentliche Basis des Yoga. Ferner legen sie größtes Gewicht auf die fundamentale Erkenntnis, daß Yoga uns die Macht verleiht, den Strom des Prana gemäß unserem eigenen Willen (geistiger Wille, Anmerkung der Autorin) durch die *Kraft des Gedankens* zu lenken. Damit verleiht Yoga einen bewußten Zugang zu den Quellen des Lebens. … Die Wissenschaft der Kontrolle des Prana heißt Pranayama *(ayama = beschränken, unter Kontrolle bringen).* Alle Techniken des Yoga zielen darauf ab, nicht nur die Atemtechniken.«
Jede Konzentration ist Kraftlenkung und damit Prana-Lenkung zwischen dem Subjekt und dem Konzentrationsobjekt. Erfolgt z. B. Konzentration auf ein Objekt, das weniger Kraft besitzt als das Subjekt, wird Kraft abgegeben, hat es dagegen mehr Kraft, erfolgt eine Kraftaufnahme. Für jeden gestaltenden, schöpferischen Akt ist Konzentra-

tion in Form von Vorstellung erforderlich. So kann durch sie auch Lebenskraft bewußt aufgenommen, gelenkt und im Nervensystem und Gehirn gespeichert werden. Dieser Vorgang ist, richtig durchgeführt, bewußte Kraftlenkung und Kraftaufladung. Deshalb ist für jedes Pranayama Konzentration Voraussetzung. Hier beginnt die eigentliche Yoga-Atemübung! So wird auch verständlich, warum zuerst eine natürliche, freie Atemweise erreicht werden muß, ehe mit Kraftlenkung durch Yoga-Atmung begonnen werden soll. Ist die Atmung nicht harmonisch, sind auch unsere körperlichen und psychischen Kräfte nicht in Harmonie. Einen Eingriff durch Prana-Lenkung vorzunehmen, könnte dann zu einer verstärkten Störung im Kräftehaushalt des Menschen führen. Ist jedoch die Atmung natürlich, selbstverständlich harmonisch und ausreichend bewußt, dient sie als zuverlässiges Fundament für ein kontrolliertes Lenken des Prana.
Yoga ist ein Mosaik aus Systemen der Kräftebeherrschung. Trotz der verschiedenen Techniken beruht jede echte Yoga-Praxis auf bewußter Kraftentfaltung und Kraftlenkung. Sie soll jedoch nie Selbstzweck sein, sondern immer der Selbstbewußtwerdung und einer sinnvollen Lebensgestaltung dienen.

Übungsteil IX

Atmung, um Kraft – Prana – aufzunehmen

Sie können diese Übung im Sitzen, im Stehen oder im Liegen durchführen, aber auch beim Spazierengehen.
Aufnahme körperlicher Kraft:
Lassen Sie Ihren Atem frei strömen, und erleben Sie Ihren natürlichen Atemrhythmus. Immer, wenn *es* einatmet, vergegenwärtigen Sie sich, daß Sie mit der frischen Luft auch Prana, also Lebenskraft, aufnehmen. Spüren Sie dabei, wie die Luft durch die Nase in die Lungen strömt und Sie mit neuer Lebenskraft versorgt! Mit jedem Ausatmen lassen Sie zu, daß sich der aufgenommene Prana-Strom im ganzen Körper verteilt, so daß er jedes Organ beleben kann, alle Muskeln stärkt, die Nerven, Blutgefäße, ja alle Zellen Ihres Körpers mit neuer Kraft aufzuladen vermag. Am besten gelingt die Aufladung, wenn diese Übung in der Sonne oder zumindest im Freien durchgeführt wird. Wenn dies nicht möglich ist, dann bei offenem Fenster üben oder vorher gut lüften.

Achtung:
Die meisten Yoga-Atemübungen, also Pranayamas, setzen voraus, daß rhythmisch geatmet werden soll, oft mit langen Atemverhaltungen. Davon raten wir ab, wenn der Übende nicht bereits Erfahrungen mit Atemübungen gesammelt hat und wenn kein kompetenter Atemlehrer zur Verfügung steht. Sie werden auch mit Ihrem natürlichen Atemrhythmus eine gute Wirkung erfahren.

Aufnahme psychischer Kraft und Abgabe belastender Kräfte:
Bei jedem Einatmen erfolgt die Konzentration wie bei der Aufnahme körperlicher Kraft beschrieben. Wenn *es* ausatmet, geben Sie mit dem Atemstrom Belastungen ab; seien es Sorgen, Ängste, Probleme oder Leid. Mit dem Einatmen immer wieder neue Lebenskraft aufnehmen, mit dem Ausatmen vertrauensvoll abgeben, was uns belastet; eventuell sogar durch den Mund intensiv ausatmen und Belastungen mit ausatmen.

Aufnahme besonderer psychischer Kraft:
Bei jedem Einatmen konzentrieren Sie sich auf eine bestimmte Kraft, die Sie derzeit brauchen, wie RUHE, GELASSENHEIT, GEDULD, LEBENSBEJAHUNG, VERSTÄNDNIS, KONZENTRATIONSKRAFT, KLARHEIT, MUT, FREUDE, VERTRAUEN usw. Wählen Sie jedoch immer nur eine Kraftqualität, die für Sie jetzt wesentlich ist. Mit jedem Einatmen nehmen Sie diese Kraft bewußt auf, bei jedem Ausatmen lassen Sie sich von dieser Prana-Qualität durchdringen und erfüllen, bis Sie spüren, daß diese Kraft zur Verfügung steht.

Aufnahme seelisch-geistiger Kraft:
Prana wirkt nicht nur körperlich und psychisch, sondern steht auch jederzeit als seelisch-geistige Kraft zur Verfügung wie z. B. FRIEDE, HARMONIE, LIEBE, BEWUSSTHEIT, LICHT, SCHÖPFERISCHER WILLE, WEISHEIT, ERKENNTNIS, SELBSTVERTRAUEN usw. Übungsweise wie bei der Aufnahme psychischer Kraft.

Energie aus dem Hara

Kraft aus der vitalen Lebensmitte

Mit dem Thema Hara und einigen der in diesem Kapitel aufgenommenen Hara-Übungen wird ein Gebiet berührt, das in China und Japan seit alten Zeiten ein fester Bestandteil der Gesundheitspflege und der Atemtherapie ist. Auch die inzwischen im Westen bekannt gewordenen Sportkünste, wie Bogenschießen, Schwertfechten, Aikido, Judo, Tai Chi, sowie andere meditative Wege, wie die Tuschmalerei des Zen, Ikebana (die Kunst der harmonischen Anordnung von Blumen und Pflanzen) und Zazen (vereinfacht gesagt: die Sitzmeditation des Zen), sind ohne Hara undenkbar.

Der japanische Begriff *hara* heißt wörtlich übersetzt *Bauch;* im übertragenen Sinn bezeichnet er aber jene Gesamtverfassung des Menschen, in der er in seiner Erdmitte im Unterbauch verankert und durchlässig für sein inneres Wesen ist. Mit Hara oder Bauch ist wesentlich mehr als die anatomische Körperregion mit ihren physiologischen Gegebenheiten angesprochen.

Der chinesische Ausdruck *ch'i hai* bezieht den ganzen Beckenraum, vom Beckenboden bis zum Kreuzbein und den Hüften, mit ein und wird mit *Atemmeer* oder *Meer der Lebenskraft* übersetzt. In diesem Meer der Lebenskraft befindet sich ein vitales Lebenszentrum von der gleichen energetischen Qualität, wie sie uns durch die Akupunkturlehre von den Meridianen bekannt ist. Durch dieses vitale Lebenszentrum wird die dem Menschen eingeborene *Erdkraft* wirksam, die in der chinesischen Tradition als *tan-t'ien* und in der japanischen mit *tanden* bezeichnet wird. Die hier wirksame Energie wird chinesisch *ch'i*, japanisch *ki* und in der indischen Yoga-Tradition *prana* genannt. Die Mitte dieses vitalen Lebenszentrums liegt ungefähr drei Finger breit unter dem Nabel im Beckenraum.

Der Begriff Hara umfaßt sowohl das vitale Lebenszentrum im Bauchraum als auch die damit verbundenen Lebensvorgänge. Der Atem ist dabei der entscheidende Impuls. Mit jedem Einatmen wird neue Lebenskraft zugeführt und die im Beckenraum vorhandene Lebenskraft reaktiviert. Nach den alten Lehren des Mittleren und Fernen Ostens trennt sich während des Atemvorgangs der energetische Teil der Atemluft vom stofflichen Gasgemisch und strömt zu dem im Unterbauch liegenden vitalen Energiezentrum und von dort aus über die verschiedenen Energiebahnen (Meridiane) in Körper und Psyche.

Der Sinn von Hara-Übungen besteht nun darin, daß der Mensch lernt, diese Kräfteströme frei fließen zu lassen, also vom Ich her nicht zu stören. Dies ist nur möglich, wenn er in seinem Beckenraum verankert ist. Jede Abweichung davon ist eine Fehlhaltung des Ichs, in der die Erdkräfte aus ihrem angestammten Zentrum in der Basis verdrängt und im Schulterbereich festgehalten werden. Dadurch können weder die Kräfte seiner Erdmitte noch seine seelischen und geistigen Kräfte frei fließen und für den Lebenseinsatz zur Verfügung stehen.

Hara bedeutet nicht nur die rechte Verankerung des Ichseins im Beckenraum, sondern ermöglicht zugleich die Durchlässigkeit für Wesenskräfte aus dem seelisch-geistigen Bereich des Menschen. Erst daraus entsteht eine leib-seelische Ganzheit, aus der der Mensch in einem Höchstmaß bewußt, integriert und harmonisch zu leben vermag. Andernfalls, wenn er sich oben im Schulterraum festhält, fehlen ihm die Kräfte im vitalen Bereich, und gleichzeitig wird der freie Strom seiner Wesenskräfte behindert.

Bei Hara-Übungen geht es vor allem darum, die oben isolierten und festgehaltenen Kräfte abfließen und zurückströmen zu lassen in ihr vitales Lebenszentrum im Unterbauch. Da es Ichimpulse sind, die diese ursprünglich im Beckenraum verankerten Energien nach oben fehlgelenkt haben, müssen eben diese Ichfehlhaltungen vom Bewußtsein her wieder losgelassen werden. Dabei gilt es zu lernen, sich vom falschen Schwerpunkt oben loszulassen und sich vertrauensvoll und ruhig in dem rechten Schwerpunkt im Hara, im Meer der Lebenskraft, niederzulassen.

Deshalb besteht die Grundübung des Hara darin, sich zu Beginn jeder Ausatmung in den Schultern loszulassen und sich am Ende jeder Ausatmung im Unterbauch nieder- und einzulassen, mit dem Einatmen sich dann wieder zu erneuern, neu werden zu lassen.

Dadurch lassen sich selbst tiefliegende Verspannungen lösen, und der Mensch erfährt in sich Geborgenheit und Kraft und damit auch Vertrauen.

Sobald Energie, wenn sie in einem Körperbereich nicht mehr benötigt wird, zu ihrem Ausgangspunkt zurückfließen kann, steht sie dem Ganzen wieder zur Verfügung, und Fehlhaltungen sowie Fehlspannungen lösen sich auf.

In alten chinesischen Schriften heißt es dazu: »Wird das fließende Ch'i in den Muskeln gebraucht, läßt es sie hart sein wie Metall. Wird es aber nicht gebraucht, läßt es sie weich sein wie eine Baumwollflocke an der Pflanze.«

Prof. Karlfried Graf Dürckheim hat die Praxis des Hara nach seinem langjährigen Japanaufenthalt dem Westen vermittelt. Er hat damit ein Fundament bewußt gemacht, auf dem alle geistige Arbeit ruhen sollte. Ohne Hara fehlt dem Menschen der tragende Boden.

Die Verfasserin genoß den Vorzug, von Graf Dürckheim persönlich in den Hara-Übungsweg eingewiesen worden zu sein. Er war es auch, der sie aufforderte, dieses Wissen in bestehende Übungswege zu integrieren und es an andere zu vermitteln.

Übungsteil I

1. Hara-Grundübung nach Karlfried Graf Dürckheim

Sitzen oder stehen Sie aufrecht, die Füße etwas auseinander. Leben Sie sich in jeden Körperteil ein, und gleichen Sie Fehlspannungen aus. Lassen Sie sich bewußt vom Boden, von der Erde, tragen! Ist Ihr Becken aufgerichtet, so daß Sie im Rücken und in den Schultern entspannt sind?
Beobachten Sie das Atemgeschehen: Leben Sie sich in den Beckenraum ein, und erspüren Sie, wie der Atem kommt und geht. Geben Sie mit jedem Einatmen dem Atem mehr Freiheit, physisch und psychisch, und entspannen Sie dabei immer tiefer den Bauchbereich und die Beine. Lassen Sie sich in das Ausatmen sozusagen hineingleiten, ohne zusammenzusinken. Achten Sie bitte darauf, daß Sie Ihre aufrechte Haltung bewahren. Die Ausatmung wird dann von selbst etwas länger als die Einatmung. Mit der Zeit kann ein Rhythmus von etwa 1 : 3 entstehen, was das Verhältnis der Dauer der Einatmung und der Ausatmung betrifft.
Lassen Sie sich bewußt zu Beginn jeder Ausatmung in den Schultern los. Dabei sollten Sie nicht die Schultern herunterdrücken, sondern sich im Bewußtsein – vom Ich her – in den Schultern loslassen. Lassen Sie sich am Ende der Ausatmung vertrauensvoll im Becken nieder. Sie können sich dabei bewußt werden, daß alle im Schulterraum isolierten vitalen Kräfte in Ihr Lebenszentrum im Unterbauch zurückfließen können. Mit jedem Atemvorgang wiederholen Sie das Loslassen in den Schultern und das Niederlassen im Beckenraum. Dann muß das Ich oben nichts mehr festhalten, sondern wird vom Becken her getragen.
Lassen Sie sich während der Atempause oder Atemstille nach jedem Ausatmen vertrauensvoll in den tragenden Lebensgrund im Unterbauch

ein. Gestatten Sie dem Unterbauch dabei, entspannt hervorzukommen, während der Oberbauch (Magengrube) weich nachsinken kann. (Natürlich sollten alle beengenden Gürtel oder Kleidungsstücke dabei geöffnet sein!)
Erleben Sie, wie jedes Einatmen Ihnen neue Kraft schenkt, ja Sie bis in jede Zelle hinein erneuert, so daß der Atemvorgang als Verwandlungsgeschehen erlebt wird.

Mögliche Fehler:

- Man läßt sich nicht in den Schultern los, sondern versucht, die Schultern nur fallen zu lassen oder gar herunterzudrücken.
- Selbst wenn das Loslassen oben gelingt, so vermag sich nicht jeder in das Becken niederzulassen. Dies kann eine unbewußte Scheu vor den Kräften des Beckenraumes widerspiegeln.
- Bleibt der Unterbauch nicht entspannt, sondern wird er entweder angespannt oder unnatürlich herausgetrieben, fehlt das Erleben des Bodens in uns.
- Die Entspannung kann ein Zusammensinken bewirken, so daß eine Auflösungshaltung entsteht. Deshalb sollten wir immer wieder, wenn notwendig, die Haltung korrigieren.
- Es wird versucht, gedanklich oder willentlich die Basis zu »machen« anstatt sich in die Basis niederzulassen. Dann sollte das Loslassen mit noch weiter verlängerter Ausatmung geübt werden, bis man das tragende Fundament in sich tatsächlich erlebt. Zur Kontrolle können wir das entspannte Hängen der Schultern erspüren.
- Um in der Verankerung der Basis bleiben zu können und nicht bei nächster Gelegenheit wieder »hochzugehen«, hilft die Einstellung, daß der Alltag eine interessante Übung ist, bei der wir vieles lernen und wertvolle Erfahrungen sammeln können!

2. Zwei Hände tragen den Himmel

Führen Sie entspannt und aufrecht stehend die zuvor genannte Hara-Grundübung durch, so daß die Verankerung in der Basis bewußt erfahren wird. Spüren Sie in die Fingerkuppen hinein, und lassen Sie dann die Arme von den Fingerkuppen seitlich nach oben führen. Verschränken Sie die Hände über dem Kopf, und drehen Sie die Handflächen nach oben.
Bleiben Sie in Ihrer Basis vertrauensvoll verankert, und führen Sie nun eine aktive Dehnung des Körpers durch mit der Vorstellung, daß sich die Füße gegen die Erde stemmen, während die Handflächen den Himmel zu tragen versuchen.
Dehnen Sie sich jetzt noch weiter zum Himmel empor, ohne die Verankerung im Unterbauch zu verlieren, so daß Sie nur noch mit den Fußballen die Erde berühren. Spüren Sie, wie auch jetzt noch ein intensiver Kontakt zur Erde besteht? Sind Sie sich auch noch der Kraft im Unterbauch bewußt, aus der Sie den Himmel höher heben? Lassen Sie die Atmung frei zu.
Nehmen Sie dann langsam die Dehnung zurück, so daß der Körper wieder auf den ganzen Fußsohlen ruht. Drehen Sie die Handflächen nach unten, lösen Sie die Finger aus der Verschränkung, und lassen Sie die Arme wieder von den Fingerkuppen seitlich nach unten führen. Nun können Sie sich wieder dehnen und räkeln und *es* auch aufatmen lassen oder ein tiefes Gähnen zulassen.

Erdmitte – Himmelsmitte – Menschenmitte

Der Begriff »Mitte«, auf den ganzen Menschen bezogen, kam in Mitteleuropa erst vor wenigen Jahrzehnten in Gebrauch. Er symbolisiert ein Ganzheitsbewußtsein, das Zentrum und Peripherie umfaßt.
Im Menschen gibt es drei große Energiezentren, aus denen er zu leben vermag:
Die *Erdmitte* des Menschen. Sie ist das vitale Zentrum seiner Lebenskräfte. Hier sind ihm die Kräfte der großen Erde und damit die des planetarischen Lebens eingeboren. Sie ermöglichen ihm seine erdhafte Verankerung, sein vitales Leben und seinen persönlichen Gefühls- und Erlebnisbereich. Dies ist jedoch erst ein Teil seiner Lebensganzheit, nämlich die Ebene seines erdhaften, irdischen Lebens.
Die *Himmelsmitte* des Menschen. Sie ist das Zentrum seiner geistigen Lebenskräfte. Hier sind ihm die mentalen, seelischen und geistigen Lebenskräfte eingeboren, die ihm seine spirituelle Verankerung, sein geistig-seelisches Leben und sein mentales Erleben ermöglichen. Die in seiner Kopfmitte lebendige Himmelsmitte ist die mikrokosmische Entsprechung zu den makrokosmischen himmlischen Bereichen, die Ebene der Vergeistigung.
Durch diese beiden Lebenszentren entsteht im Menschen eine polare Spannung, die oft zur Überwertigkeit eines Poles auf Kosten des anderen führen kann. Deshalb bedarf es einer übergreifenden Ganzheit, die beide Mitten umfaßt:
Die *Menschenmitte* oder *Herzmitte*. Sie ist das Integrationszentrum des

Menschen, das ihm ermöglicht, bewußt aus den Kräften der Erde und des Himmels zu leben. In der Menschenmitte ist seine Ebene der Verwirklichung, und zwar sowohl seiner Persönlichkeit als auch seines geistigen Seins. Hier liegt die große Möglichkeit des Menschen: Er kann sein irdisches und geistiges Leben zu einer harmonischen Ganzheit werden lassen, so daß eine integrierte Persönlichkeit entsteht.

Wenn Kräfte aus einem der beiden Pole überwertig sind, beherrschen sie das Leben des Menschen, halten ihn in ihren Grenzen gefangen und behindern seine Erkenntnis und freie Entfaltung. Dadurch hält er den Teil für das Ganze und lebt an der Ganzheit des Lebens vorbei. Entsprechend dieser Fehlhaltung sind dann seine Wertungen einseitig überwertig (z. B. Materialismus oder Intellektualismus), und die abgewertete Seite wird zur Last, zur Belastung.

Deshalb ist es für eine harmonische Entwicklung wichtig, daß die vitalen und alle vom Ich geprägten Kräfte in der Basis, im Beckenraum, verankert sind und durch Hara-Übungen immer wieder zu ihrer Mitte zurückfließen können. Dann behindern sie auch nicht die seelisch-geistigen Kräfte der Himmelsmitte und ermöglichen einen harmonischen Kräftefluß aus der Herzmitte.

Ohne Erdmitte wären die geistigen Bereiche etwas Bodenloses, Fremdes, Jenseitiges und damit Unreales. Ohne Himmelsmitte wäre die Erdmitte etwas zu Begrenztes und Unbewußtes, das des Lichtes und der Entwicklung entbehrt.

Doch ohne Menschen- oder Herzmitte bliebe die Polarität zwischen Stoff und Geist wie zwischen Erde und Himmel, wie zwischen mütterlichem und väterlichem Prinzip, ein unlösbares Problem, das dem Menschen nur ein Entweder-Oder für seine Entwicklung anbieten würde. Damit fehlte ihm die Ganzheit, und er bliebe gespalten.

Diese Zusammenhänge lassen sich auch vom Ichbegriff her verstehen: In der Erdmitte erlebt der Mensch sein Ichsein; in der Himmelsmitte erlebt er sein Ich-bewußtsein, und in der Menschen- oder Herzmitte erlebt er im persönlichen Lebensbereich sein Ichgefühl, das bei zunehmender Bewußtwerdung und Integrität zum Selbstsein und letztlich zum Selbst-bewußtsein wird.

Übungsteil II

1. Vorbereitung

Hara-Grundübung aus Übungsteil I (siehe S. 47/48).

2. Sprechen aus den drei Mitten

Sprechen Sie einfach irgendwelche Sätze oder Worte aus der Verankerung im Hara (siehe dazu auch S. 47/48). Notfalls genügen Vokale, um die Resonanz bis in den Unterbauch hinein zu erleben.

Nun lösen Sie sich aus dem Hara und konzentrieren sich auf Ihre Ichkräfte oben in der Himmelsmitte. Sprechen Sie aus der Himmelsmitte Sätze, Worte oder Vokale, und hören Sie sich dabei zu. Vergleichen Sie Ihre körperliche und vor allem Ihre seelische Verfassung mit jener des Sprechens aus dem Hara.

Bleiben Sie ohne Hara, und konzentrieren Sie sich auf Ihre Herzmitte. Sprechen Sie aus dem Herzraum, und vergleichen Sie wiederum Ihre Stimme und Verfassung.

Versuchen Sie nun, nach einer kurzen Einstimmung durch eine knapp gefaßte Hara-Grundübung, die Kräfte des Hara, also der Erdmitte und jene der Himmelsmitte, in der Herzmitte zu verbinden. Sprechen Sie nun erneut, und vergleichen Sie wiederum den Klang Ihrer Stimme sowie Ihre Gesamtverfassung.

Eine Übung, die sich sowohl für Sie allein als auch für die Familie oder einen größeren Kreis eignet: Versuchen Sie einmal, Ihren eigenen Namen zu singen. Achten Sie darauf, daß Sie zunächst im Hara bleiben! Ist es Ihnen unangenehm, Ihren eigenen Namen laut zu singen? Fällt es Ihnen und anderen in der Gruppe leichter, wenn man den Namen des Nebenmannes singt, oder ist es umgekehrt? Versuchen Sie zu beobachten, wie Sie jeweils psychisch verankert sind.

3. Gruppen- oder Partnerübung: Kontakt aus den drei Mitten

Sitzen Sie entspannt aufrecht. Fassen Sie die beiden links und rechts neben Ihnen sitzenden Partner so an den Händen, daß sich die Handflächen ganz berühren. Erleben Sie den Handkontakt so bewußt wie möglich.

Lösen Sie den Kontakt, geben Sie die Hände frei, und führen Sie die Hara-Grundübung durch (siehe S. 47/48). Lassen Sie sich bewußt in die Erdmitte ein, und erleben Sie sich so lange im Hara verankert, bis Sie in sich ruhen und die Kraft Ihrer Erdmitte unmittelbar spüren. Nun nehmen Sie und Ihre Partner erneut Kontakt mit den Händen auf und vergleichen den Handkontakt mit dem Erleben zuvor.

Geben Sie die Hände wiederum frei, und stellen Sie sich bewußt auf Ihre Himmelsmitte ein; ebenfalls so lange, bis Sie etwas von diesen Kräften wahrnehmen. Dann nehmen Sie wieder Kontakt mit den Händen Ihrer Partner auf und vergleichen den Handkontakt mit vorher. Erleben Sie ihn jetzt ebenso, oder hat er sich verändert?

Nachdem Sie die Hände erneut freigegeben und sich nach innen gewandt haben, leben Sie sich bewußt in Ihre Herzmitte ein und erspüren die Kräfte Ihrer Menschenmitte. Wiederum nehmen Sie nach einiger Zeit Kontakt zu den Händen der Partner auf und vergleichen den Handkontakt mit vorher. Achten Sie dabei auf die Kraftqualität und die Erlebnistiefe.

Diese Übung sollten Sie langsam und sehr bewußt beenden.

Übungsteil III

Bevor wir uns den Themen *Kraftentfaltung aus dem Hara* und *Hara und Ich-Werdung* widmen, sollen noch einige einfache Hara-Übungen vorgestellt werden.

1. Das vitale Kraftzentrum erspüren – Ki-Atmung

Setzen Sie sich aufrecht und entspannt auf einen Stuhl. Legen Sie die Hände auf den Unterbauch. Erspüren Sie mit den Händen den Unterbauch und mit dem Unterbauch die Hände. Nehmen Sie die dabei entstehende Wärme bewußt wahr. Dann vergegenwärtigen Sie sich, daß sich – parallel zum körperlichen Gedehnt- und Gelöstwerden der Leibmitte – mit jedem Einatmen auch das vitale Kraftzentrum der Erdmitte *(tanden)* ausdehnt und mit jedem Ausatmen seine Kraft *(ki)* im ganzen Leib verströmt. Lassen Sie die Atmung immer frei strömen, und erleben Sie, wie mit jedem Einatmen neue Lebenskraft zum Tanden fließt, so daß er sich, mit dem ganzen Beckenraum, weitet. Bei jedem Ausatmen erleben Sie, wie sich die Kraft der Erdmitte, das Ki, im ganzen Körper verströmt und verteilt. (Das gleiche können Sie auch ohne die Hilfe der Hände üben.)
Erspüren Sie die Wirkungen! Ist Ihr Beckenbereich angenehm warm geworden? Wie empfinden Sie Ihren Kopf und den Schulterbereich? Besteht zwischen Becken und Schultern ein Zusammenhang? Wie ist der Kontakt der Füße zum Boden? Sind die Füße warm, und spüren Sie die Berührung mit dem Boden? Wird bei dieser Übung die Ein- oder die Ausatmung ruhiger und länger? Werden Sie sich der Haltung mit dem Schwerpunkt im Unterbauch und der unzertrennlich damit verbundenen Gesamtverfassung bewußt.

2. Den Boden in sich erspüren

Hara-Grundübung (siehe S. 47/48)
Durch ichhaftes Denken verlagern Sie Ihren Ichschwerpunkt nach oben (z. B. »Denen werde ich zeigen, was ich kann, was ich weiß oder was ich alles habe.« Oder: »Ich lasse mir das nicht bieten.« usw.). Nehmen Sie die sogenannte Repräsentations- oder Imponierhaltung ein. Dazu setzen Sie die Füße dicht aneinander, ziehen die Schultern ein wenig hoch und drücken die Brust so heraus, wie es häufig auf militärischen Exerzierplätzen üblich ist. Beobachten Sie körperliche und gemüthafte Veränderungen. Dann lassen Sie diese Fehlhaltung wieder los und stehen natürlich und frei. Stehen Sie jetzt gerade, aufrecht und gelassen im Hara. Erspüren Sie mit den Fußsohlen den Bodenkontakt. Lassen Sie sich im Sinne der Hara-Grundübung in Ihre Erdmitte ein. Legen Sie nun die Handkanten (Handflächen nach oben) in der Höhe des Hara an den Unterbauch. Versuchen Sie, die Vergrößerung des Bodens im Beckenraum zu empfinden, lassen Sie sich vertrauensvoll in Ihre Basis ein. Mit jedem Ausatmen lassen Sie Ihre Ichkräfte zu diesem Boden in sich abfließen. Entspannen Sie sich dabei, ohne die aufrechte Haltung aufzugeben. (Das gleiche können Sie auch ohne die Hilfe Ihrer Hände sowie im Sitzen üben.)

Die Wahrnehmung des Bodens in sich verleiht Standvermögen, Stabilität und größere Belastbarkeit. Durch das Bewußtsein des Getragenwerdens in sich kann einem der Boden nicht so leicht entzogen werden. Dadurch entfallen die Überbetonung des Verstandes und die damit verbundenen Projektionen. Auch Schmerzscheu und ein Sichverlieren in unbewußte Gefühle läßt sich im Laufe der Zeit durch Üben überwinden. Aus der Kraft des Hara kann jeder seinen Aufgaben gelassener begegnen.

3. Gehen aus der Kraft des Hara

Während Sie gehen, drücken Sie beide Fäuste an den Unterbauch und erspüren den Widerstand. Stellen Sie sich dabei eine Verbindung von den Fäusten schräg zum Boden vor sich vor. Auf diese Weise gehen Sie, wobei Sie auf folgende Gedanken eingestellt sind: Ich gehe auf dem Boden. Ich werde vom Boden getragen. Ich gehe meinen Weg. (Das gleiche können Sie auch ohne Hilfe der Hände üben.)
Bei Belastungen im Alltag lohnt es sich immer, das vitale Kraftzentrum in sich zu erspüren und aus dieser Kraft zu sitzen, zu gehen und zu arbeiten!

4. Partnerübung

Ein Partner steht ohne Hara in einer übertriebenen Imponierhaltung. Der andere schubst ihn an einer Schulter leicht an, um seine Standfestigkeit zu prüfen, wobei er auf jeden Fall den Arm hinter seinen Rücken hält! Sie werden feststellen, daß man, ohne im Hara zu stehen, sehr viel leichter umgestoßen werden kann – und das ist nicht nur körperlich, sondern auch psychisch zu verstehen.
Dann stehen beide Partner im Hara. Zuerst versuchen Sie, sich gegenseitig mit einem schwachen Schubs umzuwerfen, und dann kann man es ruhig auch einmal etwas stärker probieren. Sie werden sich wundern, welche Standfestigkeit Sie erreichen können!

Einige Gedanken zur Lebenspraxis: Beobachten wir uns einmal im Alltag. Bei welchen Gelegenheiten »gehe ich hoch«, »fahre ich aus der Haut« oder »gerate ich aus der Fassung«? Befindet sich mein Ichschwerpunkt im Unterbauch, oder bin ich ängstlich, abwehrend oder allzu begrenzend? Wie reagiere ich auf meine Umwelt, wenn ich in Bodenfühlung, in der rechten Haltung und im Schwerpunkt im Beckenraum bin? Und wie reagiert dann meine Umwelt auf mich? Beobachten Sie dies alles möglichst ohne Wertung.

Kraftentfaltung aus dem Hara

Jeder Mensch hat ein großes Kräftepotential, das ihm für alle Lebensäußerungen zur Verfügung steht. Doch jeder erfährt immer wieder, wie begrenzt seine Kräfte sind. Abgesehen von gesundheitlichen Störungen, liegt die hauptsächliche Ursache für die Begrenzung unserer Kräfte in jener psychischen Fehlhaltung, die den Schwerpunkt des Ichseins und damit aller ichbezogenen Kräfte im Schulterbereich festhält. Dadurch sind sie von der tragenden Lebensbasis isoliert. Typisch für diese Fehlhaltung ist die Einstellung: Ich kann das nie! Ich habe zuwenig Kraft! Dazu bin ich unfähig! usw. Hier drückt sich nicht nur deutlich aus, was für diese Fehlhaltung tatsächlich zutrifft, sondern es wird auch noch dem Unbewußten für die Zukunft einprogrammiert. Dies ist unabhängig davon, ob wir dann oben im falschen Schwerpunkt verfestigt sind oder nicht. Dadurch werden die Kräfte des Menschen begrenzt, und er braucht sich nicht zu wundern, wenn sie ihm nicht mehr in gewünschter Weise zur Verfügung stehen und er sich wirklich kraftlos fühlt.
Dabei könnten alle Kräfte immer zur Verfügung stehen, wenn wir sie aus ihren natürlichen Lebenszentren zulassen würden!
Das bedeutet für die Praxis: Das Zulassen unserer erdhaften, also vitalen Kräfte aus der Erdmitte im Beckenraum, unserer geistigen Kräfte aus der Himmelsmitte im Kopf und unserer seelischen Verwirklichungskraft aus der Menschenmitte im Herzbereich. Darüber hinaus ist eine Erweiterung unserer Kräfte möglich, wenn wir uns über die eigene Erdmitte mit der Kraft der großen Erde verbinden. In ihr liegt ein schier unbegrenztes Kräftereservoir, das wir im Walten der Natur erkennen können.
Je isolierter das Bewußtsein des Menschen von der Erde ist, um so weniger Erdkraft steht ihm zur Verfügung. Dies zumindest so lange, wie er sich der Verbindung zur Erde noch nicht aus dem geistigen Bereich bewußt ist, was eine höhere Entwicklung und Liebesfähigkeit voraussetzt. Er kann sich aber jederzeit der Erde verbinden und dadurch einen Kräfteanschluß erhalten, der ihm erstaunliche Erfahrungen ermöglicht. Da wir selbst ein Teil der Natur, also der Erde, sind, ist es nicht schwierig, sich im Bewußtsein der Erde zu öffnen, so daß ihre Kraft freier durch uns strömen kann, als dies in einer isolierten Bewußtseinshaltung möglich wäre.
Deshalb ist es für jeden Menschen wertvoll zu lernen, bewußt aus seiner Erdmitte zu leben und sich durch den Schwerpunkt im Becken der Erde zu verbinden.
So versuchen wir durch Hara-Übungen zuerst Kontakt zur Erde zu bekommen, um uns dann der Kraft der Erde zu öffnen, damit sie frei durch unsere Kräftebahnen strömen kann. Die nachfolgende Übung im Sitzen dient der »Erdung«, dem Kontaktsuchen zur Erde. Unsere schöpferische Vorstellungskraft kann dabei helfen, Zugang zum Wesen Erde zu bekommen. Dabei ist entscheidend, daß wir nicht an Gesteinsschichten oder oberflächlichen Formen der Erde hängenbleiben, so wenig, wie wir uns nur auf das Äußere eines Menschen konzentrieren, wenn wir zu seinem Wesen Kontakt suchen. Die Übungen im Stehen lassen dann erfahren, welcher Kräftezuwachs entsteht, wenn wir, möglichst frei von Ichkräften, die Kraft der Erde durch uns strömen lassen. Dies wird oft als Phänomen erlebt!

Übungsteil IV

1. Erdverbundenheit – Kraft aus dem Hara

Setzen Sie sich entspannt und aufrecht auf einen Stuhl, nehmen Sie Ihre Bodenfühlung wahr, erspüren Sie Ihr vitales Kraftzentrum im Unterbauch, so daß Sie im Hara sitzen.
Dann leben Sie sich in Ihre Fußsohlen ein und erspüren damit Ihre Strümpfe, Socken und Schuhe. Sind Ihre Füße angenehm warm? Wie fühlt sich der Boden darunter an? Gibt er Ihnen Halt für Ihre Haltung? Mit Hilfe Ihrer Vorstellungskraft spüren Sie durch den Boden hindurch, eventuell auch durch Stockwerke hindurch zum Fundament des Hauses. Spüren Sie wie mit Strahlen oder mit unsichtbaren Wurzeln durch dieses Fundament hindurch in die Erde. Spüren Sie tiefer durch Gesteinsschichten hindurch, und versuchen Sie, sich im Bewußtsein dem Wesen Erde zu öffnen. Machen Sie sich bewußt, daß die Erde Sie trägt. Bleiben Sie in Ihrer Erdmitte – im Hara – verankert, und fühlen Sie sich gleichzeitig dem Wesen Erde verbunden. Anhaltende Konzentration sowie Ihre Vorstellungs- und Erlebniskraft helfen dabei, für die Kraft der Erdmitte unseres Weltraumschiffes offen zu sein, sie durch uns fließen zu lassen, ohne sie festzuhalten oder zu lenken. Wenn Sie in Ihrer eigenen Erdmitte ruhen und dem Atem alle Freiheit lassen, können Sie mit jedem Einatmen Erdkraft aufnehmen, und zwar in dem für Sie im Augenblick rechten Maß. Mit jedem Ausatmen lassen Sie diese Kraft in Ihrem Körper verströmen.

Diese Übung kann eine Hilfe sein, sich jederzeit mit vitaler Kraft aufzuladen. Sie ermöglicht auch, daß sich unsere Körperkräfte ordnen und wieder frei strömen können.

2. Durch Erdverbundenheit Belastungen an die Erde abgeben

Setzen Sie sich wieder entspannt und aufrecht auf einen Stuhl. Nehmen Sie Ihre Bodenfühlung wahr, ganz wie bei der ersten Übung. Erspüren Sie Ihr vitales Kraftzentrum, sitzen Sie im Hara. Leben Sie sich dann erneut in Ihre Fußsohlen ein. Gibt der Boden darunter Ihnen Halt? Spüren Sie, wie bei der ersten Übung, immer tiefer durch den Boden hindurch! Machen Sie sich bewußt, daß die Erde Sie trägt. Dann vergegenwärtigen Sie sich, wie groß die Erde im Vergleich zu uns Menschen ist. Was für uns – verursacht durch unsere Vorstellungen und Erwartungen, durch Ängste und Enttäuschungen – belastende Kräfte sind, belastet die Erde in keiner Weise; denn die Erde hat nicht unsere Wünsche und Hoffnungen! Also dürfen wir, am besten mit jedem Ausatmen, unsere psychischen Spannungen und Belastungen getrost an die Erde abgeben. Dadurch wird unser Bewußtsein wieder freier und klarer. Mit dem Einatmen nehmen Sie – wie in der ersten Übung beschrieben – Erdkraft auf, geben jetzt aber mit jedem Ausatmen alles Belastende an die Erde ab, bis Sie eine Erleichterung spüren.
Zuletzt strahlen wir mit jedem Ausatmen in die Erde Dankbarkeit und Freude für ihre Schönheit und Kraft, ja für alles, was sie uns ununterbrochen schenkt. Erspüren wir dann die Wirkung dieser Übung, und beenden wir sie langsam und bewußt. Bleiben wir aber auch nach jeder Übung im Hara, also der Erde bewußt verbunden.

3. Kraft im Alltag

Wenn wir im Alltag besonders viel Kraft brauchen, z. B. um Flaschen oder Gläser zu öffnen, dann führen wir eine andere Übung durch: Mit jedem Einatmen schöpfen wir Kraft aus der Erde und lassen sie durch die Fußsohlen die Beine hoch bis in den Hara strömen. Mit jedem Ausatmen lassen wir diese Kraft – mit Hilfe unserer Vorstellung – in unsere Hände weiterströmen. Dabei die Flasche oder das Glas öffnen. Sie werden sich wundern, um wieviel leichter es dann geht!

Zwei Hinweise:
Die Übung, mit dem Ausatmen Kraft aus der Erde in den Arm oder in die Hände fließen zu lassen, sollte nicht mit der Grundübung des Hara verwechselt werden, bei der in der Phase der Ausatmung das Loslassen geschieht. Es handelt sich hier um zwei verschiedene Übungen, die sich ergänzen. Bei der letzten Übung geht es um bewußte Kraftaufnahme aus der Erdmitte und einen gezielten Kräftefluß, während es sich bei der Grundübung um ein entspanntes Loslassen und Abfließenlassen der Ichkräfte handelt.

Hara und Ichwerdung

Die Ichwerdung ist ein Grundthema des Menschseins. Die Entwicklung eines gesunden Persönlichkeits-Ichs verläuft in den seltensten Fällen harmonisch, sondern wechselt zwischen einem natürlichen, einem zu starken und einem zu schwachen Ich. Daraus ergeben sich die drei Weisen des Ichseins in der Welt: das natürliche oder geglückte Ich, das übermächtige, zur Verfestigung neigende Ich und das zu schwache, zur Auflösung neigende Ich. Dabei entstehen zwei Fehlformen des Ichs: der Verfestigungstyp und der Auflösungstyp. Dies sind jedoch Endformen einer langen Entwicklung, die sich meist spät und verhältnismäßig selten finden, vielmehr liegt in den meisten Fällen ein Überwiegen der einen oder anderen Fehlform nur vorübergehend vor. In jedem Menschen liegt die Neigung, aus seinem natürlichen Ichsein heraus in die eine oder die andere Fehlform zu fallen. Das kann andeutungsweise der Fall sein oder in aller Stärke geschehen. Graf Dürckheim nennt das Ergebnis des übermächtigen, verfestigten Ichs das »erstarrte Ichgehäuse«, das zu schwache, zur Auflösung neigende Ich »ohne Ichgehäuse«. In seinem Buch *Hara – Die Erdmitte des Menschen* schreibt er: »Es gibt zwei Fehlentwicklungen des ›Ichs‹. In der einen verfehlt sich der Mensch in einem unbeweglich gewordenen Ichgehäuse. In der anderen verfehlt sich der Mensch, weil er es zu überhaupt keinem Ich-Welt-Gehäuse gebracht hat.«

Die Ursachen für eine Verfestigung des Ichs werden in vielen Fällen in der Kindheit gelegt, wenn das Kind z. B. durch zu wenig Liebe viel zu früh auf sich selbst zurückgeworfen wird. Dadurch ist es auf seine Leistung, auf das, was es weiß, kann und hat, angewiesen, um sich seinen Platz in der Welt zu sichern. Es versucht dann auch später durch Verstand, Willen und Leistung das zu ersetzen, was es an schöpferischer Kraft aus dem Wesen nicht entwickeln konnte. Eine andere Möglichkeit ist die, daß das Kind zuwenig Widerstand bekam, um seine Wesenskräfte zu entwickeln, daß es egozentrisch erzogen wurde und sich dadurch nicht in das größere Ganze der Familie, später des Berufes und der Gesellschaft, eingliedern konnte.

Zu den Merkmalen des zur Verfestigung neigenden Ichs gehören folgende: Festhalten an allem, was es weiß, hat und kann, sowie an dem, was es geworden ist; damit mangelnde Wandlungsbereitschaft und -fähigkeit. Es wehrt sich gegen alle Veränderungen, Neuerungen und Unsicherheiten. Der Eigenwille ist überstark und neigt oft grundlos zu Selbstverteidigung, zu Machtausübung, Überlegenheit, Verschlossenheit, zu Leistungs-, Perfektions- und Willenszwang. Dieses Ich drängt nach materieller Sicherheit, oft auf Kosten anderer; es entbehrt oft der Hingabefähigkeit, Kontakt- und Liebesfähigkeit sowie der Leidensfähigkeit und Reifungskraft.
Die Ursachen für die Fehlform der Auflösung liegen ebenfalls meistens in der Kindheit, in der sich kein gesundes Persönlichkeits-Ich entwickeln konnte. Das Ich wurde zerbrochen oder konnte sich durch die Notwendigkeit einer Überanpassung nicht entwickeln.
Das zu schwache Ich ist der Umwelt preisgegeben. Es kann sich nicht mit den rechten Mitteln wehren, weil es dies nicht gelernt hat.
Es fehlt ihm an Halt und Haltung; es hat eine zu dünne Schale und ist daher leicht verletzbar. Es fehlt ihm an Kraft zur Formgestaltung; es ist zu offen, erkennt nicht oder zu spät seine Abgrenzung und Selbstwahrung; es hat eine zu starke Gefühlsabhängigkeit, eine zu große Anpassung, Nachgiebigkeit und oft Sprunghaftigkeit. Es fehlt ihm die Entscheidungs- und Durchsetzungskraft, es leidet manchmal an Ziellosigkeit oder versinkt in Bodenlosigkeit; bei ihm ist Weinen ein Zustand anstatt befreiende Lösung. In jedem Menschen ist mehr oder weniger von beiden Fehlformen etwas vorhanden. Entscheidend ist nur, ob die eine oder andere Fehlhaltung überwertig ist. Oft wechselt der Mensch von einer Fehlform in die andere, ohne die rechte Form seines natürlichen Ichseins zu finden. Für die Praxis des Hara ist es wichtig, zuerst bei sich selbst zu erkennen, ob das Ich harmonisch und gesund ist oder welche Neigungen zu Fehlformen des Ichs vorherrschen oder bereits festgeworden sind. Beispielsweise kann eine Auflösungsphase durch Erschöpfung entstehen. Durch mangelnde Kraft erscheint alles sinnlos und aussichtslos, die physische und psychische Haltung löst sich auf, der Tränenfluß versiegt nicht, das Ich will keine Verantwortung mehr tragen, flüchtet am liebsten in den Schlaf, in Filme, Romane, in die Vergangenheit usw. In diesem Fall kann die Hara-Übung allein nicht alles bewirken, um wieder in die rechte Gesamtverfassung zu kommen. Oft kommt jedoch eine Erschöpfung durch eine Fehlhaltung des Bewußtseins zustande, wobei der Mangel an Kraft durch Kräftestau entsteht. In diesem Fall sind Hara-Übungen wichtiger als äußere Erholung; denn zuerst muß die Ursache des Mangels an Kraft behoben werden, so daß die Kräfte nicht mehr blockiert sind, ehe durch Ruhe und Schlaf Erholung möglich wird.

Übungsteil V

1. Hara-Übung gegen Verfestigung

Hara-Grundübung (siehe S. 47–48)
Um die Kraft im Unterbauch zu stärken und ein Gegengewicht zur Verfestigung oben im Schulterbereich zu schaffen, verstärken Sie jede Ausatmung ein wenig und erspüren dabei bewußt die Kraft im Unterbauch. Dazu bedarf es keiner Anspannung des Bauches! Es geht hier nur um einen Bewußtseinsvorgang, um ein Kraftsammeln im Unterbauch, wodurch sich die Ausatmung etwas verstärkt und verlängert. Der Bauch sollte auch deshalb völlig entspannt bleiben, damit er für die Einatmung bereit ist.
Erleben Sie dann immer bewußter die Atemstille, vor allem nach der Ausatmung, und öffnen Sie sich Ihrem innersten Wesen.
Beenden Sie die Übung, indem Sie sich wieder bewußt Ihrem Lebenskreis zuwenden.

2. Hara-Übung gegen Auflösung

Hara-Grundübung (siehe S. 47/48)
Am Ende der Einatmung – also unmittelbar vor der Ausatmung – erspüren Sie den Boden im Unterbauch und lassen sich, ohne den Atem anzuhalten, mit der Ausatmung in den Schultern los und im Becken, auf diesem Boden, im Hara nieder. Das Spüren des tragenden Grundes im Basis- oder Beckenraum ist ein Bewußtseinsvorgang, bei dem eine kaum sichtbare Setzbewegung entsteht. Dieser Bewußtseinsvorgang des Erspürens des Bodens in sich ist dem Heruntergehen einer Treppe im Dunkeln vergleichbar. Dabei tastet normalerweise eine Fußspitze kurz voraus, ob noch eine Stufe kommt oder ob bereits der feste Boden erreicht ist. Für den Anfänger kann bei dieser Übung ein leichtes Spannen des Unterbauchs eine Hilfe sein, jedoch nur für den Anfang. Später wäre dies ein Hindernis. Entscheidend ist das Erleben des Getragenwerdens von einer Kraft, die in uns ist, der wir uns anvertrauen dürfen.

Übung 1 und 2 können sowohl im Sitzen als auch im Stehen durchgeführt werden. Aufrechte Haltung sowie Bodenfühlung und Erdung sind dabei wichtig. Auch diese Übungen gehen auf Graf Dürckheim zurück.

3. Begrüssen mit und ohne Hara

Wenn Sie sich beim Begrüßen die Hände geben, beobachten Sie einmal, ob der Händedruck aus dem Hara erfolgt oder aus einer Auflösungs- oder einer Verfestigungshaltung. Wie macht sich eine Auflösungs- oder Verfestigungshaltung im Händedruck bemerkbar? Wie kommen Körperhaltung und Ausstrahlung beim Begrüßen zum Ausdruck? Überträgt sich etwas von der Energie oder Schwingung auf den anderen? Welche Wirkungen hat ein Händedruck, der aus dem Hara heraus erfolgt?

Die natürliche Ichform

Woran läßt sich ein geglücktes Welt-Ich erkennen? Graf Dürckheim gibt darauf in seinem Buch *Hara – die Erdmitte des Menschen* so eindeutig Antwort, daß er selbst zu Wort kommen soll: »Im geglückten Ich ist der Mensch durchlässig für sein Wesen und hat von dorther das Vertrauen, daß er dem Leben gewachsen ist. ... Kraft der ihn im Wesen bergenden Einheit des Seins fühlt er sich im Kontakt mit der Welt. ... Die Gehaltenheit aus dem Wesen, die die Gefangenschaft im starren Gehäuse ebenso ausschließt wie die drohende Auflösung, gewährleistet die Verankerung in der Mitte, in Hara.«

Zwei Seiten des Hara werden bewußt: der Schwerpunkt in der eigenen Erdmitte und die Durchlässigkeit für Wesenskräfte der Himmels- und der Menschenmitte.

So wertvoll es ist, die Lebenskräfte aus dem vitalen Lebenszentrum im Unterbauch zuzulassen, so wird der Mensch dadurch noch nicht »besser«. Auch ein bewußt durchgeführtes Verbrechen setzt diesen Schwerpunkt im Hara voraus. Dem Verbrecher fehlt jedoch die Empfänglichkeit für seine Wesenskräfte! Dann besteht die Gefahr, die Kraft aus der Erdmitte auf die Interessen des Persönlichkeits-Ichs zu begrenzen. Die Kraft aus dem Hara ist so neutral wie jede andere Kraft auch. Die Entwicklung jedes Menschen dient seiner Selbstwerdung. Das setzt voraus, daß ihm sein Selbst bewußt und sein Leben immer mehr zum Zeugnis dieses Selbst-bewußt-seins wird. Auf der jetzigen Entwicklungsstufe jedoch leben die meisten Menschen nur als weitgehend unbewußter Teil dieser Ganzheit. Sie leben also nur mit jenem Teil ihres Menschseins, der ihnen mehr oder weniger bewußt ist: ihrem körperlichen und psychischen Sein. Das Bedauerliche daran ist, daß sie diesen Teil für das Ganze, für die Ganzheit menschlichen Seins halten. Dabei stützt sich das Ich immer auf das, was es weiß, kann und hat. Unsere Zeit gibt ein unmißverständliches Bild von den Konsequenzen solcher Begrenzung. Erich Neumann zeigt in *»Tiefenpsychologie und neue Ethik«* das Ziel der neuen Ethik auf: die Ganzwerdung des Menschen. Das Ich stützt sich auf Wissen, Können und Haben, während bewußtes Sein aus der Ganzheit des Menschen zu leben vermag.

Zu Hara-Übungen kann die Frage entstehen, ob das Sicheinlassen in den Grund nicht gefährlich sei (Graf Dürckheim geht hier sogar noch weiter, wenn er in seiner Übungsanweisung sagt: »Sich eins werden lassen mit dem Grund«). Für den Anfänger setzt dies voraus, daß er gelernt hat, sich zuerst einmal in seinen tragenden Lebensgrund einzulassen, so daß er im Laufe der Zeit dann durch regelmäßiges Üben das Einswerden erfahren kann.

Doch die Frage nach der Gefährlichkeit dieses dunklen Grundes liegt nahe. Normalerweise sind wir darauf eingestellt, daß das sogenannte Gute, das Bewußte und Lichte oben im Kopfraum ist, während das Dunkle, Unbewußte, Triebhafte als sogenanntes Böses unten lokalisiert wird. Durch Üben kann jedoch früher oder später bewußt werden, daß solche Festlegungen und Wertungen von Gegensätzen durch Hara, durch das sie übergreifende Ganzheitsbewußtsein aufgehoben werden. Dies geschieht nicht nur theoretisch als Wissen, sondern als bewußte Erfahrung.

Bei Hara-Übungen geht es sicher nicht darum, sich dunklen Kräften auszuliefern, anstatt in sich immer mehr Licht und damit auch Bewußtsein zuzulassen. Vielmehr geht es darum, diesen Licht- und Bewußtwerdungsprozeß nicht nur oben, sondern als ganzer Mensch, also ebenso in der vitalen Basis, zu vollziehen. Das setzt voraus, daß die Basiskräfte, zu denen durchaus auch die Triebkräfte sowie verdrängte, unterdrückte, unverarbeitete unbewußte Kräfte gehören, in die Transparenz für die lichten Wesenskräfte einbezogen werden. Dann vermag der Bewußtwerdungs- und Selbstwerdungsvorgang auch diese Bereiche zu erfassen, zu wandeln und zu erlösen. Ohne Durchlässigkeit gibt es keine Ganzwerdung. In dem Maß, in dem Ichkräfte nicht mehr an den dunklen Schatten unbewußter Kräfte gebunden und oben fixiert sind, hemmen sie nicht mehr den freien Strom seelisch-geistiger Kräfte. Sie können nun den ganzen Menschen durchströmen und wandeln, so daß ihm sein lichthaftes Wesen immer bewußter wird.

Je freier und selbstverständlicher Wesenskräfte durch regelmäßiges Üben zugelassen werden können, um so tiefere Schichten des Unbewußten erreichen und wandeln sie. Bleibt das Ich mit seinem Schatten oben fixiert, führen diese dunklen, unbewußten Kräfte, von den lichtvolleren, bewußten Bereichen abgesondert, ihr Eigenleben. Dadurch werden sie zum Gegenpol der Lichtkräfte, zum sogenannten Bösen. Diese unbewußten Kräfte bleiben dann ungewandelt und beeinflussen die Verhaltensweise oft so unberechenbar und stark, daß zu Recht Ablehnung und Angst vor dieser dunklen Seite unserer Persönlichkeit entsteht.

Das Ziel jeder Übung ist Entwicklung und damit das Bewußtwerden menschlicher Ganzheit: körperlich, psychisch und seelisch. Dafür müssen auch bisher verdrängte, isolierte, unbewußte Bereiche zugelassen und in bereits bewußte Bereiche integriert werden. Durch Üben geschieht dies allmählich und behutsam, so daß keine Überflutung des Bewußtseins durch unbewußte Kräfte erfolgt. Erfahrungsgemäß werden durch Hara-Übungen –

vor allem, wenn sie meditativ durchgeführt werden – immer mehr Wesenskräfte erschlossen, die über das bisherige Erkenntnisvermögen hinausführen und bei der Aufarbeitung früher verdrängter Kräfte hilfreich sind. Sicher kann es vorkommen, daß dabei auch Kräfte frei werden, die vorher nicht bewußt waren und jetzt nicht gerne akzeptiert werden. Doch wären diese Kräfte auch dann in uns, wenn sie unbewußt blieben, jedoch mit dem Unterschied, daß sie uns jederzeit beeinflussen und beherrschen könnten. Sobald wir sie als Teil von uns erkannt und angenommen haben, gelingt es sehr viel eher, sie unter Kontrolle zu bringen und mit ihnen leben zu lernen. Es entsteht mehr Ehrlichkeit, Verständnis und Vertrauen sich und anderen gegenüber.

Übungsteil VI

Transparenz in der Atemstille

Der Schwerpunkt dieser Übung ist das Erleben der Stille nach jedem Ausatmen, damit wir durchlässig werden für unser innerstes Wesen. Die Atemstille oder Atempause nach dem Ausatmen entsteht auf natürliche Weise, wenn der Atem frei von Beeinflussung durch Ichkräfte ausströmen kann und wir entspannt und gesammelt sind. In der Stille nach jedem Ausatmen erhalten wir Zeit, uns unabgelenkt tief nach innen zu öffnen. Unser Bewußtsein wird nicht durch Vorstellung, Erwartung oder Willensanstrengung frei von der oft verwirrenden Vielfalt seiner Inhalte und Gemütsbewegungen, sondern durch anhaltende Konzentration auf die Atemstille und ein Höchstmaß an Entspannung. Wenn dann im Bewußtsein immer mehr Freiraum entsteht, können Seinskräfte bewußt werden. Dadurch können wir eine innige Fühlungnahme mit unserem innersten Wesen erfahren. Je entspannter und gesammelter wir sind, um so feiner, »geistiger« wird unsere Atmung; und um so lichter und wacher wird unser Bewußtsein.
Wenn wir dabei unseren Körper nicht mehr als feste Form spüren, sondern lichter, weiter und leichter, so sollte doch ein Empfinden unseres Körpers erhalten bleiben. Dabei erleben wir uns als durchlässige Form und als geformte Durchlässigkeit!
Bei dieser Übung soll kein Zustand der Auflösung entstehen, jedoch ein Höchstmaß an Empfänglichkeit für unsere innersten Wesenskräfte.

Vorbereitung und Hara-Grundübung wie bisher (siehe auch S. 47–48)
Lassen Sie sich vertrauensvoll in den tragenden Lebensgrund im Beckenraum ein. Erleben Sie dabei bewußt, daß hier ein Boden ist, der uns auffängt und trägt. Erspüren Sie, ob sich Ihre Bauchdecke noch tiefer entspannen läßt. Suchen und erleben Sie Ihren ruhenden Pol im Hara.
Ist Ihr Atem so frei von Icheinflüssen, daß nach jedem Ausatmen ein Moment der Atemstille entsteht? Wenn dieser Augenblick anfänglich auch noch so kurz sein mag, so schenken Sie ihm doch Ihre volle Aufmerksamkeit, und vertiefen Sie sich immer mehr in diese Stille. Erleben Sie sie hellwach!
Ohne etwas zu wollen oder zu erwarten, bleiben Sie einfach empfänglich für die Kräfte aus Ihrem innersten Wesen, die Ihnen in dieser Stille bewußt werden können. Wenn auch Gedanken oder Gefühle auftauchen mögen und die Konzentration stören, richten Sie dennoch Ihre volle Aufmerksamkeit immer wieder in den Zeitraum der Atemstille nach dem Ausatmen. Und dies mit aller Geduld! Erwarten Sie nichts Großartiges! Es ist schon sehr viel, wenn Sie still werden, in sich ruhen und ein wenig in Seinsfühlung kommen. Dann können sich Ihre Persönlichkeitskräfte ordnen und wieder frei strömen, und Sie können neue Kraft sammeln.
In der Stille werden Sie empfänglich für Ihre geistigen Wesenskräfte. Da diese subtiler sind als die vitalen Kräfte, werden sie Ihnen vielleicht nicht sofort bewußt. Doch genügt es, wenn Sie auf Ihr inneres Sein ausgerichtet und gesammelt bleiben, das teilhat am *großen Leben*! Hier stehen jedem Menschen auch Möglichkeiten der Re-ligio also der inneren Rückverbindung und des Gebets, offen.
Setzen Sie die Hara-Übungen, wie alle anderen Übungen auch, so oft wie möglich im täglichen Leben ein. Graf Dürckheim sagte einmal: »Jeder Augenblick ist die beste Gelegenheit zum Üben!«

Hatha-Yoga

Die Wirkungen von Hatha-Yoga

Hatha-Yoga ist ein Schwerpunkt des Yoga. Es beinhaltet eine Reihe von Übungssystemen, die dazu dienen, ausgleichende, aufbauende, stärkende und heilende Kräfte in Körper und Psyche zu erwecken und zu entfalten. Insofern wirkt sich der Hatha-Yoga letztlich auch wieder auf die Bewußtwerdung aus. Ehe wir Ihnen einige Übungsprogramme vermitteln, folgen noch wesentliche Hinweise, wie Hatha-Yoga wirken kann.

Die Haltungen *(asanas)* des Hatha-Yoga sind keine Muskelgymnastik, wie vielfach angenommen wird. Vielmehr ermöglichen sie eine bewußte *Blut- und Organgymnastik.* Wir können mit den Stellungen des Hatha-Yoga den Blutstrom bewußt in einzelne Organe und Körperteile lenken. Diese Blutgymnastik kräftigt und regeneriert bei regelmäßigem Üben den ganzen Organismus.

Damit geht auch eine Reinigung des Körpers von Schlacken und Giftstoffen einher. Die Beschleunigung der Fließgeschwindigkeit von Blut und Lymphflüssigkeit, die Anregung des gesamten Stoffwechsels und des Kreislaufs sowie die Beseitigung von Verdauungsstörungen gehören zu den Folgeerscheinungen vieler Übungen.

Im Hatha-Yoga wird Belastung durch Stärkung ausgeglichen: Planmäßige Gewichtsverlagerung, Dehnung und Pressung, verbunden mit Bewußtseinslenkung, natürlicher Atmung und Entspannung, bewirken zunehmende Vitalität, Spannkraft und Widerstandskraft.

Die Stellungen des Hatha-Yoga harmonisieren auch die vegetativen Vorgänge unseres Organismus, wie Atmung, Kreislauf und Stoffwechsel, die untrennbar ineinandergreifen. Erst das Gleichgewicht der Lebenskräfte führt zu Gesundheit.

Für die indirekte Beeinflussung des vegetativen Nervensystems ist unsere psychische Beteiligung erforderlich. Eine nur mechanische Ausführung der Übungen ohne Konzentration und rechte Bewußtseinshaltung hätte deshalb nur eine sehr begrenzte Wirkung. Zur Erläuterung: Das *zentrale Nervensystem* ist jenes Steuerungsorgan in uns, das unseren Willen mit Muskeln und Sinnen zusammenführt. Wollen wir beispielsweise nach einem Apfel greifen oder die Temperatur eines Heizkörpers wahrnehmen, indem wir unsere Hand davorhalten, so wird über das zentrale Nervensystem der Willensimpuls üben Arm und Hand umgesetzt.

Das *vegetative* oder *autonome Nervensystem* dagegen steuert jene Vorgänge in uns, die dem freien Willen des Menschen normalerweise nicht zugänglich sind. Sie werden sicher viele Beispiele aus Ihrem eigenen Leben kennen; an dieser Stelle ebenfalls nur zwei: Wir spüren ein unangenehmes Gefühl in der Magengrube, wenn wir Angst haben oder vom Unfall eines uns nahestehenden Menschen hören. Und wer hat es noch nicht erlebt, daß man immer wacher wird, obwohl man einschlafen will. Erst wenn der unbedingte Wille einzuschlafen, losgelassen wird, kann sich Schlaf einstellen. Im vegetativen Nervensystem wirken zwei Gegenspieler: *Sympathikus* und *Parasympathikus.* Sie sind Teil jenes Nervensystems, das dem Willen weitgehend entzogen ist, und steuern über Spannung und Entspannung, über Anregung und Beruhigung physiologische Vorgänge im Körper. Diese Steuerung wirkt auch psychosomatisch; sie spricht also unser Gemütsbefinden an.

Aktivität und Willensanspannung bedeuten erhöhte Tätigkeit des Sympathikus. Kraft wird verbraucht. Beruhigung und Nachlassen der Willenstätigkeit lassen den Parasympathikus vorherrschen. Kraft wird gespeichert. Ruhe und Entspannung sind wesentliche Voraussetzungen für die Regeneration des Organismus; die meisten Menschen im Westen sind stärker von der Tätigkeit des Sympathikus geprägt. Beruhigende Übungen zum Ausgleich des Parasympathikus sind deshalb für uns so wesentlich. Schlafstörungen können z. B. auf Überreizung des Sympathikus beruhen. Ein Sicheinlassen in den Hara kann Herz und Kreislauf beruhigen und vermag den Willen und die Muskeln zu entspannen. Dies verstärkt die Wirksamkeit des Parasympathikus mit seinen lösenden Eigenschaften als Voraussetzung für den Schlaf.

Ein biologisches Grundgesetz lautet: »Schwache Reize regen die Lebenskraft an, mittlere fördern sie, starke hemmen sie und sehr starke lähmen sie.« Diese Erkenntnisse, die auch für Hatha-Yoga gelten, gehen auf den Psychiater Rudolf Arndt und den Pharmakologen Hugo Schulz zurück.

Es folgen nun drei in sich geschlossene Übungsprogramme, die speziell für Menschen im Westen ausgearbeitet wurden und am Anfang ihres YogaWeges stehen. Das dritte ist ein besonderes Übungsprogramm für die Wirbelsäule, denn die elastische Aufrichtung der Wirbelsäule ist eine Grundvoraussetzung für alle Yoga- und vor allem für alle Hatha-Yoga-Übungen. Jeder, der meditiert oder meditieren möchte, wird spürbar erfahren, daß eine aufrechte und elastische Wirbelsäule eine Grundlage seiner Konzentrationsfähigkeit, aber auch wichtig für seine Bewußtheit ist. Darüber hinaus sind bei uns bekanntlich Haltungsschäden weit verbreitet; Verspannungen und Rückenschmerzen sind die Folge. Die angesprochenen Übungen können auch hier spürbar helfen. Mit diesen drei Übungsprogrammen werden Voraussetzungen geschaffen, die es erlauben, auch schwierigere Yoga-Übungen durchzuführen. In diesem Buch, das sich besonders an Menschen im Westen rich-

tet, die sich mit Yoga und seinen Wirkungsmöglichkeiten zum ersten Mal beschäftigen, wurde bewußt auf eine Aneinanderreihung sogenannter klassischer Hatha-Yoga-Übungen und ihrer indischen Bezeichnungen verzichtet. Solche Übungen sollten nur nach gründlicher Vorbereitung und am besten unter der verantwortungsvollen Leitung eines kompetenten Lehrers erarbeitet werden. Im Literaturanhang, (siehe S. 174), finden sich Hinweise auf eine Reihe von Büchern, die schwierigere klassische Hatha-Yoga-Übungen anführen.)
Die insgesamt drei Übungsprogramme sind in sich systematisch aufgebaut. Sie sollten zunächst in der angegebenen Reihenfolge durchgeführt werden. Der Vorteil der zunächst einfachen Übungen besteht darin, daß sowohl der Gesunde als auch der Kranke ihren persönlichen Ansatzpunkt zur Übung finden können. Es ist wichtig, nicht mit zu schwierigen Übungen zu beginnen, sondern allmählich in die Yoga-Praxis hineinzuwachsen. Es wäre ein Nachteil, wenn die Anfangsübungen als »zu leicht« erschienen, sie also nicht mit der notwendigen Bewußtheit geübt würden. Die nachfolgenden Übungen erwiesen sich dann als schwieriger, als sie in Wirklichkeit sind. An dieser Stelle sollen nochmal einige Hinweise zum rechten Üben stehen:

- Am besten üben wir morgens, um damit die physische und psychische Bewußtheit und Belastbarkeit für den Tag zu haben.
- Fehlt morgens die Zeit, mag man nur wenige Übungen durchführen (mehr anregende Übungen); im Laufe des Tages eignen sich dann z. B. spezielle Übungen für die Wirbelsäule; und abends können dann beruhigende Übungen folgen.
- Achten Sie darauf, daß Sie nicht in unterkühltem Zustand üben, da Sie sonst Wirbelsäule, Bänder und Sehnen gefährden können.
- Jede Übung wird durch eine natürliche Atmung und eine gründliche Entspannung vorbereitet (siehe auch S. 31/32).
- Bei der Durchführung der Übung bedienen wir uns auch unserer Vorstellungskraft, damit sie nicht nur mechanisch, sondern auch psychisch mitvollzogen wird.
- Nach jeder Übung entspannen wir uns, um den Körper wieder auszugleichen und uns auf unsere Umweltsituation einzustellen.

Eine Grundregel im Yoga lautet: Keinen Zwang anwenden! Vermeiden Sie Schmerz durch angestrengtes Üben, und lassen Sie die Elastizität des Körpers als allmähliches Ergebnis Ihrer Übungen entstehen. Da das Sitzen auf dem Boden fast jedem Menschen im Westen anfangs Schwierigkeiten bereitet, lehnen Sie sich zunächst an eine Wand. Sie können im Schneidersitz sitzen (1) und eventuell – wenn Sie mögen – ein Bein wegstrecken (2).

1

2

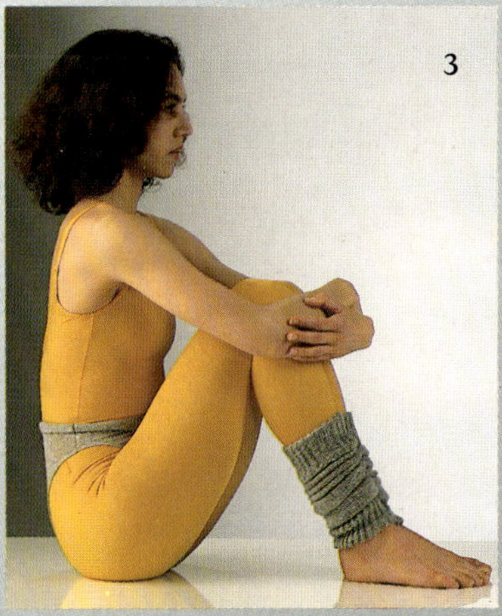
3

oder die Beine anziehen und die Arme um die Knie legen (3). Oder Sie strecken die Beine aus und stützen sich mit den Händen ab (4). Sie können auch eine Vorstufe des Freien Sitzes ausprobieren (5) oder, wenn Ihre Venen belastbar sind, den Fersensitz (6). Oder Sie verschränken die Hände unter den Knien (7). Um die Gelenke, Bänder und Sehnen nicht einseitig zu belasten, können Sie die Sitzhaltung ab und an wechseln.
Eine Grundregel für das Sitzen: Die Knie sollten tiefer liegen als die Hüftgelenke. Das läßt sich schon durch eine Sitzunterlage erreichen, die zunächst höher sein und dann im Verlaufe Ihrer Übungen immer niedriger werden kann. Wenn Sie keinen kleinen Keil oder kein Kissen zur Verfügung haben, können Sie auch eine Decke zusammenrollen. Haben Sie bitte viel Geduld mit sich und mit Ihrem Körper! Eine Reihe von Übungen unterstützt das Sitzen mit geradem Rücken. Diese Übungen sollten Sie so lange beibehalten, bis Ihnen das Sitzen keine Schwierigkeiten mehr macht. Aber übertreiben Sie nichts! Schlüsselworte für jede Übung sind:

- regelmäßig üben;
- richtige, auch gedankliche Vorbereitung;
- nicht bis zur Schmerz-, sondern nur bis zur Dehngrenze gehen;
- einfühlsam üben;
- Gesamtverfassung vor, während und nach der Übung erspüren;
- nach jeder Übung entspannen und bereit sein für ein freies Aufatmen, also für den sogenannten Nachatem.

4

5

6

7

Übungsprogramm I

1. Einführung

Lüften Sie vor dem Üben den Raum gut durch. Üben Sie in bequemer Kleidung, am besten nicht unmittelbar nach einer Mahlzeit. Nehmen Sie sich Zeit, mindestens 10–20 Minuten für einen Teil des Übungsprogrammes, 45 Minuten für das gesamte Programm. Sorgen Sie dafür, daß Sie während der Übungen möglichst nicht durch Telefon, Fernseher oder Radio, durch Gesprächswünsche und ähnliches gestört werden. Die Zeit des gesammelten Übens wird sich in mehr Wohlbefinden, Strahlkraft und der Fähigkeit zu konzentriertem Arbeiten und einfühlsamer Zuwendung auswirken.

2. Entspannungslage

Wir legen eine Unterlage (eine Matte oder Decke) nahe an eine Wand oder eine abgeschlossene Türe und setzen uns so davor, daß wir etwa 30 Zentimeter von der Wand entfernt sitzen und zur Wand schauen. Legen wir uns dann auf den Rücken, die Füße aufgestellt, die Fersen vor dem Gesäß. Erst wenn wir uns im Liegen wohlfühlen und sich der Kreislauf der waagrechten Lage angepaßt hat, nehmen wir die Füße nach oben und stützen uns mit den Fersen an der Wand ab, wobei die Beine schräg gelagert sind. Überlassen wir das ganze Gewicht der Füße und Beine der Wand, und erspüren wir, daß uns die Wand stützt. Wenn die Beine bis in die Hüften hinein locker sind, fallen die Fußspitzen auseinander, so daß nicht die Fußsohlen, sondern die Fersen und Außenkanten der Füße die Wand berühren (8). In dieser gelösten Weise überlassen wir die Beine der Wand und erspüren unseren Kontakt zum Boden.

Erspüren wir den Boden mit dem Kreuzbein, mit dem Lendenbereich und mit dem ganzen Rücken. Können wir uns mit den Schulterblättern noch weicher an den Boden anschmiegen? Ertasten wir mit dem Hinterkopf den Boden, so daß uns bewußt wird, daß auch unser Kopf vom Boden getragen wird. Ist unser Nacken entspannt und leicht gedehnt? Wenn nicht, gleiten wir mit dem Hinterkopf ein wenig nach hinten, bis wir spüren, daß unser Nacken etwas gedehnt ist. Hände, Arme und Schultern vertrauen wir ebenfalls dem Boden an.

Ist unsere Lendenwirbelsäule in Bodenfühlung? Wie empfinden wir unsere Beine und die Entlastung in den Venen? Sind unsere Füße warm? Können wir uns jetzt besser vom Boden tragen lassen? Strömt unser Atem ohne unser Zutun ruhig und frei? Kann der Atem kommen und gehen, wie er will?

Dann lassen wir mit jedem Ausatmen Spannungen und Belastungen los und geben sie an den Boden, an die Erde, ab, bis wir spüren, daß wir gelöster, freier und ruhiger werden.

Wenn alle Unruhe abgefallen ist und wir uns wohlfühlen, nehmen wir die Füße langsam von der Wand und stellen sie auf den Boden. Wir rutschen behutsam so weit nach hinten, daß wir mit ausgestreckten Beinen liegen.

8

Nun räkeln und dehnen wir uns genüßlich, bis ein befreiendes Aufatmen oder Gähnen kommt. Dann setzen wir uns von rechts her auf.

3. Sitzübungen und Lockerung für Beine und Hüften

Wir richten unser Becken auf, so daß wir geradesitzen. Für die folgenden Lockerungsübungen legen wir das linke Bein schräg nach links, das rechte Bein beugen wir, so daß die rechte Fußsohle am linken Oberschenkel liegt. Den rechten Fuß ziehen wir möglichst nah zur Leistenbeuge heran. Wir lassen unser Becken aufgerichtet und damit den Rücken gerade. Wenn

10

9

nun in dieser aufrechten Haltung das gebeugte Bein locker auf dem Boden liegt, ist das Ziel dieser Übung bereits erreicht. Bei den meisten wird jedoch das rechte Knie ein Stück vom Boden abstehen. In diesem Fall legen wir die linke Hand an den rechten Fußrücken und die rechte Hand auf den rechten Oberschenkel (9). Wir drücken ihn behutsam ein wenig zum Boden hin, geben an der Dehngrenze nach und belasten das Bein wieder, wobei es sich ruhig auf- und abbewegt. Erspüren wir den Dehnungs- und Lösungsvorgang in der rechten Hüfte!

Damit das Hüftgelenk beweglicher wird, schütteln wir das rechte Bein in kleinen Bewegungen bis zur Dehngrenze zum Boden hin locker durch und lassen wieder los. Nochmals das rechte Bein locker durchschütteln, bis es in Bodennähe kommt und wieder loslassen. Nun heben wir mit beiden Händen das gebeugte rechte Knie etwas hoch (10) und lassen es los, so daß es zum Boden sinkt und locker nachschwingt. Erspüren wir dabei die Lockerung in der rechten Hüfte! Nochmals das rechte Knie von unten her heben und wieder loslassen. Schwingt es jetzt schon lockerer nach?

Dann strecken wir beide Beine vor uns aus und schütteln sie durch. Dazu heben wir abwechselnd ein Knie vom Boden ab und lassen es locker zum Boden sinken, während wir das andere Knie heben. Dann schwingen wir mit den Fußspitzen auseinander und zusammen, immer wieder, wobei sich unsere Hüftgelenke entspannen. Nun lassen wir auch diese Bewegungen zur Ruhe kommen und vergleichen die rechte Körperseite mit der linken, vor allem in den Hüften und Beinen. Wenn das Sitzen noch anstrengt, legen wir uns auf den Rücken und entspannen uns zwischendurch. Nun führen wir diese Lockerungsübungen mit dem linken Bein durch, immer mit aufgerichtetem Becken, so daß der Rücken gerade ist. Erspüren wir dabei erst den Dehnungs- und anschließend den Lösungsvorgang in der linken Hüfte.

Dann strecken wir beide Beine vor uns aus und schütteln sie wieder durch. Damit sich unsere Hüftgelenke noch besser entspannen, schwingen wir wieder mit den Fußspitzen auseinander und zusammen. Dazu können wir uns mit den Händen am Boden abstützen. Nun lassen wir diese Bewegungen zur Ruhe kommen, legen uns auf den Rücken und entspannen uns. Sind unsere Hüftgelenke warm geworden?

Spüren wir in unseren Körper hinein, damit uns die wohltuenden Wirkungen dieser einfachen Lockerungsübungen bewußt werden.

4. Hüftübungen im Liegen

Für die folgenden Hüftübungen legen wir uns auf den Rücken, nehmen das rechte Knie zur Brust und verschränken die Finger über dem Knie oder nehmen die rechte Hand an das Knie und die linke an das Schienbein. Während der Kopf auf dem Boden und das linke Bein entspannt in Bodenfühlung bleiben, ziehen wir langsam das Knie bis zur Dehngrenze zur rechten Brust heran (11). Versuchen wir, mit kleinen Schüttelbewegungen das Knie näher zur Brust zu bringen, ohne die Schmerzgrenze zu erreichen.

Wenn sich Spannungen gelöst haben, ziehen wir das rechte Knie nach rechts zur Achselhöhle herauf (12). Hierbei kann der rechte Unterarm über das Schienbein gelegt und das Bein vom ganzen Arm nach oben gezogen werden, bis die Dehngrenze erreicht ist. Bleiben wir jedoch mit dem linken Bein in Bodenfühlung! Erspüren wir die Dehnung in der rechten Hüfte! Dann das rechte Knie zur Brustmitte und nach links herüberziehen, so daß eine ausgleichende Dehnung erfolgt (13). Anschließend dehnen wir das Bein nochmals zur rechten Brustseite und vergleichen, ob der Oberschenkel jetzt näher an der Brust ist als zu Beginn der Übung. Dann legen wir das rechte Bein neben das linke, schütteln beide Beine abwechselnd locker durch und vergleichen dann die rechte Hüfte und Körperseite mit der linken.

Nun nehmen wir das linke Knie zur Brust und umfassen es mit den Händen. Wie nah bekommen wir schmerzfrei den linken Oberschenkel zur Brust? Führen wir die gleichen Bewegungen durch wie vorher rechts. Dann legen wir das linke Bein neben das rechte, schütteln beide Beine abwechselnd locker durch und vergleichen die linke Hüfte und Körperseite mit der rechten.

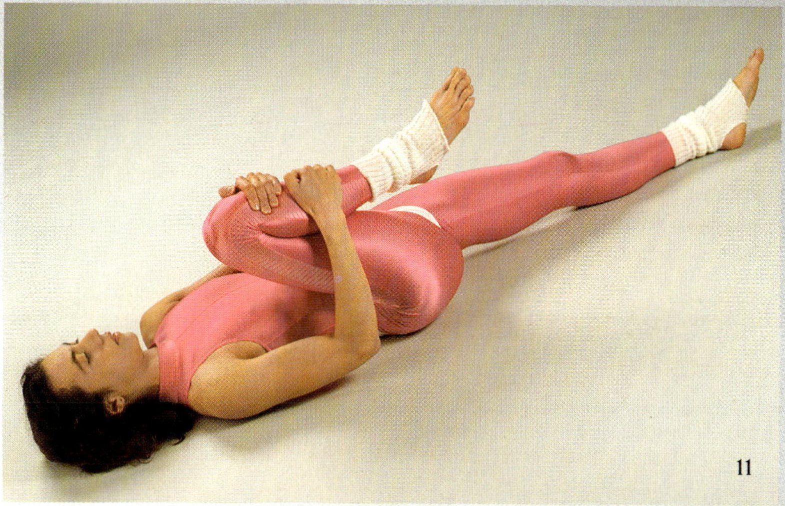

11

12

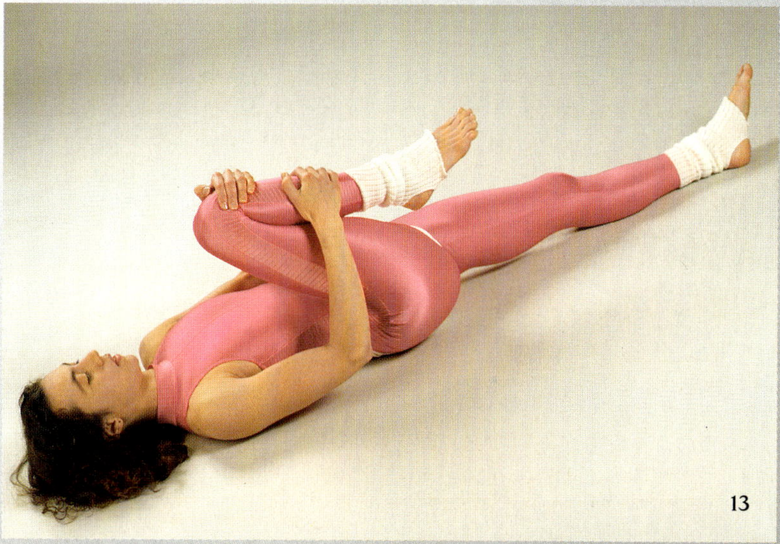

13

5. Beckenschaukel

Für die Beckenschaukel nehmen wir beide Knie zur Brust, wobei die Knie weit auseinanderkommen. Wir erfassen sie mit den Händen und lassen uns langsam abwechselnd nach rechts und nach links rollen (14). Der Kopf bleibt entspannt auf dem Boden liegen. Schaukeln wir ruhig und in weicher Bewegung seitlich hin und her, und erspüren dabei die Druckmassage im Kreuzbereich und in den Hüften. Wenn wir die Arme locker langgestreckt lassen, werden die Druckpunkte anders sein, als wenn wir die Arme anziehen, so daß die Knie näher zur Brust kommen. Durch unsere Armhaltung können wir also selbst den Bereich der Druckmassage bestimmen. Lassen wir uns so locker wie möglich seitlich hin- und herrollen, und genießen wir die damit verbundene Massage.
Wenn wir spüren, daß es genug ist, lassen wir die Knie los und die Füße nach vorne weggleiten, so daß wir entspannt liegen. Wie fühlen wir uns jetzt?

14

6. Langsame Rückenrolle

Für die langsame Rückenrolle bleiben Beine, Füße und Hände auf dem Boden. Die Schultern lassen wir so locker wie möglich. Zuerst heben wir langsam den Kopf vom Boden ab, nehmen das Kinn zum Brustbein, heben die Schultern vom Boden ab, lassen den Rücken rund und rollen ihn langsam vom Boden weg (15), bis wir sitzen. Dann richten wir unser Becken auf, sitzen gerade und spüren mit dem oberen Teil des Hinterkopfes zur Decke (16).

Dann lassen wir unser Becken langsam nach hinten sinken, wodurch der Rücken rund wird. Den Kopf nehmen wir nach vorne und rollen nun langsam den runden Rücken ab, so daß Wirbel um Wirbel in Bodenfühlung kommt, bis zuletzt der Kopf den Boden berührt und wir schließlich entspannt und locker auf dem Rücken liegen.

16

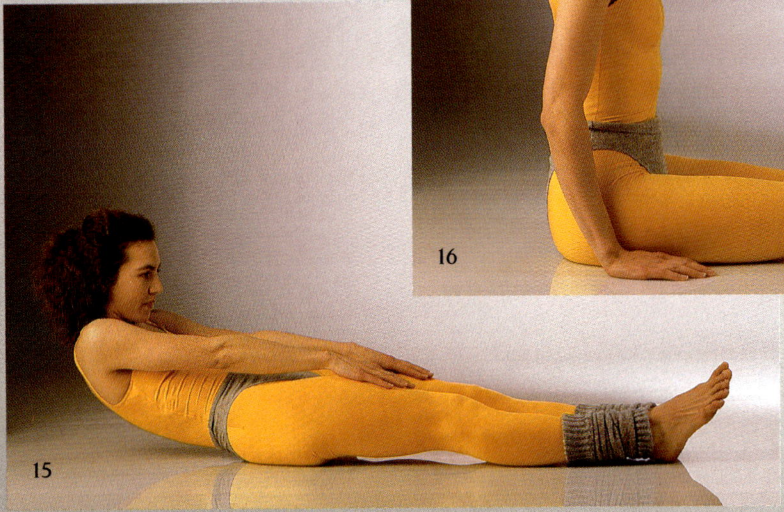
15

Nun heben wir wieder langsam den Kopf, nehmen das Kinn zum Brustbein, heben die Schultern vom Boden ab und rollen uns langsam vom Boden weg, bis wir sitzen. Dann richten wir unser Becken auf und spüren mit dem oberen Teil des Hinterkopfes zur Decke. Ist uns jetzt unser Rücken sowie unsere aufrechte Sitzhaltung bewußter geworden? Sind wir hellwach und bewußt *im* Körper?

7. Freier Sitz und Fersensitz

Wir beugen das rechte Bein und legen die rechte Fußsohle an den linken Oberschenkel. Ebenso beugen wir das linke Bein und legen die linke Fußsohle an das rechte Schienbein. Die Knie lassen wir locker zum Boden hin absinken, die Hände legen wir auf die Knie. Das Becken richten wir auf, Schultern und Arme lassen wir entspannt hängen. Wenn die Knie dabei hochstehen, legen wir ein festes Kissen unter das Gesäß.
Wenn uns diese Sitzhaltung dennoch unangenehm ist, können wir auch den Fersensitz üben. Hierfür knien wir uns auf die Decke und setzen uns auf die Fersen (siehe Abb. 6 auf S. 61). Auch hierbei bestimmt das aufgerichtete Becken die Haltung des Rückens.

8. Schulterübungen im Sitzen: kreisen und versetzt kreisen

Wir sitzen aufrecht und frei mit ausgestreckten Beinen oder im Freien Sitz auf dem Boden. Die Hände befinden sich locker auf den Oberschenkeln. Für das Schulterkreisen leben wir uns in beide Schultern ein und erspüren ihren Spannungszustand.
Die linke Schulter bleibt zunächst entspannt hängen. Die rechte Schulter nehmen wir langsam nach vorne, heben sie höher, nehmen sie im großen Bogen nach hinten – senken sie und nehmen sie wieder nach vorne. So kreisen wir mit der rechten Schulter langsam weiter. Wir können uns dabei vorstellen, daß wir einen Strahler an der rechten Schulter haben und damit große Kreise als Lichtspur an die Wand rechts von uns zeichnen.
Wir lassen dabei den rechten Arm locker hängen; die Hand kann auf dem rechten Oberschenkel bleiben. Dann kreisen wir mit der rechten Schulter in umgekehrter Richtung, also nach hinten, oben und vorne, jedoch noch ruhiger und bewußter. Ist unser Rücken noch gerade? Beenden wir die Bewegung, und vergleichen wir nun beide Schultern miteinander; spüren wir einen Unterschied?
Dann führen wir die gleichen Bewegungen mit der linken Schulter durch: nach vorne, oben und zurück. Zeichnen wir große Lichtkreise an die Wand links von uns. Beobachten wir, ob durch die großen, ruhigen Bewegungen auch die Rückenmuskeln und die Brustwirbelsäule etwas mitbewegt werden.
Dann kreisen wir in umgekehrter Richtung und lassen den Atem immer frei strömen.

Nun beenden wir das Kreisen und vergleichen wieder beide Schultern miteinander. Wie empfinden wir sie jetzt?
Als nächstes kreisen wir mit beiden Schultern gleichzeitig: nach vorne, oben, nach hinten, unten und vor. Sitzen wir dabei in gerader Haltung? Dann in umgekehrter Richtung langsam kreisen. Wird uns dabei das Zusammenspiel von Bewegung und Atmung bewußt? Lassen wir aber dem Atem alle Freiheit!
Und nun kreisen wir mit den Schultern versetzt. Zuerst nehmen wir die rechte Schulter nach vorne und die linke nach hinten. Dann rechts heben, links senken (17); linke vorne heben und so weiterkreisen, immer in großen, runden Bewegungen. Die Atmung lassen wir frei zu. Spüren wir die Bewegung der Schulter- und Rückenmuskeln? Erleben wir uns als Mittelpunkt dieser Bewegung.
Dann kreisen wir in umgekehrter Richtung. Dabei leben wir uns bewußt in die Wirbelsäule ein und erspüren, wie in der Brustwirbelsäule die einzelnen Wirbel mitbewegt werden. Mit geringstem Aufwand versuchen wir, die Kreise so groß wie möglich durchzuführen, damit sich die Bewegung bis in die Lendenwirbelsäule hinein fortsetzen kann.

17

Dann beenden wir die Bewegung und erspüren ihre Wirkung im ganzen Körper. Erleben wir bei jedem Ausatmen: Ich lasse mich in den Schultern los und lasse mich in das Becken nieder. Dann erneuert mich jedes Einatmen!

Wir bleiben in uns gesammelt und beginnen, die Beine durchzuschütteln. Dann schwingen wir mit den Fußspitzen auseinander und zusammen, so daß Beine und Hüften locker werden. Beim Aufstehen bewegen wir uns so ruhig, entspannt und schön wie möglich.
Diese Übung kann auch im Fersensitz durchgeführt werden. Dabei nehmen Sie am Schluß die Beine nach vorne und schütteln sie durch. Weiter dann wie im vorigen Absatz beschrieben.

9. Kleiner Atemkreis

Wir stehen und nehmen mit unseren Fußsohlen den Boden wahr, wir spüren wie mit Wurzeln in den Boden hinein. Das Becken nehmen wir ein wenig zurück und geben in den Knien etwas nach. Wir richten uns aus der Leibmitte heraus auf, als ob wir wachsen würden, und spüren mit dem oberen Teil des Hinterkopfes zur Zimmerdecke, so daß unser Nacken ein wenig gedehnt wird. Dann beugen wir die Arme und legen unsere Handrücken vor dem Bauch aneinander, wobei die Finger zum Boden schauen (18). Wir nehmen die Hände langsam zum Brustkorb herauf, vor das Gesicht und weiter über den Kopf nach oben. Wir spüren mit den Fingerspitzen zur Zimmerdecke und dehnen dabei den Körper; die Fußsohlen bleiben voll in Bodenfühlung. Dann nehmen wir zuerst die Fingerspitzen, dann die Handwurzeln auseinander (19). Die Fingerkuppen führen die Arme im Halbkreis seitlich im großen Bogen nach unten. Vor dem Bauch nehmen wir die Handrücken wieder zusammen und führen die aneinandergelegten Hände am Körper entlang wieder bis zum Gesicht und über den Kopf hinaus nach oben. Wir spüren zur Zimmerdecke und dehnen uns immer länger. Dann führen die Fingerkuppen, als ob sie die Wände auf beiden Seiten berühren könnten, und die Arme im Halbkreis nach unten, bis sich die Handrücken vor dem Bauch wieder berühren. Dies wiederholen wir einige Male und

18

erspüren, ob sich mit dieser ruhig fließenden Bewegung unsere Atmung harmonisch verbindet.
Vermutlich entsteht von selbst die Ausatmung, wenn wir die Handrükken vor dem Bauch zusammenlegen. Wenn wir unsere Hände nach oben führen und sie zur Zimmerdecke dehnen, entsteht wohl von selbst die Einatmung; und wenn wir die Arme im weiten Halbkreis senken, bis sich die Handrücken vor dem Bauch berühren, strömt der Atem wieder aus. Wir machen diesen Atemablauf nicht, sondern lassen ihn in Verbindung mit unserer Armbewegung geschehen. Führen wir diese Bewegung natürlich und schön aus, dann verbindet sich damit der Atem in ebenso natürlicher Weise.
Wenn wir die Arme wieder senken, lassen wir sie locker hängen und beenden diese Atemübung. Wir bleiben stehen und spüren nach: Wie fühle ich mich? Empfinden wir den Atem als Ausdruck des Lebens in uns?

10. Dehnübung im Stehen

Für die nächste Dehnübung nehmen wir die Arme nach hinten und verschränken die Finger. Wir erspüren mit den Fußsohlen den Boden und spüren mit dem oberen Teil des Hinterkopfes zur Decke, so daß unser Nacken ein wenig gedehnt wird. In dieser aufrechten Haltung ziehen die verschränkten Hände die Arme soweit wie möglich nach hinten (20). Mit dem Brustbein strahlen wir wie mit einem Scheinwerfer schräg nach oben. Dann lösen wir die Spannung und lassen unsere Hände, Schultern und Arme wieder locker hängen. Wie empfinden wir die Wirkung dieser aktiven Dehnübung?

19

20

11. Vorübung zur Halbmondstellung

Für die Vorübung zur Halbmondstellung spreizen wir die Beine und stehen in Bodenfühlung entspannt aufrecht.
Wir leben uns in die Fingerspitzen der linken Hand ein und spüren damit zum Boden. Dann drehen wir die linke Handfläche nach außen und nehmen, geführt von den Fingerspitzen, den linken Arm nach oben über den Kopf hinweg weiter nach rechts. Mit der rechten Hand stützen wir uns am rechten Oberschenkel ab und gleiten an ihm entlang langsam in Richtung zum Knie. Wir lassen das Gewicht von Arm, Kopf und Schulter wirken und erspüren die Dehnung im linken Teil des Brustkorbs und bis zur Hüfte herunter (21).
Erleben wir uns in dieser stark gedehnten Haltung, die auf einer Körperseite der Rundung des Halbmondes gleicht. Dann führen die Fingerspitzen den linken Arm im großen Bogen zur Ausgangsstellung zurück, so daß wir wieder aufrecht stehen.
Vergleichen wir die linke Körperseite mit der rechten, und erspüren wir die Wirkung dieser aktiven Dehnung.
Nun führen wir die Übung mit den Fingerspitzen der rechten Hand durch, während wir uns mit der linken Hand am linken Oberschenkel abstützen.
Wir ziehen mit den Fingerspitzen der rechten Hand einen großen Bogen, bis sie zur Wand links von uns schauen. Dabei spüren wir in der rechten Brustkorbseite beim Einatmen die verstärkte Dehnung, und wenn *es* ausatmet, läßt die Dehnung ein wenig nach. Erspüren wir die Atembewegung in dieser gedehnten Haltung, lassen wir aber dem Atem alle Freiheit!
Dann führen die Fingerspitzen den rechten Arm im großen Bogen zur Ausgangsstellung zurück, und wir vergleichen wieder beide Körperseiten.

21

12. Halbe Kobra im Knien

Für die Kobra knien wir und stellen den linken Fuß so weit vor, daß der linke Unterschenkel etwas schräg nach vorne schaut. Der rechte Unterschenkel liegt gerade nach hinten auf dem Boden. Schultern und Arme lassen wir locker hängen. Nun spüren wir mit dem Steißbein zum Boden und mit dem oberen Teil des Hinterkopfes zur Decke. Unser Oberkörper bleibt in dieser aufrechten Haltung, wenn wir im linken Knie langsam nachgeben, so daß wir zum Boden durchsinken (22).
Bitte behutsam nachgeben und die Dehngrenze wahrnehmen! Dann stützen wir uns mit dem linken Fuß am Boden ab und kehren zur Ausgangsstellung zurück.
Wir geben nochmals mit dem linken Knie langsam nach, jetzt schon etwas mehr, achten aber darauf, daß unser Oberkörper aufgerichtet bleibt. Erspüren wir die starke Pressung im Bereich der rechten Niere, die dadurch nachher besser durchblutet wird. Dann stützen wir uns mit dem linken Fuß am Boden ab und richten uns wieder auf.
Um die Wirkung dieser Übung wahrzunehmen, setzen wir uns auf die Fersen und legen den Kopf auf die beiden übereinandergestellten Fäuste auf den Boden (23). Entspannen wir uns in dieser Haltung, und vergleichen wir beide Körperseiten. Vielleicht kommt sogar ein befreiendes, tiefes Aufatmen oder Gähnen.
Nun richten wir uns langsam auf und stellen den rechten Fuß schräg nach vorne. Ist unser Oberkörper aufrecht? Dann führen wir die halbe Kobra auf dieser Seite ebenso behutsam und eingefühlt durch, wobei die linke Niere angesprochen wird.
Erspüren wir dann die Wirkung dieser Übung, bis der Nachatem kommt oder sich ein tiefes Gähnen einstellt.

13. Vorübung zur Schrägstellung mit Venenübung im Liegen

Legen wir uns auf den Rücken, und erspüren wir, ob wir entspannt liegen. Ist auch unser Nacken entspannt? Gleiten wir mit dem Hinterkopf ein wenig nach hinten, so daß der Nacken etwas gedehnt wird. Die Arme legen wir seitlich auf den Boden. Den Atem lassen wir immer frei strömen.
Dann leben wir uns in die rechte Fußsohle ein und gleiten mit der Ferse zur Wand vor uns, so daß das rechte Bein langgezogen wird. Nun heben wir es langsam vom Boden ab nach oben, bis es senkrecht ist. Das linke Bein bleibt entspannt auf dem Boden liegen. Nun dehnen wir die rechte Ferse nach oben, strahlen mit der Fußsohle wie mit einer Leuchte zur Decke und lösen dann die Spannung wieder. Immer wieder die Ferse abwechselnd nach oben dehnen – und die Spannung lösen. Diese Bewegung wirkt sich günstig auf die Venen aus.
Dann senken wir langsam das Bein und legen es neben das linke. Vergleichen wir: Welches Bein ist uns bewußter? Welches ist wärmer? Welches empfinden wir größer?
Um einen Ausgleich zu schaffen, leben wir uns in die linke Fußsohle ein und gleiten mit der linken Ferse zur Wand vor uns, bis das linke Bein lang gedehnt ist.
Während wir es langsam heben, strahlen wir mit der Fußsohle zur Wand vor uns und ziehen in unserer Vorstellung eine Lichtspur nach oben, bis die Fußsohle zur Decke strahlt. Dann spüren wir mit der linken Ferse immer wieder zur Decke und lösen zwischendurch die Spannung. Erspüren wir die Dehnung und Lösung im linken Bein. Dann senken wir es langsam und erspüren die Wirkung nicht nur in den Beinen, sondern auch im ganzen Leib, im Rücken und in der Atmung. Diese Übung regt die vitalen Lebensströme an.
Legen wir unsere Hände auf den Bauch, und erspüren wir unsere Atembewegung. Hat sich unsere Atmung vertieft? Geben wir dem Atem alle Freiheit, und lassen wir ihn kommen und gehen, wie er will, wie es ihm gefällt.

14. Entspannung im Liegen

Nun fällt es vermutlich nicht schwer, sich dem Boden anzuvertrauen und sich vom Boden tragen zu lassen. Wir schließen die Augen und leben uns in unseren Körper ein. Fühlen wir uns wohl? Und sind wir ganz in uns zu Hause? Sind wir von Wärme durchströmt? Sind wir ruhig geworden? Wenn Gedanken oder Gefühle diese Ruhe stören, schauen wir sie nur innerlich an und lassen sie mit dem

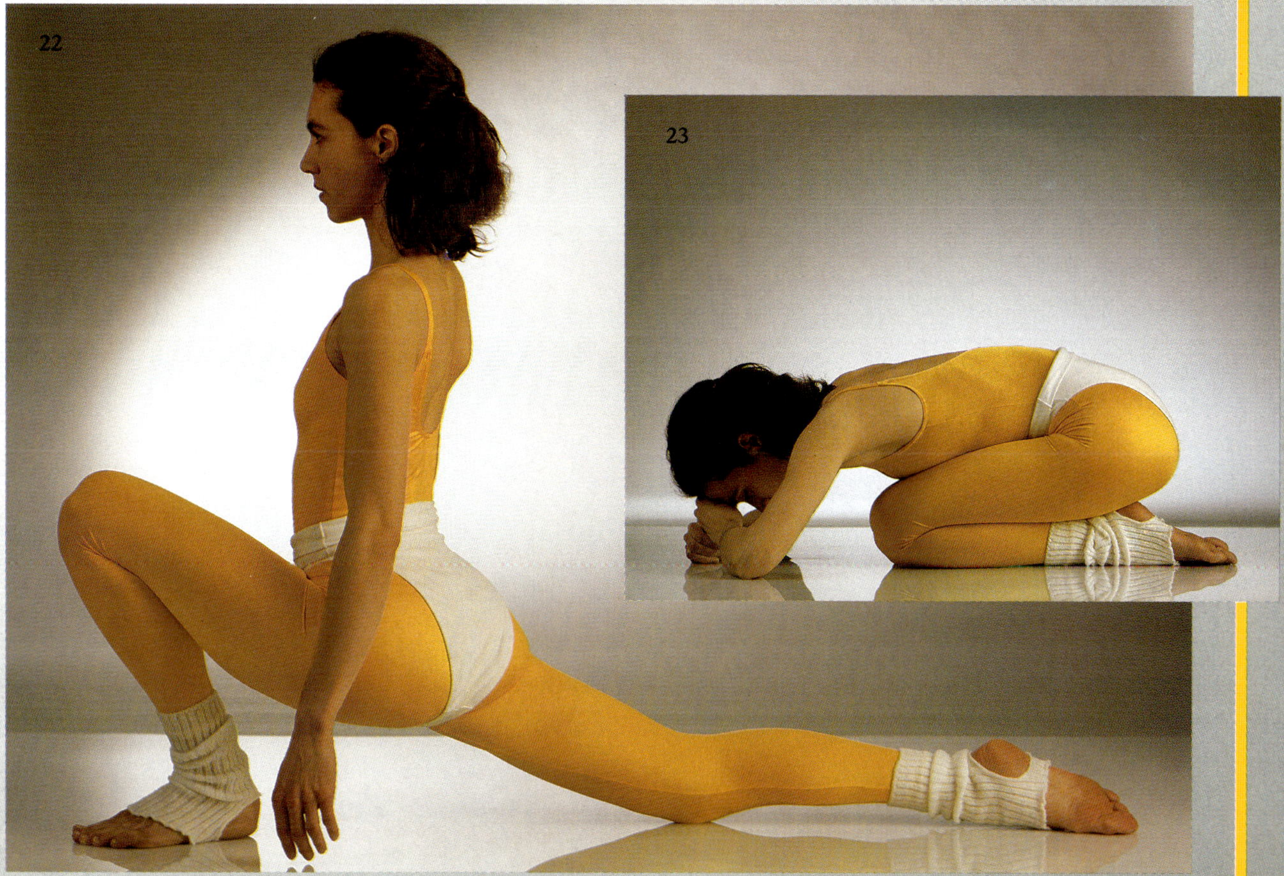
22

23

nächsten Ausatmen los. Immer wieder loslassen!
Damit uns das noch besser gelingt, denken wir bei jedem Einatmen »los-« und bei jedem Ausatmen »-lassen«, so daß wir mit jedem Atemzug »los-lassen« denken, fühlen und erleben.
Wird dabei der Atem ruhig, und spüren wir diese Ruhe im ganzen Körper? Werden auch die Nerven beruhigt? Geben wir der heilenden Kraft der Ruhe in unserem Bewußtsein Raum, und lassen wir uns von ihr bis in jede Körperzelle hinein erfüllen. Wird dabei auch unser Fühlen und Denken ruhig und harmonisch? Bleiben wir in dieser Ruhe gegenwärtig, solange es uns möglich ist.
Wenn wir die Entspannung beenden wollen, erfühlen wir zuerst den Boden. Dann erspüren wir unsere Atembewegung im Beckenraum. Vertiefen wir einige Male die Ausatmung, bis ein tiefes Aufatmen entsteht. Dazu dehnen wir die Fersen nach vorne, nehmen die Arme über den Kopf und räkeln uns, bis wir tief gähnen können. Dann erst setzen wir uns langsam von rechts her auf, nehmen die Umwelt wahr und stellen uns bewußt positiv auf die Menschen und Aufgaben ein, die uns erwarten.

Übungsprogramm II

1. Einseitiges Dehnen

Wir legen uns auf den Rücken, entweder die Beine an der Wand abgestützt oder flach auf den Boden. Wir dehnen uns zuerst durch, und zwar einseitig, also nur die rechte Seite von der Ferse bis in die Fingerspitzen der rechten Hand hinein. Dazu heben wir den rechten Arm nach oben und über den Kopf bis zum Boden. Erspüren wir, wie der Körper den Dehnreiz aufnimmt und die zuerst willentliche Dehnung als körpereigenen Impuls weiterführt und vertieft! Wenn es genug ist, lösen wir die Spannung und lassen ein freies, gelöstes Aufatmen zu.
Wenn es noch nicht zu einem natürlichen, körpereigenen Dehnimpuls kam, nochmals mit der rechten Ferse nach vorne spüren und mit den Fingerspitzen der rechten Hand zur Wand hinter sich spüren und dehnen, während die linke Körperseite passiv bleibt. Dann lösen wir wieder die Spannung und legen den Arm seitlich auf den Boden. Nun vergleichen wir die rechte Körperseite mit der linken. Spüren wir einen Unterschied?
Um einen Ausgleich zu schaffen, dehnen wir uns ebenso mit der linken Körperseite. Immer länger dehnen, bis der Körper den Dehnreiz übernimmt und sich die Dehnung auf natürliche Weise vertieft.
Dann entspannen wir uns wieder. Reagiert unser Körper bereits mit einem freien Aufatmen oder sogar mit einem tiefen Gähnen? Andernfalls dehnen wir uns nochmals mit der linken Körperseite, während die rechte passiv bleibt. Dann lösen wir die Spannung und sind bereit, für ein tiefes Aufatmen oder Gähnen.

2. Augenübung

Wir liegen immer noch auf dem Boden. Für die folgende Augenübung nehmen wir die Hände ganz zart zusammen, das heißt nur so weit, daß sich die Bällchen der Handfläche berühren. Ähnlich wie beim Reiben führen wir jedoch langsame, kreisende Bewegungen durch, wobei sich die Hände nur ganz wenig berühren. Die Hände erspüren einander in dieser kreisenden Bewegung. Dadurch sensibilisieren wir unsere Handflächen, die wir nun auf die geschlossenen Augen legen, so daß sich die Finger auf der Stirn überkreuzen (24). Vermeiden wir aber, die Augen zu drücken. Wir lassen die Augen locker geschlossen und erspüren mit den Händen die Augen und mit den Augen die Hände. Mit jedem Ausatmen lassen wir aus den Handflächen Wärme und Kraft in die Augen strahlen. Die Einatmung lassen wir immer frei zu in dem Bewußtsein, daß uns der Atem nicht nur

24

Sauerstoff, sondern auch Kraft schenkt. Bei jedem Ausatmen lassen wir die Kraft des Atems durch die Hände in die Augen fließen.
Entspannen wir dabei die Augen immer tiefer, und erleben wir die wohlige Wärme und Dunkelheit in den Augen und um die Augen. Entspannen wir auch die Arme und Hände, soweit dies möglich ist. Diese Übung löst Verspannungen in der Augenmuskulatur, ist wohltuend für die Augen und hilft, die Sehkraft zu erhalten. Wir lassen die Augen noch geschlossen, wenn wir nun langsam die Hände von den Augen nehmen. Wir legen sie seitlich auf den Boden und entspannen Arme und Hände. Wir bleiben in die Augen eingefühlt mit der Vorstellung, daß sie sich so entspannen, als ob sie immer tiefer in den Kopf einsinken würden.
Wir entspannen dabei das Gesicht, lassen den Unterkiefer locker hängen und die Zunge in die Schale des Unterkiefers sinken. Sind wir auch im Nakken entspannt? Gleiten wir mit dem Hinterkopf ein wenig zur Wand hinter uns, so daß der Nacken etwas gedehnt wird.
Nun lassen wir mit jedem Ausatmen Fehlspannungen, Belastungen oder Unruhe los und geben sie an den Boden und durch ihn an die Erde ab.
Wenn wir spüren, daß wir für weitere Übungen bereit sind, atmen wir einige Male etwas tiefer aus, bis ein freies Aufatmen oder Gähnen kommt. Dazu

nehmen wir die Arme über den Kopf, dehnen und räkeln uns, damit alle Müdigkeit von uns abfällt.
Dann setzen wir uns von rechts her auf und sitzen gerade.

3. Sitzübungen und passive Dehnübungen

Wenn uns die folgenden passiven Dehnübungen zunächst schwerfallen, setzen wir uns auf ein kleines, festes Kissen. Wir sitzen aufrecht im Freien Sitz (siehe S. 65) und drehen den Oberkörper nach rechts. Wir stützen unsere Hände rechts und links vom rechten Knie auf den Boden und geben das Gewicht des Oberkörpers an die Hände ab. Nun beugen wir langsam die Arme, so daß der Oberkörper zum rechten Oberschenkel sinkt. An der Dehngrenze lassen wir mit dem Ausatmen Spannungen los, bis die Arme noch ein wenig nachgeben können (25). Erspüren wir die starke Dehnung in der linken Körperseite und die Pressung in der rechten. Die Atmung beeinflussen wir nicht. Dann strecken wir langsam die Arme, wodurch unser Oberkörper aufgerichtet wird. Wir drehen uns zur Mitte, sitzen gerade und vergleichen beide Körperseiten miteinander.
Dann drehen wir uns nach links, stützen uns links und rechts vom linken Knie ab und geben in den Armen langsam nach. Während der Oberkörper zum Oberschenkel sinkt, erspüren wir sein Gewicht und die Dehnung in der rechten Körperseite.
Hängt der Kopf locker? Wenn wir die Dehngrenze erreicht haben, üben wir mit dem Ausatmen das Loslassen und Abgeben von Spannungen.
Wenn die Ellenbogen den Boden berühren, können die Hände weiter vom Körper weggleiten, damit der Oberkörper tieferkommt, bis er schließlich auf dem Oberschenkel entspannt liegt und die Stirn den Boden berührt.
Erspüren wir in dieser Dehnlagerung die Atembewegung. Dann stützen Hände und Arme den Oberkörper, bis wir aufgerichtet und gerade sitzen.

Nun vergleichen wir wieder beide Körperseiten und sind bereit für den Nachatem.
Als nächstes stützen wir die Hände vor unseren Unterschenkeln am Boden auf. Wir geben in den Armen langsam nach, so daß der Oberkörper nach vorne sinkt. Rutschen wir mit den Händen weiter nach vorne, jedoch nur so weit, daß unser Gesäß noch in Boden- oder Kissenfühlung ist (26). An der Dehngrenze lassen wir mit jedem Ausatmen Spannungen los. Dann helfen Hände und Arme, den passiv hängenden Oberkörper wieder aufzurichten, bis wir gerade sitzen.
Für das Erspüren der Wirkungen legen wir uns auf den Rücken und entspannen uns.
Üben wir diese Dehnungen auch mit anders eingeschlagenen Beinen und, wenn sie uns gut gelingen, auch als aktive Dehnübungen mit gedehntem Rücken und Nacken (27, 28).
Dann setzen wir uns langsam von rechts her auf oder wie bei der Rückenrolle des ersten Übungsprogrammes (siehe S. 64/65), wobei wir langsam Kopf, Schultern und Oberkörper vom Boden ablösen, bis wir aufrecht sitzen.

26

25

27

28

4. Rückenrollen

Das nun folgende Rückenrollen kann mit aufgestellten Beinen, mit gekreuzten oder mit gestreckten Beinen durchgeführt werden. Wir üben es zunächst in der einfachsten Form, wofür wir die Beine aufstellen und die Finger unter den Knien verschränken. Wir schauen uns immer zuerst um, ob hinter uns ausreichend Platz für das Abrollen ist. Dann nehmen wir den Kopf in Richtung Knie, wodurch der Rükken rund wird. Wir heben die Fußsohlen einige Zentimeter vom Boden ab und balancieren in dieser Haltung (29). Beim Rückenrollen bestimmt die Bewegung der Füße und Unterschenkel das Tempo, und sie helfen durch das Vorschwingen, daß wir wieder hochkommen. Nun führen unsere Fußspitzen die Unterschenkel waagrecht, nach oben und nach hinten, wodurch wir zurückrollen (30). Dann führen die Fußspitzen im Halbkreis wieder nach vorne, so daß wir sitzen. Ebenso rollen wir wieder zurück und vor, immer weiter. Wenn das mühelos gelingt, rollen wir immer ruhiger. Um wahrzunehmen, ob wir wirklich elastisch abrollen, summen wir sowohl beim Zurück- wie beim Vorrollen. Dabei hören wir, ob und bei welchem Abschnitt der Wirbelsäule unsere Stimme unregelmäßig wird. Meistens ist dies beim Abrollen der Lendenwirbelsäule der Fall, die dann noch zu wenig elastisch ist. Dies läßt sich aber durch regelmäßiges Üben beheben. Wenn wir spüren, daß es genug ist, legen wir uns auf den Rücken und erspüren die Wirkung dieser Übung.

30

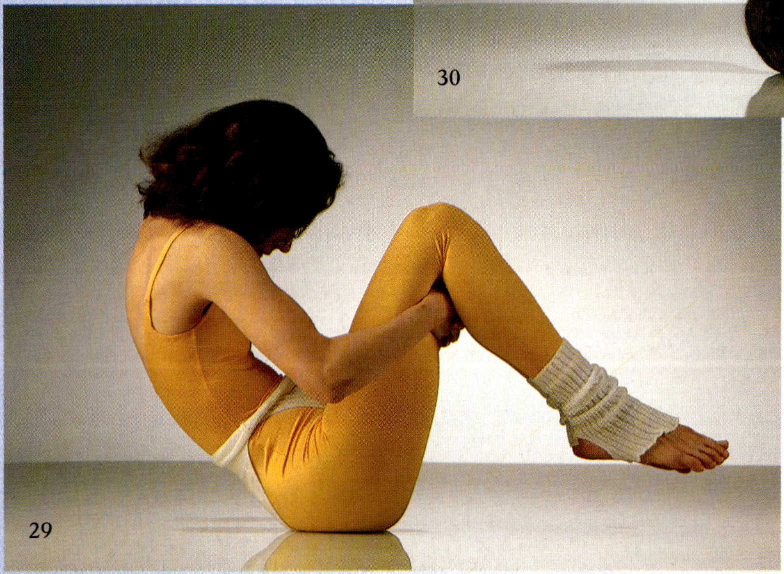
29

Empfinden wir unseren Rücken als warm, ja, ist uns im ganzen warm geworden? Diese Übung regt den Kreislauf an und bringt unsere Kräfte zum Strömen. Spüren wir die verbesserte Durchblutung im ganzen Rücken? Sind wir jetzt entspannter?

5. Knie-Kopf-Übung im Liegen

Vermutlich sind wir jetzt gut vorbereitet für die Knie-Kopf-Haltung. Wenn sie uns schwerfällt, üben wir noch einige Zeit die Hüftübungen des 1. Programmes (siehe S. 63). Wir liegen entspannt, die Arme seitlich am Boden, wo sie während der Übung bleiben. Das linke Bein lassen wir ebenfalls auf dem Boden liegen. Nun leben wir uns in unsere Wirbelsäule ein. Versuchen wir, bewußt in ihr zu sein.

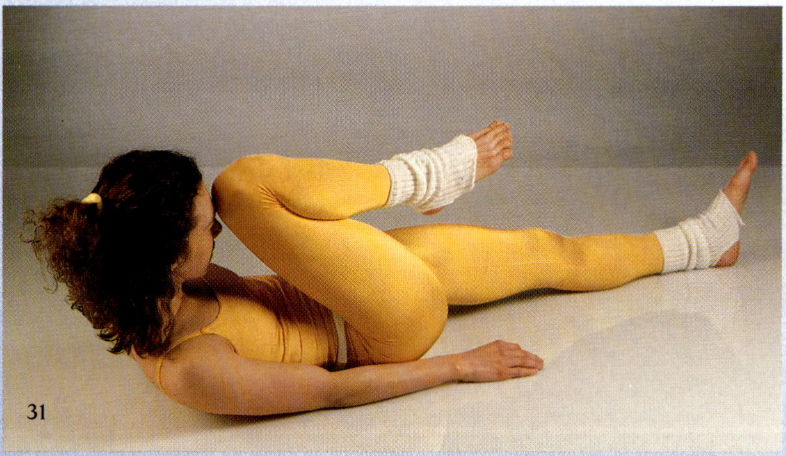
31

Dann erspüren wir die Atembewegung, so daß uns bewußt ist, wenn der Atem kommt und ausströmt. Zu Beginn der nächsten Ausatmung nehmen wir das rechte Knie zur Brust, heben gleichzeitig den Kopf und führen Knie und Stirn so nah wie möglich zusammen (31). Dann nehmen wir Kopf und Bein zum Boden zurück und erleben das Einströmen des Atems.
Wir bleiben liegen und stellen uns vor, daß beim nächsten Mal Knie und Stirn wie ein Magnet zueinandergezogen werden! Wir sehen innerlich, wie dabei die Wirbelsäule eine tragende Schale ist, die diese Berührung von unten und oben ermöglicht.
Nun führen wir diesen inneren Ablauf bewußt körperlich durch: Zu Beginn der nächsten Ausatmung nehmen wir das rechte Knie und die Stirn wie zwei Teile eines Magneten zusammen und erspüren dabei die tragende Form unserer Wirbelsäule.
Dann nehmen wir Kopf und Bein zum Boden zurück und erleben das Einströmen des Atems. Wir entspannen uns und spüren nach.
Wenn wir beide Körperseiten miteinander vergleichen, werden uns sicher einige der heilsamen Wirkungen dieser klassischen Hatha-Yoga-Haltung bewußt.
Nun führen wir diese Übung mit dem linken Bein durch und achten darauf, daß wir im Gesicht, im Hals und in den Schultern und im rechten Bein möglichst entspannt bleiben. Dann kehren wir zum Boden zurück. Wir entspannen uns und spüren nach.
Führen wir die Übung nochmals mit dem linken Knie durch, noch bewußter und entspannter!
Dann vergleichen wir wieder beide Körperseiten miteinander und erspüren die Wirkungen. Sind wir bereit für ein tiefes Aufatmen oder ein befreiendes Gähnen?

6. Sitzen als Bewusstseinshaltung

Nun setzen wir uns von rechts her auf, kreuzen die Beine und richten unser Becken auf, so daß der Oberkörper aufgerichtet wird. Erspüren wir mit den Beinen und mit dem Gesäß den Boden, und lassen wir uns vom Boden tragen (32).

32

Ohne den Bodenkontakt aufzugeben, spüren wir mit dem oberen Teil des Hinterkopfes zur Decke, wobei Rükken und Nacken ein wenig gedehnt werden. Schultern und Arme lassen wir locker hängen, die Hände ruhen auf den Knien. Den Atem lassen wir frei strömen.
Wie fühlen wir uns in dieser Haltung? Sind wir uns fremd, oder sind wir in einem Höchstmaß wir selbst? Sind wir, anstatt unbewußt der Körper bewußt im Körper? Empfinden wir unseren Körper als lebendigen Tempel unseres bewußten Seins, unseres geistigen Ich-Bin.

7. Grosser Atemkreis

Wir stehen ruhig in uns gesammelt für den großen Atemkreis. Wir nehmen die Beine ein wenig auseinander und gehen in die Hocke. Die Arme nehmen wir zwischen die Beine, und die Hände legen wir vor uns flach auf den Boden (33). Dabei entsteht von selbst die Ausatmung.
Dann richten wir uns langsam auf und führen die Hände wieder mit aneinandergelegten Handrücken am Körper entlang nach oben und auseinander. Wir lassen dabei die Einatmung zu, und wenn die Fingerspitzen zur Decke spüren, heben wir die Fersen vom Boden ab und stehen auf den Fußballen (34). Nun führen die Fingerspitzen die Arme im weiten Bogen seitlich nach unten, wobei die Aus-

33

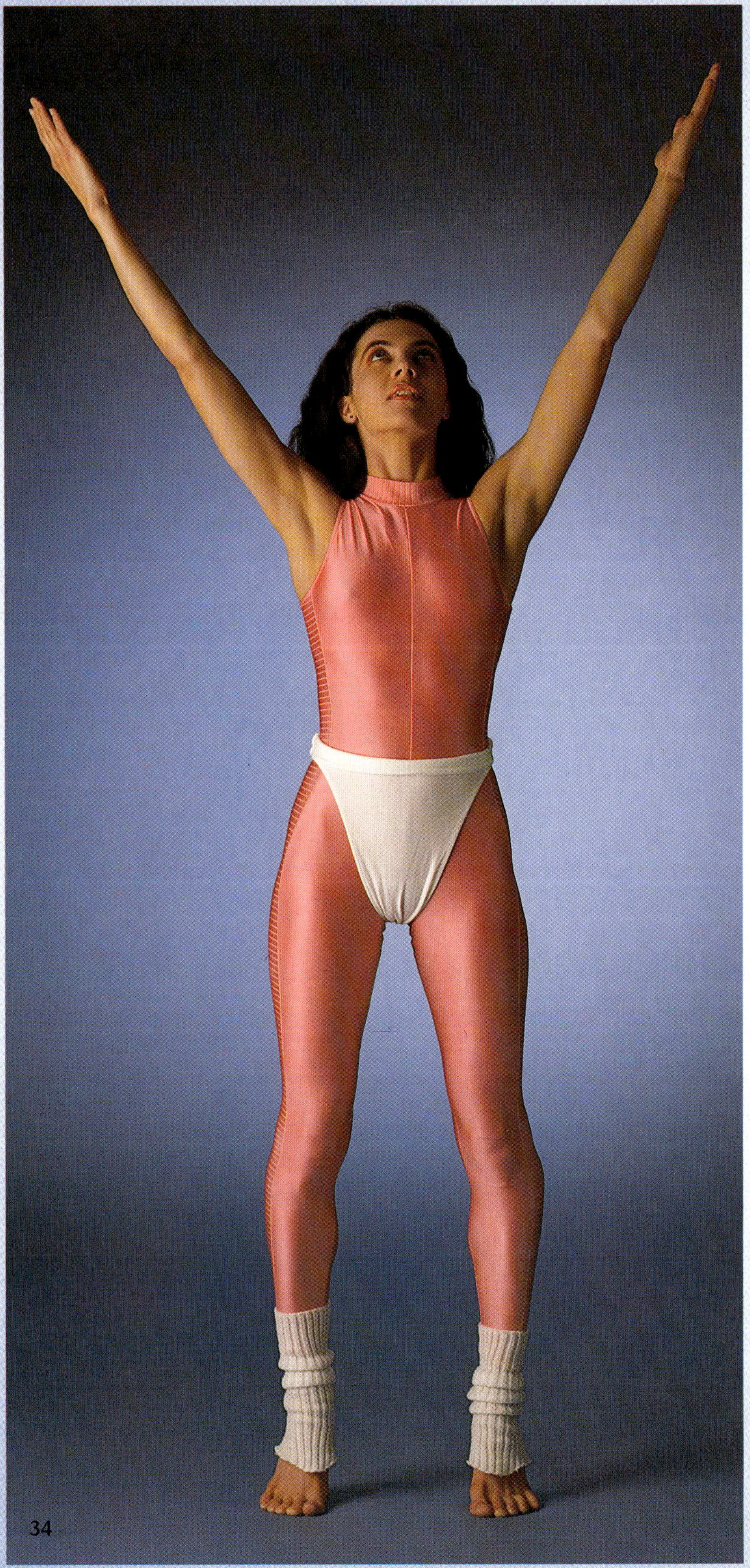

34

atmung entsteht. Wir gehen wieder in die Hocke und legen die Handflächen auf den Boden. In der Hockhaltung lassen wir einige Male eine Zwischenatmung zu. Üben wir weiter – jeder in seinem Rhythmus.
Wir spüren selbst, wenn es richtig ist, daß wir uns zu Beginn der Einatmung wieder langsam aufrichten und dabei die aneinandergelegten Handrücken nach oben führen. Erst wenn sie zur Decke spüren und wir auf dem Fußballen stehen, lösen sich die Fingerkuppen, und die Fingerspitzen führen die Arme mit dem Ausatmen wieder nach unten bis zum Boden. In der Hockhaltung lassen wir so lange eine Zwischenatmung zu, bis wir spüren, daß sich der Atem beruhigt.

8. Schultergelenkübungen im Stehen

Für die Schultergelenkübungen stehen wir mit leicht gespreizten Beinen aufrecht, nehmen die Arme nach oben und stellen die Finger senkrecht auf die Schultern, wo sie während der Übung bleiben. Die Oberarme sind dabei möglichst waagrecht (35). In dieser Haltung lassen wir die Schultern sinken und lösen unnötige Spannungen. Nun nehmen wir die Ellenbogen seitlich und soweit wie möglich zurück und erspüren, wie der Atem einströmt. Dann nehmen wir die Unterarme langsam vor der Brust zusammen und lassen den Atem ausströmen (36). Die Arme wieder seitlich zurücknehmen, den Atem einströmen und sich weiten lassen, beim Zusammenführen der Arme den Atem ruhig ausströmen lassen. Führen wir diese ruhig fließende Bewegung weiter, und erleben wir dabei die vertiefte Atmung, die Weitung des Brustkorbes, die elastischen Schultergelenke und die kräftige Arbeit der Rückenmuskeln. Dann lassen wir die Bewegung zur Ruhe kommen, nehmen die Arme nach unten und erspüren die Wirkung dieser Übung.
Nun nehmen wir die Fingerkuppen wieder auf die Schultern und die Unterarme vor der Brust zusammen. Die Atmung lassen wir frei zu. Die Ellenbogen gehen nun senkrecht nach oben, vor dem Gesicht nehmen wir die Arme etwas auseinander, bis die Ellenbogen zur Decke schauen (37). Dann kreisen die Ellenbogen im weiten Bogen seitlich nach unten, bis sich die Unterarme vor der Brust berühren. Kreisen wir mit den Ellenbogen ebenso weiter, immer vorne hoch und seitlich im großen Bogen nach unten bis vor die Brust. Die Fingerkuppen bleiben auf den Schultern. Erspüren wir dabei die Arbeit der Muskeln und vor allem die Bewegung in den Schultergelenken.
Dann kreisen wir in umgekehrter Richtung. Wir nehmen also zuerst die Ellenbogen seitlich, führen sie im großen Bogen nach oben, bis sie zur Decke schauen und gehen vor dem Gesicht senkrecht nach unten, bis sich die Unterarme vor der Brust berühren. Üben wir in ruhigen, großen Bewegungen weiter, und entspannen wir dabei unser Gesicht, den Hals, den Bauch, das Gesäß und die Beine. Wenn wir diese Bewegungen entspannt durchführen, verbindet sich die Atmung in natürlicher Weise damit. Lassen wir dies zu, und erleben wir dieses harmonische Zusammenspiel von Bewegung und Atmung bewußt. Wenn wir die Arme wieder nach unten nehmen, beenden wir diese Übung, spüren nach und sind bereit für den Nachatem!

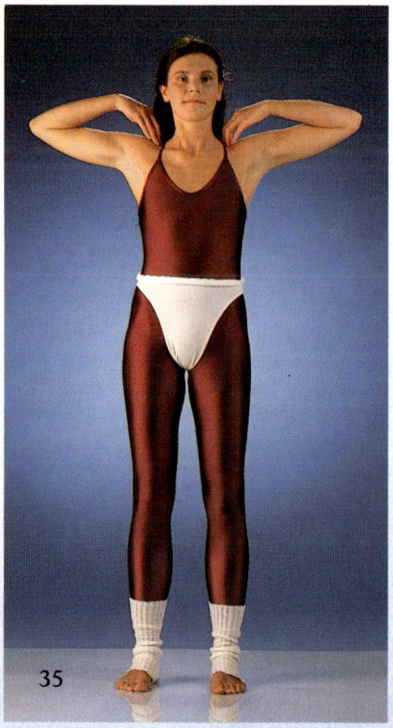
35

36

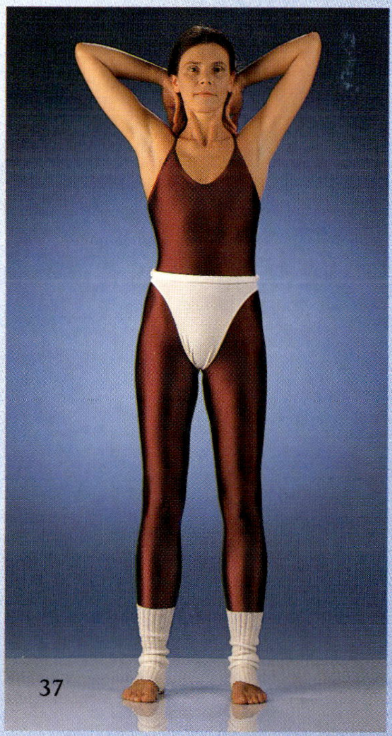
37

9. Dehnübungen im Stehen

Für die Fortsetzung der Übung verschränken wir die Finger hinter dem Gesäß und strecken die Arme so weit nach hinten, wie dies mit geradem Rücken und gedehntem Nacken möglich ist. Mit den gestreckten Armen senken wir den gedehnten Oberkörper, bis er waagrecht ist. Hände und Arme dehnen wir soweit wie möglich nach oben, lassen aber Rücken und Nacken gedehnt (38). Dann richten wir den Oberkörper langsam auf, lösen die Spannung, lassen die Arme seitlich hängen, spüren nach und erwarten ein tiefes Aufatmen.

10. Entspannungshaltung im Stehen

Nun dehnen wir die Rückenmuskeln passiv mit einer Zwischenentspannung im Stehen. Wir lassen den Kopf nach vorne sinken, ebenso die Schultern und Arme. Dann läßt sich der Oberkörper vom Gewicht der Arme und des Kopfes langsam nach unten ziehen, wobei sich der Rücken rundet. Den Atem lassen wir immer frei strömen; die Beine bleiben gestreckt, auch wenn ein leichtes Ziehen entsteht. Wenn der Oberkörper locker hängt, wippen wir elastisch, so daß die Fingerspitzen näher zum Boden kommen oder ihn sogar berühren. Wenn wir sehr elastisch sind oder lange Arme haben, können sogar die Handrücken den Boden berühren (39). Erspüren wir dabei die rhythmische Dehnung in den Beinen und im Rücken.
Dann richten wir langsam das Becken auf, so daß der Oberkörper vom Lendenbereich her hochgezogen wird. Arme, Schultern und Kopf bleiben so lange hängend, bis wir aufrecht stehen. Dann erst spüren wir mit dem Kopf zur Decke, nehmen die Schultern ein wenig nach oben und lassen sie seitlich nach hinten fallen. Wie fühlen wir uns jetzt?

11. Halbmondstellung

Sind wir bereit für die Halbmondstellung und damit für eine seitliche Dehnung, die uns zunächst körperlich, aber im Laufe der Zeit auch seelisch elastischer werden läßt? Wir stehen mit geschlossenen Beinen und erspüren mit den Füßen den Boden.
Dann leben wir uns in die Fingerspitzen beider Hände ein, spüren mit ihnen zum Boden und kehren die Handflächen nach außen. Nun führen die Fingerspitzen die Arme seitlich nach oben, bis sich die Handflächen berühren. Wir spüren zur Decke und deh-

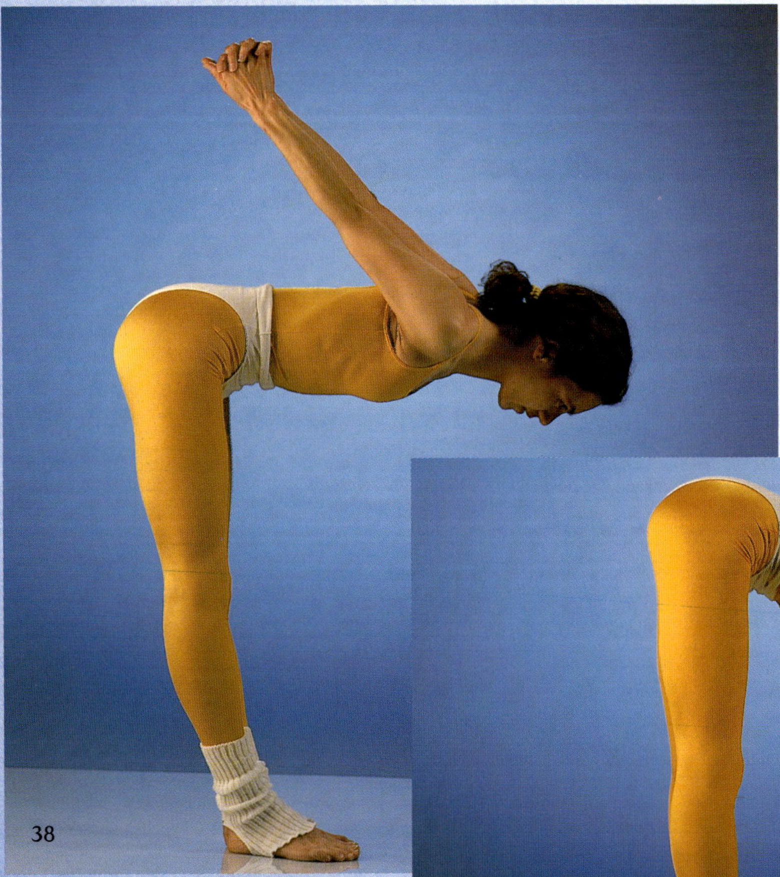
38

39

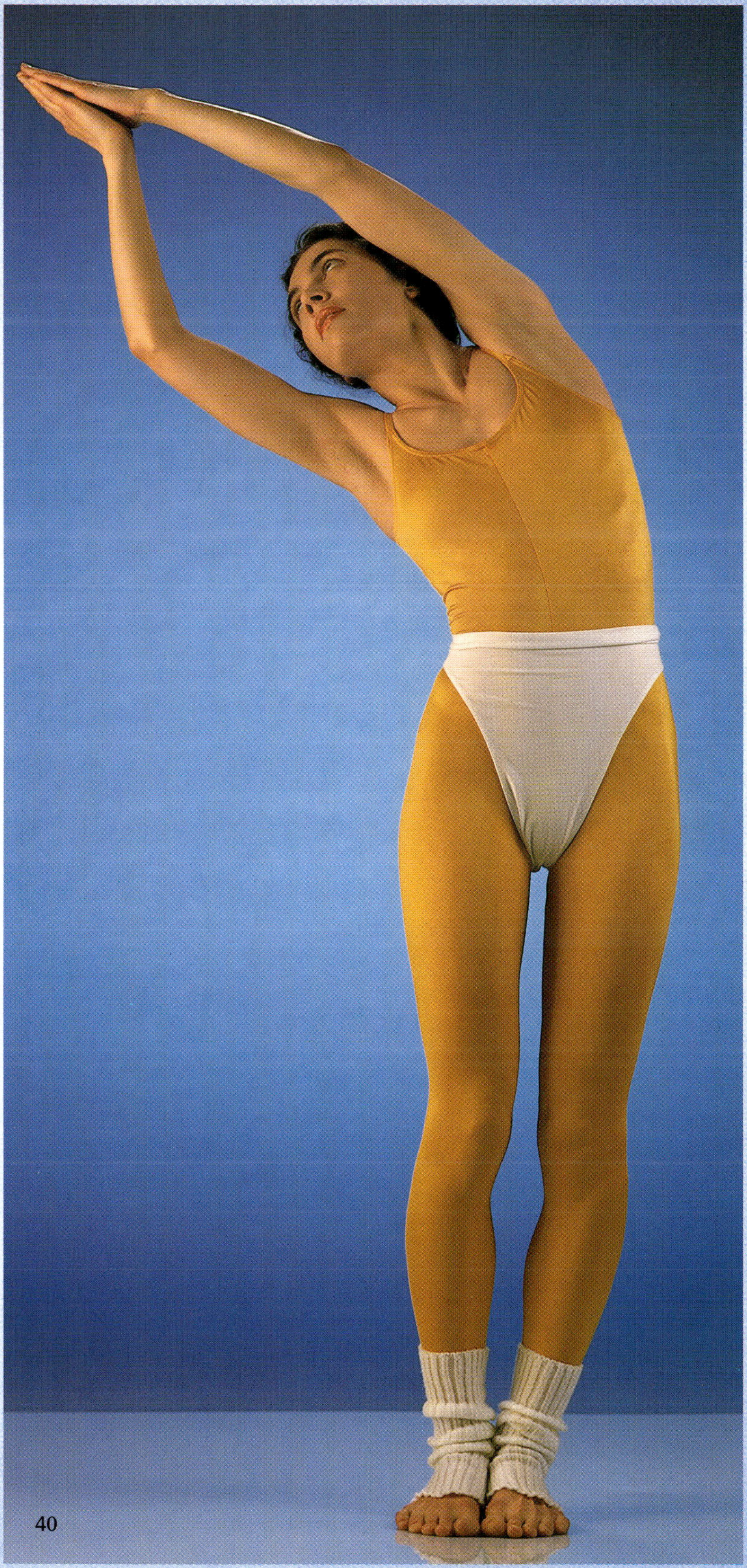

40

nen den Körper nach oben. Die Fingerspitzen führen die gestreckten Arme und den Oberkörper seitlich nach rechts (40). Wir lassen das Gewicht von Armen, Kopf und Schultern wirken, bis wir die Dehngrenze erreichen. Hier lassen wir mit jedem Ausatmen Spannungen los, so daß wir noch ein wenig nachgeben können. In der Endhaltung erspüren wir die Atembewegung vor allem in der gedehnten Körperseite.
Nun führen die Fingerspitzen die gestreckten Arme und den Oberkörper wieder nach oben und spüren zur Decke. Dann nehmen wir die Hände auseinander und die Fingerspitzen führen die Arme, mit den Handflächen nach oben, im weiten Bogen seitlich nach unten.
Wir stehen entspannt und vergleichen die linke Körperseite mit der rechten. Hat sich unsere Atmung vertieft? Ist uns warm geworden? Welche Körperseite ist uns bewußter? Welche empfinden wir heller, lichter und damit lebendiger?
Damit auch unsere rechte Körperseite aktiviert wird, führen wir nun diese Übung nach links durch. Sind wir noch in Bodenfühlung? Vergessen wir nicht, daß die Fingerspitzen immer die Führung übernehmen, und lassen wir die Arme aktiv gedehnt. In der Endhaltung erspüren wir die starke Dehnung in der rechten Körperseite und die Pressung in der linken. Spüren wir mit den Fingerspitzen zur Wand links von uns. Empfinden wir unseren Körper in der Halbmondstellung als elastisch? Geben wir unserem Körper den Ausdruck von Schönheit und Leichtigkeit, wie ihn der Halbmond hat, der am nächtlichen Himmel steht und das Licht der Sonne auf die Erde strahlt!
Dann kehren wir zur Ausgangshaltung zurück und erspüren in der aufrechten, entspannten Haltung die Wirkungen dieser Übung.

41

12. Halbe Kobra mit Drehung im Knien

Dann knien wir für die halbe Kobra, verbunden mit einer Drehung der Wirbelsäule. Wir führen sie zuerst mit dem linken Fuß nach vorne durch, wie wir sie bereits vom 1. Programm kennen (siehe S. 68/69). Wenn wir elastisch zum Boden hin durchsinken, nehmen wir die rechte Hand zurück auf den rechten Oberschenkel, stützen uns mit der linken Hand am linken Knie ab und drehen den Oberkörper nach rechts, wobei die rechte Schulter führt. Wir spüren mit dem Kopf zur Decke, so daß wir aufrecht bleiben, und schauen über die rechte Schulter hinweg zur Wand hinter uns (41). An der Dehngrenze lassen wir mit dem Ausatmen Anspannungen los. Dann kehren wir langsam zur Ausgangsstellung zurück, legen den Kopf auf die übereinandergestellten Fäuste, setzen uns auf die Fersen und entspannen uns (siehe S. 68/69).

Wir bleiben in unseren Körper eingelebt und erspüren, was sich in uns verändert hat. Vergleichen wir beide Körperseiten!

Wenn wir uns ausreichend entspannt haben, führen wir diese Übung ebenso zu linken Seite durch, wofür wir den rechten Fuß nach vorne stellen. Bleibt beim Durchsinken unser Oberkörper aufrecht? Sind bei der Drehung nach links beide Schultern locker, oder können wir sie noch ein wenig sinken lassen? Ist unser Nacken gedehnt? Und empfinden wir uns in der Drehung elastisch? Dann kehren wir zur Ausgangsstellung zurück und entspannen uns. Vermutlich werden uns immer wieder neue Wirkungen bewußt!

13. Yoga-Mudra im Knien

Wir knien aufrecht und setzen uns auf die Fersen für das Yoga-Mudra. Wir legen unsere Hände auf die Oberschenkel. Erspüren wir unseren Atem, und geben wir ihm alle Freiheit. Sind wir uns bewußt, daß wir mit dem Einatmen Kraft bekommen und daß sich diese Lebenskraft beim Ausatmen in uns verströmt und verteilt?

Mit dem nächsten Ausatmen senken wir den Oberkörper und gleiten mit den Händen nach vorne, bis der Kopf am Boden liegt. Das Gesäß bleibt auf den Fersen (42). Wir entspannen uns in dieser Haltung, solange es angenehm ist. Entweder bleiben wir in der Ausatmung oder lassen den Atem frei weiterströmen. Nun zieht der Rücken Schultern, Kopf, Arme und Hände zurück und langsam nach oben, bis wir aufrecht sitzen. Wir richten unser Becken auf und sitzen bewußt gerade. Er-

spüren wir unseren Atem, der uns Lebenskraft schenkt und der uns am Leben erhält!
Dann nochmals mit den Händen voraus den Oberkörper senken. In der Endhaltung vertrauen wir uns ganz dem Boden, der Erde, an. Erleben wir diese Haltung als Symbol der Hingabe, der Hingabe an das Leben, an die Erde.
Nun ziehen wir uns vom Rücken her langsam zurück und hoch, bis wir aufrecht sitzen. Erleben wir uns jetzt bewußt als aufrechtes Wesen: aufrecht, aufgerichtet, aufrichtig!

42

14. Venenübungen im Liegen

Wir legen uns auf den Rücken für die Venenübungen. Wir beugen die Knie und stellen beide Fußsohlen auf den Boden. Für die erste Übung legen wir beide Hände unter das Kreuzbein, so daß es auf unseren Handrücken liegt. Die Knie ziehen wir zur Brust und strecken dann beide Beine nach oben. Arme, Schultern, Hals, Nacken und Gesicht lassen wir entspannt. Wenn wir nun mit den Fersen zur Decke spüren und zwischendurch die Spannung immer wieder lösen, stützen wir die Finger am Boden ab, so daß sich die Handrücken etwas heben (43). Dadurch stützen wir das Becken ab und erleichtern die Dehnung der Fersen nach oben, wobei wir mit den Fußsohlen zur Decke strahlen.
Wir spüren selbst, wann es genug ist; dann senken wir die gebeugten Beine, stellen die Füße auf den Boden und lassen sie nach vorne weggleiten. Hände und Arme legen wir seitlich auf den Boden. Wenn uns diese erste Form der Übung vertraut ist, ziehen wir beide Knie zur Brust und nehmen die Beine ohne die Stütze der Hände nach oben (44). Bleiben wir in Armen und Schultern, Hals, Nacken und Gesicht entspannt! Dann nehmen wir immer wieder die Fersen nach oben, spüren mit den Fußsohlen zur Decke und lösen zwischendurch die Spannung.

43

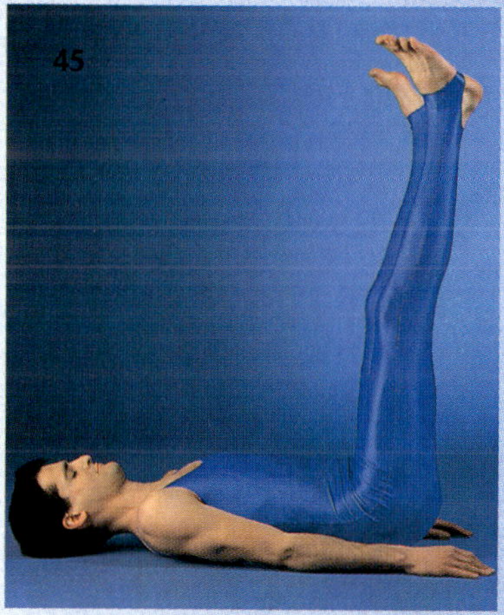
45

44

46

Dann führen wir mit den Füßen ruhige, kreisende Bewegungen durch, zuerst parallel nach rechts, dann in umgekehrter Richtung. Nun nehmen wir die Beine etwas auseinander, damit wir mit den Füßen in Gegenbewegung kreisen können (45). Wenn wir uns dabei wohlfühlen, heben wir die Arme senkrecht und kreisen auch mit den Händen (46).
Dann beugen wir die Knie, stellen die Füße auf den Boden und lassen sie nach vorne weggleiten. Die Arme senken wir. Entspannen wir uns und erspüren wir die Wirkungen dieser Venenübungen.

15. Entspannung im Liegen

Dann erspüren wir in unserer Leibmitte und im Beckenbereich die Atembewegung. Wir geben dem Atem alle Freiheit, lassen ihn kommen und gehen, wie er will.
Wenn wir spüren, daß der Atem kommt, kehren wir die Handflächen wie Schalen nach oben, und wenn wir spüren, daß der Atem ausströmt, drehen wir die Handflächen zum Boden. Die Hände bleiben dabei in Bodenfühlung.
Immer die Hände beim Einatmen öffnen, beim Ausatmen schließen. Beim Einatmen lassen wir die Handflächen zur Decke schauen, und beim Ausatmen zum Boden. Erspüren wir die damit verbundene psychische Wirkung: Öffnet uns die Handbewegung beim Einatmen auch innerlich, und hilft sie uns beim Ausatmen, in uns zu ruhen? Empfangen wir beim Einatmen, und geben wir beim Ausatmen? Empfangen wir mit jedem Einatmen Lebenskraft, und lassen wir uns bei jedem Ausatmen von ihr durchstrahlen. Dann lassen wir die Hände ruhig liegen. Erleben wir uns bewußt im entspannten Körper, der vom Atem belebt und von Kraft durchströmt ist. Erleben wir Ruhe und ihre Wirkung auf Leib, Seele und Geist! Bleiben wir noch solange wie möglich in dieser Ruhe, und genießen wir den entspannten Zustand, um Kraft zu sammeln für eine schöpferische Gestaltung dieses Tages.
Wenn wir die Übung beenden wollen, erspüren wir unsere Atembewegung und vertiefen einige Male die Ausatmung, bis ein tiefes Aufatmen entsteht. Dazu dehnen wir uns durch, bis wir gähnen können. Dann rollen wir nach rechts und spannen den Körper zum Bogen, rollen nach links und spannen den Körper wieder zum Bogen. Zuletzt kehren wir zur Mitte zurück und setzen uns langsam von rechts her auf. Wir nehmen die Umwelt bewußt wahr und stellen uns positiv auf die Menschen und Aufgaben ein, die uns erwarten.
Sollten wir unangenehme Aufgaben vor uns haben, so können wir uns dennoch positiv auf sie einstellen, etwa mit der Frage, was kann ich daraus machen, wenn ich die Angelegenheit mit Freude oder mit Vertrauen angehe. Wie läßt sich die Situation verbessern? Kann ich dabei Menschen helfen? Oder sie zumindest aufmuntern, daß auch sie mehr Freude bekommen?

Übungsprogramm III

1. Rückenrollen

Wir legen uns auf eine Decke auf den Rücken und entspannen uns. Das Rückenrollen regt den Kreislauf an, belebt den ganzen Körper und ist geeignet, Müdigkeit, vor allem Morgenmüdigkeit, zu überwinden. Der ganze Rücken bekommt eine Druckmassage, so daß sich die Morgensteifheit damit leichter überwinden läßt. Durch die Lockerung und die verstärkte Durchblutung der Rückenmuskeln lassen sich Rückenschmerzen, soweit sie durch Verspannungen verursacht sind, beheben. Diese Übung hat sich auch bei zu niedrigem Blutdruck bewährt, während sie bei zu hohem Blutdruck keineswegs schadet, sofern das Abrollen ohne Anstrengung erfolgt. Darüber hinaus wird die Wachheit gefördert und eine bewußtere Körperhaltung erzielt. Beobachten Sie dies nachher beim Sitzen, Gehen und Stehen sowie bei der Arbeit! Doch auch gesunde, vor allem junge Menschen sollten täglich morgens einige Übungen durchführen! Dadurch läßt sich die Bewußtheit heben und die Gesamtverfassung verbessern.

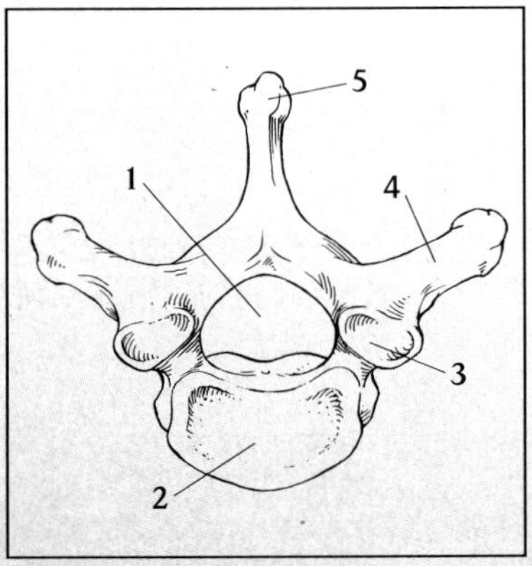

Brustwirbel von oben
1 Rückenmarkskanal
2 Wirbelkörper (Auflagenfläche der Bandscheibe)
3 seitliche Gelenkfläche
4 Querfortsatz
5 Dornfortsatz

Als erstes leben wir uns in unseren Rücken ein und erspüren unsere Wirbelsäule. Können wir sie tatsächlich spüren oder wenigstens erahnen? Daran sehen wir, wie unbewußt uns unser Körper ist! Deshalb vergegenwärtigen wir uns die Dornfortsätze, die bei den meisten Menschen im Bereich der Brust- und Halswirbelsäule unter der Haut sichtbar und ertastbar sind. Wenn wir sie uns nicht vorstellen können, setzen wir uns auf und ertasten sie mit der Hand. Dann legen wir uns wieder auf den Rücken und stellen uns vor, daß wir anstatt im geschlossenen Raum im Freien, in der warmen Sonnenstrahlung, auf der Erde liegen. In unserer Vorstellung verlängern wir die kleinen Knochenenden unserer Wirbelsäule, so daß sie in die Erde hineinreichen. Dabei stellen wir uns vor, daß jeder Dornfortsatz Licht in die Erde einstrahlt.
Nun ziehen wir das rechte Knie an und umfassen es, damit es uns mit einem leichten Schwung hochziehen kann.
Vor Beginn des Rückenrollens sollten wir immer schauen, ob hinter uns genügend Platz zum Abrollen vorhanden ist, damit wir nicht anstoßen.
Wir setzen uns auf den vorderen Rand der Decke und stellen die Beine auf.

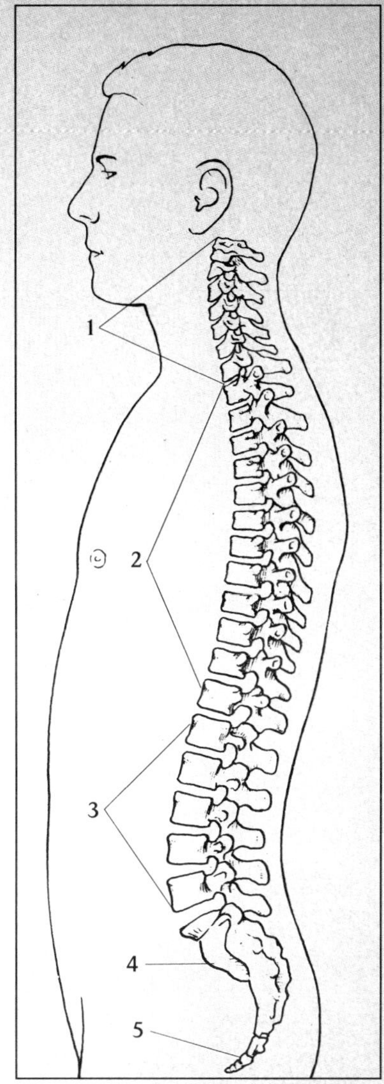

Wirbelsäule
1 Halswirbel
2 Brustwirbel
3 Lendenwirbel
4 Kreuzbein
5 Steißbein

Die Hände nehmen wir unter die Knie und verschränken die Finger. Zuerst sitzen wir mit geradem Rücken und erspüren die Wirbelsäule. Dann üben wir das Rückenrollen, wie wir es bereits aus dem vorhergehenden Programm kennen (siehe S. 64/65). Erspüren wir dabei die Massage im Rükken und das langsame Abrollen der Wirbel. Rollen wir so langsam und bewußt wie möglich!
Leben wir uns in die Wirbelsäule ein, und erspüren wir, wie die Dornfortsätze wie ein Stempel den Boden berühren. Stellen wir uns vor, daß jeder Wirbel eine Lichtspur in der Erde hinterläßt, wenn er über den Boden rollt. Dann beenden wir die Übung langsam und legen uns auf den Rücken. Erspüren wir die Wirkung dieser Übung, und entspannen wir uns. Vermutlich kommt ein tiefes Aufatmen oder Gähnen, das wir genüßlich zulassen!
Sicher ist uns warm geworden und wir empfinden den Rücken angenehm durchblutet. Ist uns dabei die Wirbelsäule bewußter geworden?
Erspüren wir die Reaktion unseres Organismus, damit wir beim nächsten Mal wissen, ob wir behutsamer oder intensiver üben sollen. Das Wohlbefinden während und nach jeder Übung zeigt, ob wir richtig üben.

2. Lockerungsübung

Wir stellen nun die Füße auf und nehmen sie etwa 30 Zentimeter auseinander. Die Knie stützen wir aneinander, damit wir zuerst die Beine entspannen können. Die Arme beugen wir und legen die Handflächen unter den Kopf (47). Wir leben uns in die Fußsohlen ein und erspüren damit den Boden. Wir stellen uns vor, daß die Füße durch den Boden hindurch in die Erde hineinwachsen und sich in der Erde verwurzeln.
Nun legen wir die Arme mit den Handflächen nach unten neben den Körper. In unserer Vorstellung lassen wir die Füße und die Unterschenkel noch tiefer in die Erde eindringen; dabei stützen wir uns langsam ab, so daß das Gesäß ein wenig vom Boden abgehoben wird. Erspüren wir, ob dabei die Lendenwirbelsäule flach auf dem Boden liegt. Die Knie gehen dabei etwas auseinander, und wir bleiben so abgestützt, um zu spüren, wie flach die Lendenwirbelsäule auf dem Boden liegen kann, so daß wir das Gefühl bekommen, daß sie weich »durchhängt«. Die Atmung lassen wir immer frei strömen und kümmern uns weiter nicht um sie. Wir verstärken allmählich das Abstützen der Beine. Die Lendenwirbelsäule wird dadurch langsam vom Boden abgehoben und hochgezogen. Ebenso der untere Teil der Brustwirbelsäule, so daß Gesäß, Lenden- und die untere Brustwirbelsäule etwas über dem Boden hängen (48).
In dieser Hängehaltung schütteln wir nun das Becken behutsam zum Boden hin durch. Wir führen ganz kleine, lockere Schüttelbewegungen durch, wobei die Lendenwirbelsäule immer wieder in Bodennähe kommt. Wir können das Becken auch seitlich etwas hin- und herbewegen, damit auch die Brust- und Halswirbelsäule durchbewegt wird, wobei der Kopf wie bisher auf dem Boden bleibt. Dann schütteln wir wieder das Becken in kleinen Bewegungen zum Boden hin durch, wobei unsere Lendenwirbelsäule locker durchschwingt.
Abschließend geben wir langsam in den Beinen nach und ertasten, wie ein Wirbel nach dem anderen den Boden berührt und schließlich die Lendenwirbelsäule wieder auf dem Boden liegt. Zuletzt kommt das Kreuzbein in engen Kontakt zum Boden, und der ganze Rücken und das Becken entspannen sich, wenn sie spüren, daß sie wieder vom Boden getragen werden. Dabei entsteht meistens ein freies, tiefes Aufatmen.
Die Füße lassen wir nach vorne weggleiten, als ob wir Roll- oder Schlittschuhe an den Füßen hätten. Wir bleiben entspannt liegen und geben unserem Körper Gelegenheit zum Erleben von Ruhe. Dabei erspüren wir die Wirkung dieser einfachen Übung.

3. Rückenrollen mit gestreckten Beinen

Nun führen wir das Rückenrollen mit gestreckten Beinen durch, wobei das Abrollen noch langsamer und kontrollierter gelingt. Wir setzen uns langsam auf und legen die Beine ausgestreckt auf den Boden. Die Hände legen wir neben den Hüftgelenken auf den Boden. Wir sitzen gerade und erspüren den Rücken und die Wirbelsäule. Dann neh-

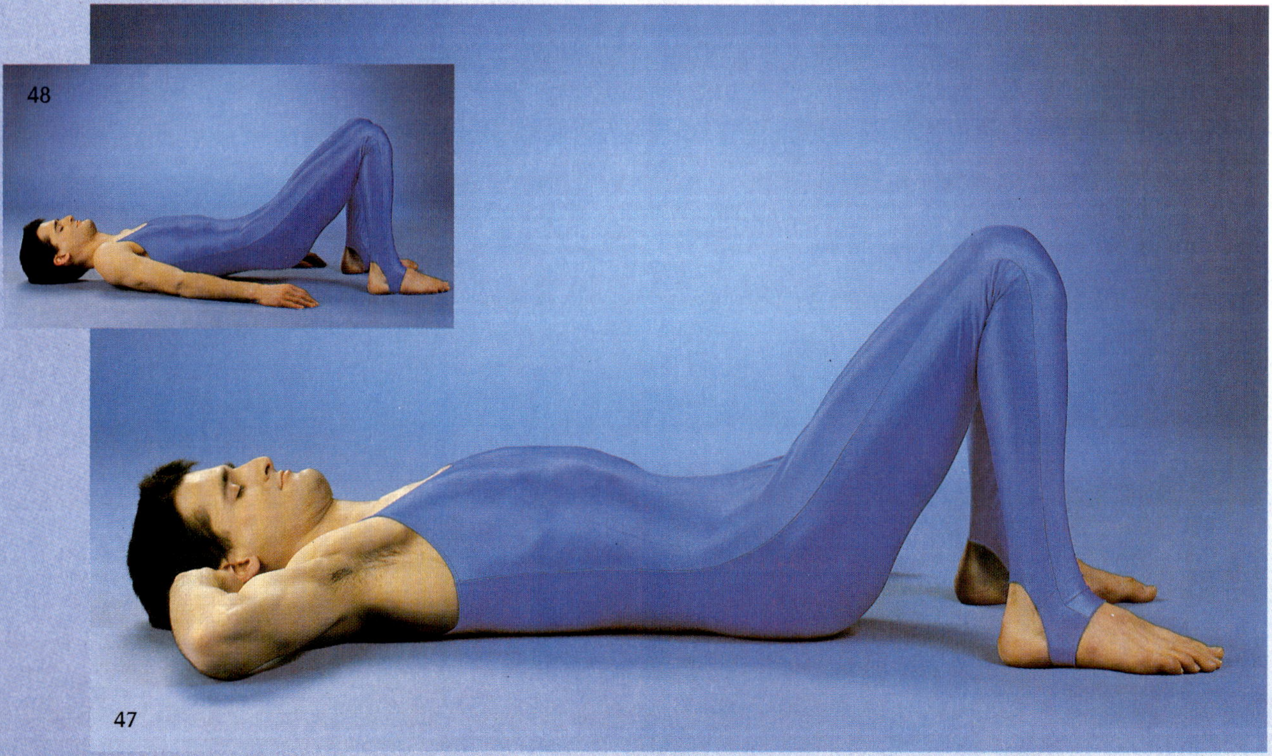
48

47

men wir den Kopf etwas nach vorne und lassen den Rücken rund werden (49). Wir schubsen uns mit dem rechten Bein ein wenig ab und lassen uns langsam nach hinten rollen, wobei die Beine im großen Bogen nach hinten zum Boden schwingen (50). Beim Vorrollen kommen die Beine wieder langsam nach oben und nach vorne zum Boden, wobei sie den Oberkörper mitnehmen, so daß wir wieder sitzen. So lassen wir uns immer wieder zurück- und vorrollen, jedoch so ruhig und entspannt wie möglich. Das Tempo des Rollens bestimmen wir durch die Bewegung der Beine, wobei wir uns den Halbkreis, den die Fußspitzen beschreiben, bewußtmachen. Je ruhiger das Zurück- und Vorrollen wird, um so eher wird uns bewußt, wie Wirbel um Wirbel abrollt, wie eine große Kette, deren einzelne Glieder vom Boden weggenommen und wieder zurückgelassen werden. Vergegenwärtigen wir uns die Lichtspur, die unsere Wirbelsäule jedesmal hinterläßt!

Dann beenden wir die Bewegung und entspannen uns im Liegen. Wir lassen ein freies Aufatmen zu und erspüren die Wirkung dieser Übung.

4. Bogenübung

Die Bogenhaltung dient sowohl der Kräftigung als auch der Entspannung des Rückens. Am Morgen nach langem Liegen sowie für Menschen mit Rückenbeschwerden kann diese Übung Erleichterung bringen. Sie sollte jedoch nicht im weichen Bett, sondern auf dem festen Boden und ohne Kissen unter dem Kopf durchgeführt werden. Im Bett würden wir die Halswirbelsäule gefährden. Diese Übung kann auch gegen zu niedrigen Blutdruck eingesetzt werden, ohne bei zu hohem Blutdruck zu belasten. Im letzteren Fall sollte sie nicht zu intensiv durchgeführt werden.

Wir stellen nun die Füße auf und lehnen die Knie aneinander. Dann leben wir uns in die Fußsohlen ein und erspüren damit den Boden. Die Arme liegen – Handflächen nach unten – neben dem Körper. Spüren wir durch den Boden hindurch in die Erde hinein, so daß wir empfinden: Die Erde trägt uns!

Dann stützen wir die Füße ab, so daß Gesäß, Kreuzbein und Lendenwirbelsäule langsam abgehoben werden. Wir stützen uns noch stärker ab, damit auch die Brustwirbelsäule Wirbel um Wirbel abgehoben wird, bis wir nur noch mit Füßen, Armen, Schultern und Kopf den Boden berühren, während Beine und Rücken einen hohen Bogen bilden (51). Die Atmung lassen wir frei zu und spüren mit dem Bauch und Brustkorb zur Decke, so daß der Bogen »gespannt« wird.

Dann lassen wir die Spannung langsam nach und erspüren, wie die Brustwirbel, einer nach dem anderen, den Boden berühren. Ebenso die Lendenwirbelsäule, so, als ob die Glieder einer großen Kette langsam auf den Boden kämen. Zuletzt kommt das Kreuzbein in Bodenfühlung, und wir

49

50

51

übergeben das Gewicht des Rückens und Beckens vertrauensvoll dem Boden. Die Füße lassen wir nach vorne weggleiten, so daß wir wieder entspannt liegen.
Nun kommt sicher ein tiefes, befreiendes Aufatmen! Wir bleiben entspannt liegen und genießen die Wirkung dieser Übung.

5. Andreaskreuz

Als nächstes lernen wir das Andreaskreuz kennen. Es eignet sich besonders für aktive Dehnungen. Durch das Über-sich-Hinausspüren werden vitale Ströme aktiviert, und die Lebenskräfte kommen in Fluß. Durch diese Übung werden die Wirbelsäule, die Muskulatur des ganzen Körpers sowie der Kreislauf aktiviert. Die Dehnungen regen den Stoffwechsel an, wirken aber gleichzeitig lösend und damit entspannend.
Wir nehmen die ausgestreckten Beine soweit wie möglich auseinander und lassen sie entspannt liegen. Dann nehmen wir die Arme am Boden entlang schräg nach oben, so daß eine Linie vom rechten Fuß zur linken Hand und vom linken Fuß zur rechten Hand entsteht – wie zwei Balken, die diagonal übereinandergelegt wurden (52). So bleiben wir nun passiv gedehnt liegen und entspannen uns in dieser Lage. Den Atem lassen wir frei strömen.
Wenn die Arme noch nicht ganz auf dem Boden liegen, weil die Schultergelenke noch nicht elastisch genug sind, dann lassen wir sie über dem Boden hängen. Durch den Zug des Eigengewichtes kommen sie im Laufe der Zeit immer näher zum Boden, bis sie schließlich entspannt auf dem Boden liegen. Haben wir Geduld mit unserem Körper!
Nun spüren wir mit beiden Fersen nach vorne, so daß die Fußspitzen aufgerichtet und die Beine gedehnt werden. Dann entspannen wir beide Beine wieder. Anschließend spüren wir mit den Fingerspitzen beider Hände zu den Ecken der Wand hinter uns, wobei die Arme gedehnt werden. Und wieder entspannen.
Nun leben wir uns in den rechten Fuß ein und erspüren unsere Fußsohle. Wir nehmen die rechte Ferse soweit wie möglich nach vorne, wobei sich die Fußspitze wieder aufstellt. In unserer Vorstellung lassen wir das rechte Bein immer länger werden, als ob es die Wand vor uns berühren könnte. Dazu dehnen wir den linken Arm und verlängern ihn in unserer Vorstellung bis in die Ecke links hinter uns, bis zur Dehngrenze (53). Wir spüren über die Fingerspitzen hinaus und vergegenwärtigen uns die Achse, die jetzt diagonal durch unseren Körper geht, also vom rechten Fuß zur linken Hand. Dann lassen wir langsam nach und entspannen uns, ohne die Haltung im Andreaskreuz aufzugeben.
Erspüren wir die Wirkung dieser aktiven Dehnung! Sicher hat sich die Atmung wesentlich vertieft! Wir warten den Nachatem ab und lassen ein Gähnen zu, wenn es sich einstellt. Dies ist ein gutes Zeichen dafür, daß der Dehnreiz im vegetativen Nervensystem angekommen ist und von dort her durch das Aufatmen oder Gähnen beantwortet wird; das bedeutet immer

52

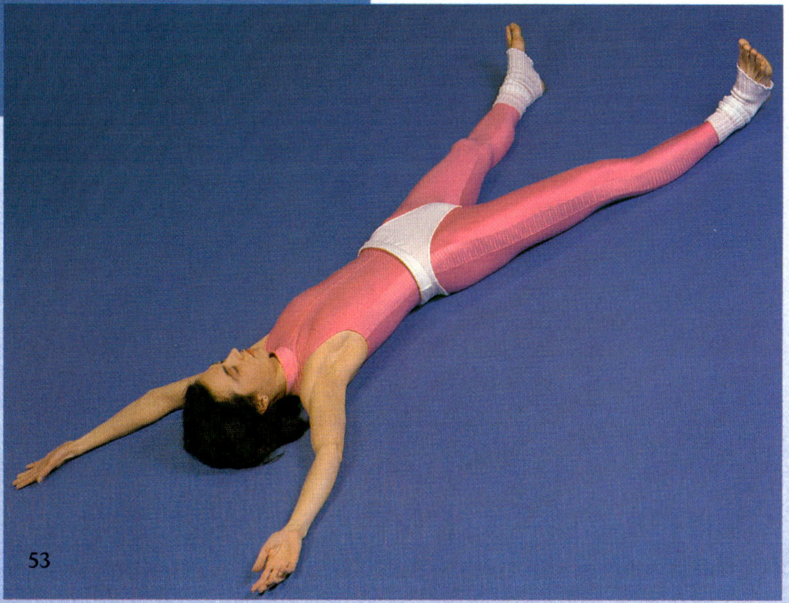

53

54

auch eine Regeneration des Körpers. Als nächstes spüren wir mit der linken Ferse zur Wand vor uns, so daß die Zehenspitzen nach oben schauen und das linke Bein aktiv gedehnt wird. Wir stellen uns vor, daß wir mit der linken Fußsohle immer näher zur Wand kommen. Dazu versuchen wir mit den Fingerspitzen der rechten Hand zur Wandecke hinter uns zu kommen, wobei der rechte Arm immer länger wird. Entsteht durch die aktive Dehnung eine vertiefte Atmung? Ist uns dabei der Balken des Andreaskreuzes vom linken Bein zum rechten Arm bewußt?

Dann lösen wir langsam die Dehnung und entspannen uns. Wir nehmen die Beine zusammen und legen die Arme neben den Körper. Kommt nun wieder ein tiefes, befreiendes Aufatmen oder Gähnen?

Wenn uns warm geworden ist, so beweist das, daß der Kreislauf angeregt wurde und damit eine bessere Durchblutung erfolgt. Die Anregung des Blutstromes bedeutet aber auch eine bessere Reinigung des Organismus. Sind wir jetzt wacher als vor der Übung? Hat sich die Atmung vertieft? Können wir den Pulsschlag wahrnehmen? Ist mehr Leben in uns?

Wenn die Schulter- oder die Hüftgelenke ziehen oder schmerzen, üben wir beim nächsten Mal behutsamer und einfühlsamer, damit wir die Dehngrenze besser wahrnehmen können und sie nicht mehr überschreiten. Für unsere Gelenke können wir eine kleine Zwischenübung durchführen. Dazu legen wir unsere Hände entweder auf die Hüftgelenke oder auf die Schultergelenke. Letzteres ist möglich, wenn wir die rechte Hand auf die linke Schulter und die linke Hand auf die rechte Schulter legen. Wir erspüren mit den Händen die Gelenke und mit den Gelenken die Wärme der Hände.

Bei jedem Ausatmen lassen wir die Wärme der Hände in die Gelenke einströmen, damit die Gelenke erwärmt und durchstrahlt werden. Mit unseren Gelenken nehmen wir die angenehme Wärme, die von den Händen kommt, auf. Im allgemeinen vergehen dann in kurzer Zeit Schmerzen. Diese Übung kann eine Hilfe sein, wenn Gelenkschmerzen auftreten, denn Wärme bekommt den Gelenken immer gut! Bei anhaltenden oder starken Schmerzen ist ein Arzt zuständig.

Zur Fortsetzung der Übung des Andreaskreuzes nehmen wir nun die Beine wieder soweit wie möglich auseinander und lassen sie entspannt liegen. Die Arme legen wir schräg zur

55

Wand hinter uns auf den Boden. Diesmal jedoch winkeln wir beide Hände ab dem Handgelenk so ab, daß die Hände mit den Fingerspitzen aufgerichtet sind und zur Decke schauen. In dieser Haltung dehnen wir nun gleichzeitig Arme und Beine, diese mit aufgestellten Fußspitzen und den Fersen voraus, bis zur Dehngrenze auseinander (54). Auch hierbei erspüren wir wieder die diagonalen Achsen. Dann lassen wir langsam die Spannung nach, entspannen uns und sind bereit für ein tiefes Nachatmen.

Für die letzte Dehnung – die Fußspitzen sind aufgestellt, die Fersen voraus – stellen wir nun die Fingerspitzen auf den Boden, wobei die Arme etwas

vom Boden abgehoben werden und die Handwurzeln zur Decke schauen. Die Handflächen sind der Wand hinter uns zugewandt (55). Nun dehnen wir wieder gleichzeitig Beine und Arme und spüren dabei über die Fußsohlen und Handflächen hinaus in den Raum hinein!
Erspüren wir jetzt die beiden Balken und die vertiefte Atmung! Dann geben wir langsam nach, nehmen die Beine zusammen und legen die Arme neben den Körper.
Wir lassen den Nachatem zu, entspannen uns und erspüren die Wirkung dieser aktiven Dehnung, bis die Atmung wieder ruhig wird. Wenn diese Übungen bereits mühelos gelingen, können wir ein kleines Kissen unter die Brustwirbelsäule legen, etwa in Höhe des Herzens, und damit die aktiven Dehnungen durchführen. Dadurch erzielen wir eine erhöhte Elastizität der Brustwirbelsäule, wobei dem Rundrücken entgegengewirkt wird.

6. Krokodilübungen I

Es folgen einige Drehübungen für die Wirbelsäule. Sie werden Krokodilübungen genannt, weil diese Tiere eine sehr kräftige Wirbelsäule haben. Die Übungen haben viele wertvolle Wirkungen, so z. B. auch auf das Nervensystem und die inneren Organe, die über die jeweiligen Nerven, die aus der Wirbelsäule austreten, angesprochen werden. Der Kreislauf wird angeregt, und Haltungsfehler lassen sich immer besser ausgleichen. Die Krokodilübungen fördern die Durchblutung des Kopfes und helfen, Müdigkeit zu überwinden.
Die Durchführung der Drehübungen erfolgt jeweils in drei Phasen: *Die erste* dient dem Kennenlernen des Übungsablaufes und dem Erspüren der Dehngrenze. In der Endhaltung bleiben wir passiv gedehnt liegen und entspannen uns jeweils. Wenn Spannungen spürbar sind, lassen wir sie mit dem Ausatmen los. *Die zweite Phase* dient der Bewegung, die ruhig fließend nach beiden Seiten einige Male wiederholt werden sollte. *In der dritten Phase* wird jeweils in der Endhaltung eine aktive Dehnung durchgeführt.
Nun breiten wir beide Arme seitlich aus, so daß wir ein Kreuz bilden. Die Handrücken legen wir auf den Boden, die Handflächen schauen nach oben. Hände, Arme und Schulterblätter bleiben während aller Krokodilübungen in Bodenfühlung. Spüren wir die veränderte Spannung in der Rückenmuskulatur durch die waagrecht liegenden Arme? Wie empfinden wir uns in der Kreuzform? Ist sie einengend oder weitend? Verschließend oder öffnend und befreiend? Kann dabei der Atem frei strömen?
Nun nehmen wir die Füße etwa 20–30 Zentimeter auseinander und lassen die Fußspitzen seitlich hängen. Dann schieben wir unsere Fersen einige Zentimeter nach vorne, wobei sich die Füße senkrecht aufrichten und die Fußspitzen zur Decke zeigen. Wir leben uns in die Fußspitzen ein und erspüren, wie sie nach rechts zum Boden kommen, wenn wir die linke Hüfte langsam nach oben drehen, bis vom rechten Fuß die rechte Außenseite und vom linken Fuß die innere Seite den Boden berühren. Den Kopf drehen wir gleichzeitig langsam nach links. Wir drehen uns zur Mitte und heben dann die rechte Hüfte vom

56

Boden ab, damit die Fußspitzen nach links zum Boden kommen. Gleichzeitig drehen wir den Kopf nach rechts und erspüren die Dehngrenze (56).
Dann lösen wir die Spannung, kehren zurück zur Mitte und entspannen.
Nun führen wir diese Drehbewegungen einige Male, jedoch noch bewußter, durch. Dazu schließen wir am besten die Augen, damit wir uns besser in unseren Körper einleben können.
Wir erspüren unsere Füße, nehmen die Fersen ein wenig nach vorne, damit sich die Fußspitzen aufrichten, und stellen uns jetzt vor, daß unsere Zehenspitzen wie kleine Scheinwerfer Licht zur Decke strahlen. Wir lassen die Bewegung von der linken Hüfte ausgehen, nehmen unsere Fußspitzen langsam nach rechts und strahlen in unserer Vorstellung die Decke und die rechte Zimmerwand an, bis die Füße seitlich den Boden berühren. Gleichzeitig drehen wir den Kopf nach links und bleiben kurz in dieser Endhaltung, um die Drehung in der Halswirbelsäule, im Becken, in der Lendenwirbelsäule und im Kreuzbeinbereich wahrzunehmen. Haben wir unsere Dehngrenze schon erreicht? Lassen wir aber den Atem frei strömen.
Dann lassen wir langsam, wieder von der Hüfte ausgehend, die Spannung nach und leuchten dabei die rechte

Wand, die Zimmerdecke und weiter die linke Wand an, wenn wir die rechte Hüfte nach oben und den Kopf nach rechts nehmen, bis die Füße seitlich links den Boden berühren. Wir bleiben wieder kurz in dieser Endhaltung und nehmen die Drehung und die Dehnung wahr. Sind Handrücken, Arme und Schulterblätter noch in Bodenfühlung?

Wenn wir in der Hüfte langsam nachgeben und die Fußspitzen sich wieder aufrichten, strahlen wir wieder die linke Zimmerwand und die Decke an und drehen uns weiter nach der anderen Seite, bis die Endhaltung erreicht ist.

Diese Drehung in einer ruhig fließenden Bewegung weiterführen und dabei den Kopf immer entgegengesetzt drehen.

Wir nehmen dabei immer die Drehung in der Wirbelsäule und das Muskelspiel im ganzen Körper wahr. Dabei wird die Drehung immer ruhiger, so daß wir den Atem immer freier strömen lassen können. Vergessen wir nicht, mit unseren Zehenspitzen an den Wänden und an der Decke jeweils eine Lichtspur zu ziehen. Dadurch wird die Bewegung harmonischer.

Dann kehren wir zurück zur Mitte und entspannen uns kurz, um dann noch die dritte Phase dieser Drehübung durchzuführen, nämlich die aktive Dehnung. Dazu leben wir uns in die rechte Hüfte ein, drehen sie wie vorher langsam nach oben, während wir gleichzeitig mit den Fingerspitzen der rechten Hand zur Wand rechts von uns spüren. Dehnen wir Hüfte und Fingerspitzen bis zur Dehngrenze immer weiter auseinander und erleben die vertiefte Atmung, die dabei entsteht. Auch zur anderen Seite üben.

Dann geben wir langsam nach, drehen uns zur Mitte, legen die Arme neben den Körper und entspannen uns. Vermutlich kommt ein tiefes Aufatmen oder Gähnen, das uns bestätigt, daß unser Körper diesen Reiz durch Regeneration ausgleicht. Erspüren wir die Wirkung dieser Drehübung im ganzen Körper! Wie wohltuend ist

57

nach einer solchen Bewegung die Entspannung!

In dieser Art üben wir nun eine weitere Krokodilübung, bei der die Drehung bis in die Brustwirbelsäule hineinreicht. Dazu breiten wir die Arme wieder waagrecht aus und erspüren mit den Schulterblättern den Boden, damit uns während der Übung bewußt wird, wenn sie den Kontakt mit dem Boden verlieren. Die Drehung sollte jeweils nur so stark durchgeführt werden, daß die Schulterblätter noch in Bodenfühlung bleiben. Die Handflächen sind immer nach oben gekehrt.

Zuerst entspannen wir uns in dieser Haltung und erspüren, ob der Atem frei strömen kann. Auch während der Übung lassen wir die Atmung möglichst frei zu.

Damit wir uns gesammelter in den Ablauf der Körperbewegungen einleben können, schließen wir die Augen. Nun legen wir den rechten Fuß über den linken, so daß beide Fußgelenke übereinanderliegen. Die Beine lassen wir ausgestreckt auf dem Boden.

Nun leben wir uns in die rechte Hüfte ein und drehen von hier aus die untere Körperhälfte langsam nach links; die rechte Hüfte führt also die Bewegung. Den Kopf drehen wir gleichzeitig nach rechts, so daß eine Gegendrehung entsteht. Drehen wir uns bis zur Dehngrenze, jedoch nur so weit, daß der rechte Arm, die Schulter und das Schulterblatt noch in Bodenfühlung bleiben (57).

Dann lassen wir die Spannung nach, kehren langsam zurück zur Mitte und entspannen uns kurz. Die Beine lassen wir über Kreuz. Nun leben wir uns in die linke Hüfte ein, die die Führung übernimmt. Wir drehen sie langsam nach oben, so daß die untere Körperhälfte nach rechts gedreht wird. Gleichzeitig drehen wir den Kopf nach links. An der Dehngrenze erspüren wir, ob der linke Arm mit Schulter und Schulterblatt in Bodenfühlung ist. Wenn wir Spannungen wahrnehmen, so versuchen wir, sie jeweils beim Ausatmen loszulassen.

Wir lernen dabei, uns in der Spannung zu ent-spannen!

Dann kehren wir langsam zur Mitte zurück und drehen uns weiter nach links, wobei jetzt die rechte Hüfte die Führung übernimmt. Erspüren wir die starke Drehung bis in die Brustwirbelsäule hinein bei gleichzeitiger Gegendrehung der Halswirbelsäule.

Drehen wir uns dann in einer ruhig fließenden Bewegung weiter, und erspüren wir, ob sich die Dehngrenze erweitert. Lassen wir bei jeder Drehung immer mehr alle unnötigen Anspannungen los. Dazu können wir in

der Endhaltung mit dem Becken ein wenig vor- und zurückwiegen, damit uns die Lockerung besser gelingt und auch bewußter wird. Zuletzt führen wir wieder die aktive Dehnung durch. Dann kehren wir zurück zur Mitte, legen die Arme neben den Körper und entspannen uns mit beiden Beinen nebeneinander. Wenn ein freies Aufatmen kommt, freuen wir uns! Andernfalls haben wir Geduld, bis sich der Nachatem von selbst einstellt.
Hat sich die Atembewegung im Bekkenraum vertieft? Fühlen wir uns belebter, durchströmter, auch durchwärmter?
Als nächstes legen wir den linken Fuß über den rechten, breiten die Arme wieder seitlich aus und lassen sie mit den Schultern und Schulterblättern in Bodenfühlung. Wir führen nun die gleichen Drehbewegungen durch wie vorher, immer von der Hüfte ausgehend.
Zuletzt entspannen wir uns und bleiben noch so lange liegen, wie es unsere Zeit erlaubt. Dann setzen wir uns auf. Wir erspüren im Sitzen unsere Wirbelsäule und unsere aufrechte Haltung, die jetzt aus der Kraft des Rükkens heraus vermutlich leichter fällt. Dieses Empfinden der Kraft in der Wirbelsäule und im ganzen Rücken kann uns nach jedem Üben den ganzen Tag, auch bei der Arbeit, begleiten.

7. Baumstellung

Wir beginnen mit der leichtesten Möglichkeit bis hin zur klassischen Form. Der Baum ist ein Symbol des Lebens. Seine Wurzeln reichen oft tief in die Erde hinein, während seine Krone dem Licht des Himmels zugewandt ist. Ein gesund gewachsener Baum bringt durch seine Kraft und Schönheit, seine Form und Farbe Harmonie zum Ausdruck. So können auch wir durch die Baumhaltung, die ein gewisses Maß an Gleichgewicht erfordert, unsere innere Ausgeglichenheit finden und Harmonie erleben.
Für die ersten Male der Durchführung stellen wir uns am besten mit dem

58

Rücken nahe vor eine Wand oder eine verschlossene Türe. Falls wir aus dem Gleichgewicht geraten, wissen wir, daß wir nicht so leicht umfallen können. Stehen wir nicht auf einem weichen Teppich, sondern auf festem Boden. Die Augen lassen wir zunächst geöffnet. Wenn wir geübter sind, können wir sie schließen. Dadurch läßt sich das Erleben des Gleichgewichts wesentlich vertiefen.
Nun erfühlen wir mit den Fußsohlen den Boden. Wir spüren wie mit Wurzeln durch den Boden hindurch, durch das Fundament des Hauses hindurch, tief in die Erde hinein, so daß uns bewußt wird, daß wir von ihr getragen werden.
Dann nehmen wir unsere aufrechte, entspannte Haltung wahr. Ist das Becken aufrecht, so daß wir ohne Hohlkreuz stehen? Kann der Atem frei strömen?
Die Einatmung lassen wir immer frei zu, bei Beginn jeder Ausatmung lassen wir uns im Schulterbereich los und am Ende jeder Ausatmung vertrauensvoll in das Becken nieder, bis wir in uns ruhen und in uns getragen sind. Sollten wir während der Übung das Gleichgewicht verlieren, so verankern wir uns immer wieder im Schwerpunkt unseres Ichs im Unterbauch, also im Hara. Dadurch finden wir in uns den Halt für die Haltung, auch dann, wenn wir nur noch auf einem Bein stehen. Solche Erfahrungen lassen sich auch auf den Alltag übertragen!
Nun erspüren wir, ob beide Fußsohlen gleichwertig das Gewicht des Körpers tragen. Anschließend verlagern wir unser Körpergewicht auf den linken Fuß. Spüren wir mit der linken Fußsohle wie mit langen Lichtwurzeln durch den Boden hindurch in die Erde hinein, so daß wir im Bewußtsein wie ein Baum in der Erde verwurzelt sind. Dann stellen wir den rechten Fuß mit dem Ballen auf den Spann des linken Fußes, wobei die rechte Ferse nach links schaut. Wir bleiben in der Erde verwurzelt, legen die Hände vor der Brust zusammen, nehmen sie langsam über den Kopf und weiter nach oben, als ob wir mit den Fingerspitzen den Himmel berühren wollten (58). Den Atem lassen wir dabei frei strömen, und wir achten darauf, daß das Becken aufrecht bleibt, damit kein Hohlkreuz entsteht. Dann nehmen wir die Arme langsam nach unten und stellen den rechten Fuß neben den linken.
Wenn ein tiefes Aufatmen entsteht, dann freuen wir uns über diese Wirkung. Als nächstes erspüren wir die gleichwertige Belastung beider Fußsohlen.
Dann verlagern wir das Körpergewicht auf die rechte Fußsohle. Verwurzeln wir uns nun mit dem rechten Fuß in der Erde wie ein Baum. Nun stellen wir den linken Fuß auf den rechten, so daß die linke Ferse nach rechts schaut. Ist unser Becken dabei so aufrecht, daß kein Hohlkreuz vorhanden ist? Wir bleiben in der Erde verwurzelt, legen die Hände vor der Brust zusammen und nehmen sie langsam über den Kopf und soweit wie möglich nach oben. Den Atem lassen wir frei strömen. Wir erleben die gleichzeitige Verbundenheit mit der Erde und mit dem Himmel. Dann nehmen wir die Hände langsam wie eine sich öffnende Blüte auseinander, die Arme nach unten und stellen den linken Fuß neben den rechten. Wir lassen den Nachatem zu und erspüren die Wirkung der Übung.
Wenn wir eine Zwischenentspannung brauchen, lassen wir langsam den Oberkörper nach vorne sinken, bis er locker hängt. Dies jedoch nur so weit und so lange, wie der Blutandrang in Kopf und Hals nicht unangenehm ist. Wenn diese Haltung vertragen wird, wippen wir weich, so daß die Finger immer wieder zum Boden kommen.

59

Das Aufrichten erfolgt noch langsamer, wobei wir uns vom Rücken her hochziehen und zuletzt mit dem Kopf zur Decke spüren, so daß wir wieder geradestehen.
Für die zweite Stufe der Baumstellung verlagern wir das Körpergewicht auf die linke Fußsohle und spüren damit in die Erde hinein. Daraufhin beugen wir das rechte Knie und nehmen mit den Händen den rechten Fuß an die Innenseite des linken Oberschenkels. Wir ziehen ihn soweit wie möglich nach oben, bis er am Oberschenkel genügend Halt findet. Das rechte Knie nehmen wir soweit wie möglich nach rechts (59). Hände und Arme nehmen wir jeweils seitlich, Daumen und Zeigefinger schließen wir zu einem Ring, und die Handflächen kehren wir nach außen.
Nun richten wir uns ganz gerade auf und gleichen die Haltung des Beckens aus. Mit dem Kopf spüren wir zum Himmel. Gleichzeitig lassen wir uns mit jedem Ausatmen in das Becken ein, so daß wir ohne Mühe im Gleichgewicht stehen können.
Wenn dies gelingt, legen wir die Hände vor der Brust zusammen und führen sie langsam nach oben, bis sich die Hände über dem Kopf befinden. Wir lassen sie zusammen und nehmen die Ellenbogen seitlich, so daß sie nicht nach vorne zeigen (60).
Den Atem lassen wir frei strömen. Sind wir uns auch in dieser Haltung der Verbindung zur Erde bewußt? Und gleichzeitig der Ausrichtung nach oben, der Hinwendung zum Licht, zu einem helleren Bewußt-sein?
Wenn wir sicher stehen, können wir die Augen schließen und uns in der Haltung des Baumes bewußt erleben. Dann öffnen wir langsam die Hände wie eine Blüte, nehmen die Arme seitlich nach unten und den rechten Fuß wieder auf den Boden.
Wir geben uns Zeit für den Nachatem und erspüren die Wirkung der Übung, physisch und psychisch.
Nun führen wir die Baumhaltung ebenso auf dem rechten Fuß stehend durch, wobei sich der linke Fuß gegen die Innenseite des rechten Oberschen-

60

61

kels stützt. Vergessen wir nicht, das linke Knie und beide Ellenbogen soweit wie möglich seitlich zu nehmen und die Haltung des Beckens auszugleichen.
Erleben wir in der Endhaltung, daß wir, ähnlich wie der Baum, in der Erde, im Erdhaften und damit auch in unseren irdischen Aufgaben verwurzelt sind. Gleichzeitig sind wir unserem innersten Wesen, unseren seelisch-geistigen Seinskräften, geöffnet und verbunden, wie die Krone des Baumes dem Licht und der Weite des Himmels. Dann beenden wir diese Haltung und erspüren ihre Wirkung.
Für die dritte Stufe der Baumhaltung verlagern wir das Körpergewicht auf den rechten Fuß und erspüren damit die Verbindung zur Erde. Dann beugen wir das linke Knie und ziehen mit den Händen den linken Fuß auf die Vorderseite des rechten Oberschenkels, so daß die Fußsohle nach oben gekehrt ist und die Ferse an der Leiste liegt. Das linke Knie nehmen wir soweit wie möglich seitlich. Wir gleichen die Haltung des Beckens aus, bis wir ohne Hohlkreuz stehen. Die Arme nehmen wir seitlich, Daumen und Zeigefinger in Berührung, die Handflächen nach außen gewandt (61). So lassen wir uns nun vom Boden tragen! Wenn wir sicher im Gleichgewicht stehen, nehmen wir die Hände vor der Brust zusammen (62) und heben sie langsam über den Kopf. Können

62

wir die Ellenbogen noch etwas nach hinten nehmen?
Kann der Atem frei strömen? Sind wir auch in dieser Haltung der Erde und dem Himmel verbunden? Sind wir noch im Gleichgewicht, obwohl in unserem Körper Spannungen sind?
Dann spüren wir mit den Fingerspitzen immer weiter nach oben, um den Himmel zu berühren! Die Fingerspitzen bleiben dabei aufrecht wie ein Licht, das zu einem größeren Licht nach oben strebt.
Wenn die Dehngrenze erreicht ist, nehmen wir die Hände langsam wie eine Blüte auseinander und die Arme nach unten. Mit dem linken Fuß erspüren wir den Boden und lassen uns wieder, jetzt wohl bewußter, in dieser gewohnten Haltung vom Boden tragen. Wir sind bereit für den Nachatem und erspüren die Wirkung dieser Übung, am besten mit geschlossenen Augen. Wir stehen in uns gesammelt, in uns ruhend, in bewußter Harmonie, von der Erde getragen und dem Himmel geöffnet.
Damit ein Höchstmaß an Harmonie entstehen kann, führen wir diese Übung noch auf dem linken Fuß stehend durch. Verwurzeln wir uns dafür bewußt in der Erde, im übertragenen Sinn in den Aufgaben und Entwicklungsmöglichkeiten, die uns das Leben auf der Erde bietet.
Wir führen die Übung weiter durch und machen uns in der Endhaltung bewußt, daß die Verwurzelung im Erdhaften nur eine, nämlich die äußere Seite des Lebens ist. Ebenso wie die Erde vom Himmel getragen ist, wird auch das äußere Geschehen unseres Lebens von geistigen Kräften bestimmt und getragen.
Erst beides zusammen – Außen- und Innenwelt – läßt uns die Ganzheit des Lebens erfahren und im Alltag immer bewußter verwirklichen.
Wir nehmen dann Arme und Fuß wieder nach unten und erspüren die Wirkung der Baumhaltung. Die Kraft der inneren wie der äußeren Ausgeglichenheit soll so stark in uns werden, daß sie den Belastungen des Alltags standzuhalten vermag. Dann lassen

63

sich viele, oft nur scheinbare Gegensätze des Lebens schöpferisch als umfassendere, harmonische Ganzheit erkennen. Dadurch weiten sich die engen Grenzen unseres Bewußtseins, und unser Leben wird reicher und lichter.

8. Storchenstellung

Als nächstes folgt eine Ausgleichsübung, die Storchenstellung, in einfacher Form. Auch hierbei geht es um Bewußtseinsvorgänge, die äußeres Geschehen und inneres Erleben heilsam vereinen. Diese Wirbelsäulenübung ist besonders wertvoll für das Bewußtwerden von Fehlhaltungen und damit zur Verbesserung der Haltung. Sie kräftigt die Rückenmuskeln, verstärkt die Durchblutung im Kopf, so daß sie auch gegen Müdigkeit wirkt.
Wir spreizen die Beine weit und stellen die Füße parallel, so daß beide Fußspitzen nach vorne schauen (63). Wenn wir so aufrecht stehen, kann es sein, daß wir auf der Innenseite der Beine ein Ziehen spüren, vor allem dann, wenn wir das Becken aufrichten, damit kein Hohlkreuz entsteht. Wir versuchen, die Beine noch besser zu entspannen, ohne die aufrechte Haltung aufzugeben. Spüren wir mit dem oberen Teil des Hinterkopfes zur Decke und entspannen wir uns in den Schultern und im Gesicht.
Den Atem lassen wir während der ganzen Übung frei strömen. Nun leben wir uns in unsere Wirbelsäule ein und erspüren sie vom Steißbein bis zum Kopf.
Wir lassen sie so gerade wie möglich und nehmen das Gesäß langsam nach hinten, so daß sich der Oberkörper senkt. Dabei lassen wir die ganze Wirbelsäule gedehnt, vor allem die Halswirbelsäule (64). Wir senken den Oberkörper soweit wie möglich, ohne in der Wirbelsäule nachzugeben. Der Zug in den Beinen wird dabei wesentlich verstärkt. Die Arme lassen wir locker hängen. Vermeiden wir ein Zurücknehmen des Kopfes, damit die Schilddrüse nicht unnötig belastet

64

wird. Wir senken den Oberkörper bis zur Dehngrenze, soweit uns das mit lang gedehntem Rücken und durchgestreckten Beinen möglich ist. Versuchen wir mit jedem Ausatmen, etwas von diesem Ziehen in den Beinen loszulassen. Den Rücken lassen wir jedoch noch ungebeugt wie einen Tisch, wobei wir die Wirbelsäule spüren, jetzt jedoch waagrecht (65).
Nun entspannen wir die Muskeln im Bereich der Lendenwirbelsäule, während die Brust- und Halswirbelsäule

65

66

Dehnung, wie kein Druck in Kopf oder Hals entsteht.
Wenn wir mit den Handflächen zum Boden kommen, erspüren wir auch gleichzeitig mit den Fußsohlen den Boden. Vergleichen wir, ob wir mit den Händen den Boden anders empfinden als mit den Fußsohlen. Wenn es die Elastizität zuläßt, nehmen wir die Hände so weit zurück, daß die Fingerspitzen sich in einer Linie mit den Zehenspitzen befinden. Dabei lassen wir mit dem Ausatmen immer wieder Spannungen los, die uns bewußt werden.
Das Aufrichten erfolgt nun in umgekehrter Reihenfolge. Zuerst dehnen wir den Nacken, wobei der Kopf so weit gehoben wird, daß Halswirbelsäule und Kopf waagrecht sind (69). Dann dehnen wir die Brustwirbelsäule, wobei der Brustkorb ebenfalls in die waagrechte Lage kommt. Die

noch gedehnt bleibt. Dadurch kommen wir mit den Händen ein gutes Stück näher zum Boden (66). Erspüren wir die unterschiedliche Spannung im Rücken: Im Kreuzbein und Lendenbereich sind die Muskeln entspannter als im Bereich der Brust- und Halswirbelsäule, die noch weitgehend angespannt ist. Können wir spüren, wo wir bereits losgelassen haben und wo die Spannung noch vorhanden ist?
Dann geben wir langsam in der Brustwirbelsäule nach und lösen von unten nach oben die Spannung in der Rükkenmuskulatur, so daß wir nur noch im Nacken gedehnt sind (67).
Zuletzt lassen wir die Spannung im Nacken los, so daß der Kopf nach unten hängt. Jetzt ist der ganze Oberkörper passiv gedehnt, die Wirbelsäule gerundet, die Muskeln von Rücken und Nacken sind entspannt (68). Wir bleiben so lange in dieser passiven

67

68

69

70

71

Arme lassen wir immer locker hängen (70). Dann dehnen wir uns auch im Lendenbereich fast bis zum Hohlkreuz. Dabei wird in den meisten Fällen der Oberkörper schon etwas aufgerichtet (71). Die Wirbelsäule lassen wir wieder wie einen waagrechten oder schräg nach oben gerichteten Balken als Ganzes gedehnt, während wir langsam den Oberkörper aufrichten, bis wir aufrecht stehen. Zuletzt richten wir das Becken auf, nehmen die Schultern wieder seitlich und spüren mit dem oberen Teil des Hinterkopfes zur Decke.
Vermutlich kommt jetzt ein tiefes, befreiendes Aufatmen oder sogar ein Gähnen!
Diese Übung als Variante kann auch mit geschlossenen Beinen durchgeführt werden (72).

72

9. Haltungskontrolle

Mit geschlossenen Beinen stehen wir aufrecht und erspüren unseren Rükken. Ist er uns jetzt bewußter geworden? Spüren wir etwas von der Kraft im Rücken, die uns aufrecht sein läßt? Ist uns vor allem die Haltung unserer Wirbelsäule bewußt geworden?
Als Gegenprobe nehmen wir eine schlechte Haltung ein, wobei wir den Rücken etwas zusammensinken lassen (73). Wie empfinden wir uns damit? Sind wir ebenso bewußt?
Dann nehmen wir eine übergerade Haltung ein, wobei der Bauch eingezogen wird und die Brust herauskommt (74). Wie fühlen wir uns so? Wie mit einem zusätzlichen Hohlkreuz (75)? Nehmen wir auch noch jene Fehlhaltung ein, bei der wir das Gewicht auf einem Bein haben, so daß sich Wirbelsäule und Becken seitlich verschieben (76). Wie empfinden wir uns in dieser Haltung? Spüren wir, daß dies Fehlhaltungen sind, die uns körperlich und psychisch belasten? Dann ist uns etwas Wesentliches bewußt geworden.

73

74

76

75

10. Rückenrollen mit gekreuzten Beinen

Entweder legen wir uns nun auf den Rücken und entspannen uns, oder wir setzen uns im Schneidersitz auf den Boden, um das Rückenrollen mit gekreuzten Beinen durchzuführen. Dazu erfassen wir mit der rechten Hand den linken Fuß und mit der linken Hand den rechten Fuß (77). Wir heben die Füße etwas vom Boden ab, runden den Rücken und nehmen den Kopf nach vorne, so daß wir in einer Balancehaltung sind. Dann lassen wir uns langsam nach hinten rollen, wobei die Hände die Füße hinter dem Kopf zum Boden ziehen (78). Die Beine werden dadurch etwas in die Länge gezogen. Und gleich wieder mit den Beinen nach vorne schwingen und vorrollen, so daß wir sitzen. Üben wir nun dieses Zurück- und Vorrollen, und geben wir dabei in den Beinen und Armen elastisch nach, damit ein harmonisches Zusammenspiel entsteht. Allmählich gelingt uns das Rollen immer langsamer, so daß wir das Abrollen der Wirbel und die Massage des ganzen Rückens bewußt erleben können. Dabei kann uns die Wirbelsäule immer bewußter werden. Je beherrschter das Rollen gelingt, um so mehr Freude macht es. Versuchen wir weiter, immer noch ruhiger und entspannter zurück- und vorzurollen. Dann beenden wir die Bewegung und legen uns auf den Rücken. Wir lassen *es* aufatmen und erspüren die angenehme Wirkung dieser Übung im ganzen Körper.

77

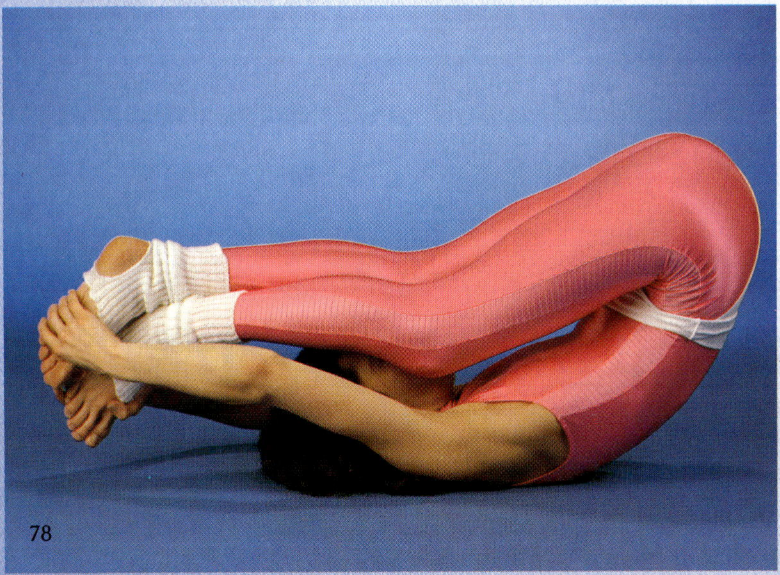
78

11. Bauch- und Hüftmuskelübung I

Für die nun folgende Bauch- und Hüftmuskelübung knien wir uns auf die Decke und stützen uns mit den Händen auf den Boden zum Vierfüßlerstand. Die Arme bleiben während der Übung senkrecht durchgestreckt. Die Fingerspitzen zeigen nach vorne. Knien wir so, daß Arme und Ober-

79

80

81

82

schenkel gerade sind (79). Während der ganzen Übung lassen wir den Atem frei strömen. Erspüren wir mit unseren Händen und Knien den Boden, und spüren wir durch den Boden hindurch zur Erde.

Nun richten wir unser Becken langsam auf, wölben den ganzen Rücken und ziehen gleichzeitig den Kopf ein (80). Dann lösen wir die Spannung, lassen das Becken weich zum Boden durchsinken und heben den Kopf, soweit es angenehm ist (81). Bei Überfunktion der Schilddrüse nur den Nacken dehnen. Sogleich nehmen wir das Becken wieder zurück, wölben den Rücken, ziehen den Kopf ein (82) und lassen abwechselnd das Becken wieder zum Boden hin durchsinken und heben dazu den Kopf. Auf diese Weise üben wir in einer ruhig fließenden Bewegung weiter. Dabei erspüren wir, daß die Bewegung der Wirbelsäule vom Becken ausgeht und nicht vom Rücken.

Nehmen wir den Bewegungsablauf in der Wirbelsäule wahr: Wenn wir das Becken zurücknehmen, wölbt sich die Brustwirbelsäule und zieht auch die Lendenwirbelsäule nach oben, was sich wiederum auf die Halswirbelsäule auswirkt und das Einziehen des Kopfes begünstigt. Wenn das Becken zum Boden hin durchsinkt, zieht es die Lendenwirbel- und die Brustwirbelsäule mit, wobei das Heben des Kopfes diesem Bewegungsablauf entspricht. Vermeiden wir schnelle oder gar ruckartige Bewegungen, und erspüren wir weiter, ob auch unsere Atmung von der Beckenbewegung beeinflußt wird. Wir lassen den Atem immer frei strömen und erspüren, ob beim Durchsinken der Lenden- und

Brustwirbelsäule die Einatmung von selbst entsteht. Und ob beim Wölben des Rückens eine Ausatmung erfolgt, die sich noch vertieft, wenn wir den Kopf ganz einziehen und den Rücken stark wölben. Versuchen wir nicht, den Atem willentlich zu führen, sondern erspüren wir, ob sich diese Atemweise ausschließlich durch die Körperbewegung ergibt.
Gelingt uns die Bewegung bereits weich und harmonisch? Und werden uns dabei unsere Wirbelsäule und der ganze Rücken bewußter? Lösen sich dabei Spannungen im Becken und im Rücken?
Geben wir dem Atembedürfnis nach, und erleben wir das Zusammenspiel von Atem und Bewegung.

12. Delphinstellung

Eine für den Körper noch heilsamere Weise, sich auf dem Bauch liegend zu entspannen, ist eine Form der Delphinstellung. Dazu legen wir die Beine weit auseinander. Dann stellen wir die Zehen auf, so daß die Füße senkrecht stehen, wobei die Fersen nach oben schauen. Nun lassen wir die Fersen zueinander zum Boden hin sinken, so daß die Innenseiten der Füße auf dem Boden liegen. Die Fußsohlen legen wir quer, und die Zehen schauen jeweils nach außen (83). Wenn uns diese Lage leichtfällt, nehmen wir die Beine so nah wie möglich zusammen. Dann verschränken wir die Arme und legen die rechte Hand auf die linke Schulter und die linke Hand auf die rechte Schulter und den Kopf auf die Unterarme (84). Nun dehnen wir den ganzen Körper der Länge nach, schieben die Fersen soweit wie möglich am Boden entlang nach hinten und gleichzeitig die Ellenbogen am Boden entlang nach vorne. Erspüren wir diese aktive Dehnung und die damit verbundene vertiefte Atmung.
Dann lassen wir die Spannung nach und entspannen uns, ohne die Lage der Beine und Arme zu verändern, solange es angenehm ist.

13. Bauch- und Hüftmuskelübung II

Nun folgt die Fortsetzung der Bauch- und Hüftmuskelübung, damit unsere Wirbelsäule elastisch bleibt oder wird. Wir knien und nehmen den Vierfüßlerstand ein. Wir verbinden uns der Erde und sind uns bewußt, daß wir getragen werden.
Wir gleiten mit dem rechten Fuß langsam am Boden entlang nach hinten und spüren mit den Zehenspitzen zur Wand hinter uns. Wir zeichnen in unserer Vorstellung einen senkrechten Strich an die Wand, wobei wir das rechte Bein so hoch wie möglich heben. Dazu spüren wir mit dem Kopf zur Wand vor uns, dehnen den Nak-

83
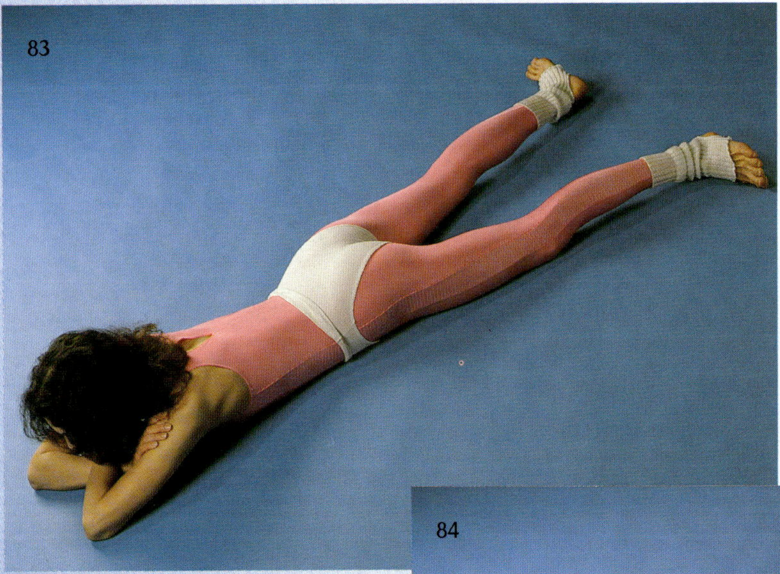

Mit dem nächsten Ausatmen beenden wir die Übung und legen uns auf den Bauch. Wir können den Kopf auf die Hände legen oder das Gesicht zur Seite drehen und die Arme am Körper entlang auf den Boden legen. Lassen wir den Nachatem zu, und geben wir dem Körper Gelegenheit zur Entspannung.

84

ken und heben den Kopf (85). Nun senken wir ebenso langsam Kopf und Bein – auch dabei spüren wir immer über uns hinaus –, beugen das rechte Knie und ziehen den Kopf ein, bis Stirn und Knie sich berühren oder eben so nah wie möglich zusammenkommen (86).
Dann heben wir wieder das rechte Bein und den Kopf soweit wie möglich nach oben, bis wir spüren, daß unser Körper die Form einer großen Schale bildet. Dann führen wir ebenso langsam Kopf und Knie wieder zusammen.
So üben wir in einer ruhig fließenden Bewegung weiter und erspüren dabei die Wirbelsäule und die Pressung in der rechten Niere. Auch psychisch erleben wir den Wechsel des Nach-außen- und Nach-innen-Wendens.
Dann entspannen wir uns entweder mit dem Kopf auf den übereinandergestellten Fäusten (siehe S. 68/69) oder ganz auf dem Bauch liegend, lassen den Nachatem zu.
Damit diese nicht einseitig bleibt, üben wir nun ebenso mit dem linken Bein. Wenn uns die Übung vertrauter geworden ist, bleiben wir jeweils einige Sekunden in der Endhaltung und erleben bewußt ihre Wirkung, nicht nur im Rücken, sondern auch auf der aktiv gedehnten Vorderseite des Körpers. Zuletzt entspannen wir uns und spüren nach. Die zweite Stufe dieser Übung besteht nun darin, daß wir gleichzeitig das rechte Bein und den linken Arm so hoch wie möglich heben (87). Dabei spüren wir mit der rechten Fußspitze zur Wand hinter uns, und mit den Fingerspitzen der linken Hand streben wir zur Wand vor uns. Beim Heben und nachher beim Senken zeichnen wir in unserer Vorstellung immer eine Lichtspur mit der Fußspitze und mit den Fingerspitzen an die Wände hinter und vor uns. Dadurch entsteht eine ruhige und schöne Bewegung von Arm und Bein.

85

86

87

Ebenso üben wir mit der anderen Körperseite und erspüren dabei die ausgleichende Wirkung. Dann entspannen wir uns, spüren nach und erleben die wohltuenden Wirkungen dieser Übung.

Bei der dritten Stufe dieser Bauch- und Hüftmuskelübungen heben wir gleichzeitig – wieder als aktive Dehnung – das rechte Bein und den rechten Arm so hoch wie möglich. Wir sind dann nur auf dem linken Knie und Unterschenkel sowie auf der linken Hand abgestützt, während die rechte Körperseite geöffnet ist. In dieser Haltung versuchen wir, im Gleichgewicht zu bleiben, während wir die Atmung immer frei zulassen. Wenn wir mit der rechten Körperseite wieder zum Boden zurückkehren, vergleichen wir erst beide Körperseiten miteinander, ehe wir uns links öffnen. In der Endhaltung erspüren wir unsere Wirbelsäule, die Pressung im Nierenbereich und die aktive Dehnung im linken Bein und im linken Arm. Dann erst kehren Arm und Bein, dabei einen Strich an die Wände vor und hinter uns strahlend, zum Boden zurück. Entspannen wir uns, und erspüren wir die Heilwirkungen dieser Übung. Lassen wir dabei den Nachatem und am Ende dieser Zwischenentspannung ein tiefes Gähnen zu.

14. Krokodilübungen II

Wir ziehen Strümpfe oder Socken aus, damit wir mit der folgenden Drehübung zusätzlich Druckpunkte des Ischiasnervs ansprechen können. Die Übung hat jedoch mehr vorbeugende Wirkung und sollte nicht bei einer Entzündung des Ischiasnervs durchgeführt werden.

Damit wir unsere Lebenskräfte in der rechten Weise anregen, ist einfühlsames Üben wichtig; das heißt, daß wir immer nur bis zur Dehngrenze, nicht aber bis zur Schmerzgrenze üben sollten. Andernfalls würde der Reiz zu stark gesetzt. Wir wissen: Nach einem biologischen Grundgesetz regen schwache Reize die Lebenskraft an, mittlere fördern sie, und starke Reize hemmen sie.

Akut erkrankte oder entzündete Körperbereiche, die also schon in einem Reizzustand sind, sollten nicht durch Üben zusätzlich gereizt werden. Der Körper braucht dann Ruhe, damit er vorhandene Störungen ausgleichen kann. Damit unser gesunder Organismus die durch Hatha-Yoga-Übungen gesetzten Reize optimal auswerten kann, geben wir ihm nach jeder Übung durch eine kurze Entspannung Zeit dazu.

Nun legen wir uns auf den Boden und breiten die Arme seitlich aus, die Handflächen nach oben gekehrt. Hände, Arme und Schultern lassen wir während der Übung in Bodenfühlung. Zuerst entspannen wir uns und erspüren die Atembewegung im Beckenraum.

Wir schließen die Augen und leben uns in die linke Ferse ein. Wir schieben sie etwas nach vorne, damit die Fußspitze aufgerichtet wird. Dann setzen wir die rechte Ferse zwischen die große und die zweite Zehe des linken Fußes (88). Mit kleinen Drehbewegungen läßt sich der rechte Fuß in diese enge Gabelung einsetzen. Notfalls beugen wir das linke Knie etwas. Für die Drehung sollten jedoch beide Beine in jedem Fall ausgestreckt bleiben.

Dann leben wir uns in die rechte Hüfte ein und drehen sie langsam nach links bis zur Dehngrenze. Im Idealfall kommen dabei beide Füße auf der linken Seite bis zum Boden. Den Kopf drehen wir entgegengesetzt so weit, wie es möglich ist (89). Dann kehren wir wieder zurück zur Mitte und drehen uns aus der linken Hüfte heraus nach rechts, bis beide Füße seitlich zum Boden kommen. Der rechte Fuß bleibt jedoch in der Gabelung der Zehen des linken Fußes. Dann wieder zurück zur Mitte und die Drehung in einer ruhig fließenden Bewegung weiterführen. Den Atem lassen wir dabei immer frei strömen. Geben wir in der Endhaltung elastisch nach, damit uns die Bewegung immer mehr Freude bereitet.

Entweder entspannen wir uns zwischendurch, oder wir führen gleich noch die aktive Dehnung durch. Dafür stellen wir uns die rechte Hüfte leuchtend vor, warmes Licht in die Dunkelheit strahlend. Dann drehen wir die rechte Hüfte nach oben und so weit wie möglich nach links, während der Kopf nach rechts gedreht wird. Wir bleiben in dieser Endhaltung und spüren mit den Fingerspitzen der rechten Hand immer näher zur Wand rechts von uns, um sie intensiv anzustrahlen. Hüfte und Hand streben aktiv auseinander wie Lichter, die sich langsam voneinander entfernen.

Dann geben wir wieder langsam nach, kehren zurück zur Mitte und üben zur anderen Seite. Dann legen wir die Füße nebeneinander. Wir lassen ein freies Aufatmen zu und entspannen uns.

Wenn sich der Atem beruhigt hat, üben wir das gleiche mit dem linken Fuß auf dem rechten, wieder in allen drei Phasen:

- bis zur Dehngrenze
- die Bewegungsphase
- die aktive Dehnung

Für die nächste Krokodilübung stellen wir die Beine auf, so daß Knie und Füße zusammen sind. Die Arme lassen wir waagrecht liegen. Wir nehmen nun die Knie langsam nach rechts und gleichzeitig den Kopf nach links (90). Erspüren wir die starke Gegendrehung im Brust- und im Lendenbereich, bis wir die Dehngrenze erreicht haben.

Dann kehren wir zur Mitte zurück und nehmen die Knie weiter nach links, während wir den Kopf bis zur Dehngrenze nach rechts drehen. So üben wir in einer ruhig fließenden Bewegung weiter, wobei Knie und Füße immer zusammenbleiben.

Zuletzt führen wir die aktive Dehnung durch, wofür wir beide Knie nach links nehmen und den Kopf nach rechts drehen. Wir bleiben in dieser Endhaltung, leben uns in die rechte Hüfte ein und spüren, ja strahlen damit nach oben und etwas nach links,

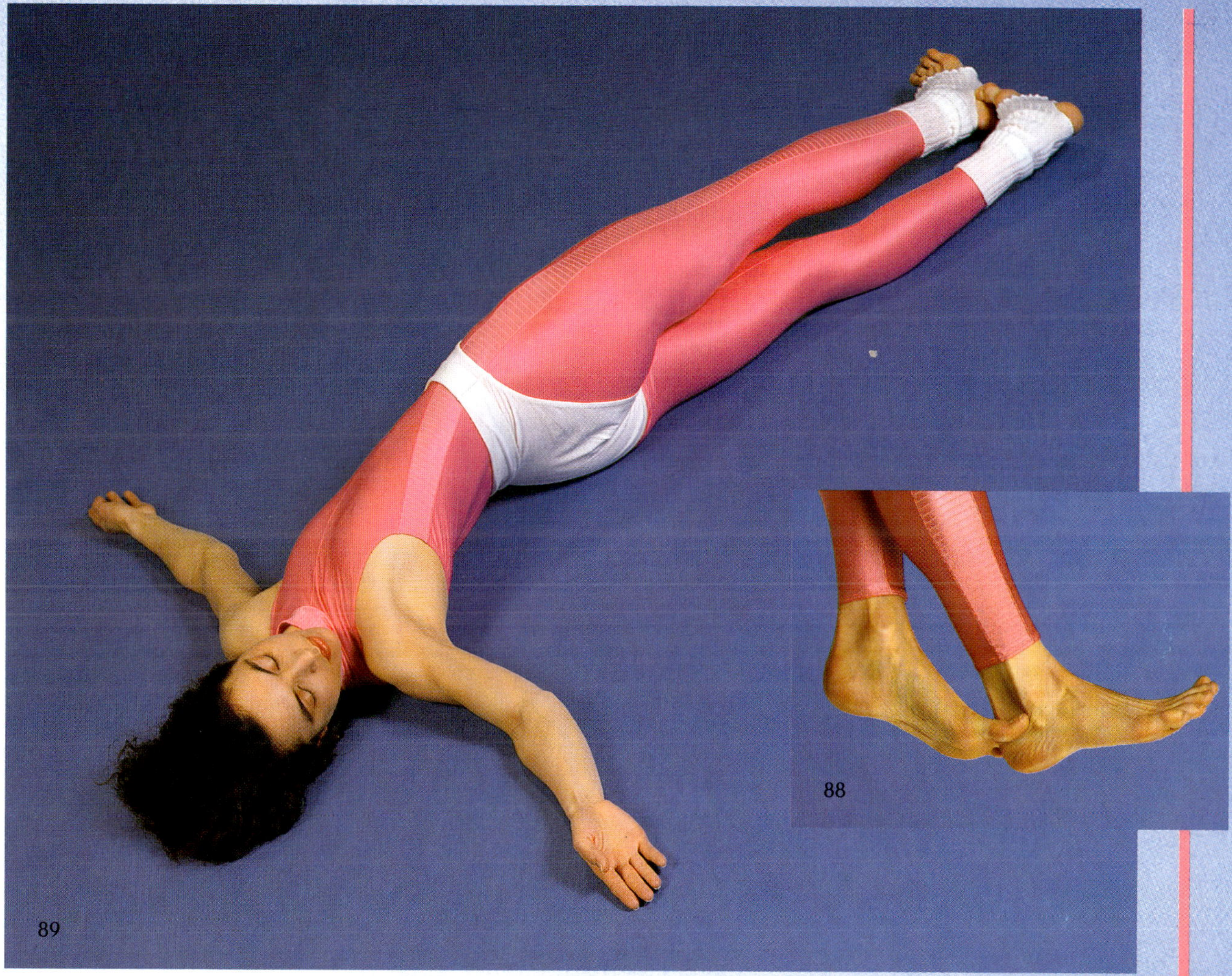
89

88

90

soweit es uns möglich ist. Gleichzeitig spüren wir mit den Fingerspitzen der rechten Hand zur Wand rechts von uns. Fingerspitzen und Hüfte streben aktiv auseinander, während wir die vertiefte Atmung bewußt wahrnehmen.
Dann lassen wir die Spannung langsam nach und führen die aktive Dehnung nach der anderen Seite durch. Anschließend entspannen wir uns, sind bereit für den Nachatem und erleben die Wirkungen dieser Wirbelsäulenübungen.

91

Knie, lassen den Nacken gedehnt und ziehen das Brustbein behutsam soweit wie möglich nach vorne. Dann lösen wir die Spannung, bleiben aber gerade, kehren die Handflächen nach oben und schließen locker Daumen und Zeigefinger (93). Diese Haltung der Hände wird Jnana-Mudra genannt. So sitzen wir nun bewußt aufrecht – aufgerichtet, auf-richtig!
Wir schließen die Augen und vergegenwärtigen uns die Menschen und Aufgaben, die uns nach dem Üben erwarten. Können wir uns positiv auf sie einstellen? Ja, können wir uns freuen, daß wir mit frischen Kräften und einem hellwachen Bewußtsein in unserem Lebenskreis schöpferisch mitwirken, mitgestalten dürfen!

Als letzte Krokodilübung führen wir die gleichen Bewegungen durch, jetzt jedoch mit auseinandergestellten Füßen. Die Knie sind anfänglich noch zusammen. Bei den Drehungen kommt dann immer ein Knie zur Fußsohle des anderen Beines (91).
Abschließend entspannen wir uns, solange es unsere Zeit erlaubt. Genießen wir dabei die wohltuenden Wirkungen der Krokodilübungen! Dann dehnen wir uns durch, bis ein tiefes Aufatmen oder Gähnen entsteht. Wir rollen mit dem ganzen Körper nach rechts und spannen ihn zu einem Bogen; ebenso rollen wir nach links und spannen den Körper zu einem Bogen (92). Erst dann setzen wir uns auf und kreuzen die Beine.
Wie empfinden wir jetzt unsere Wirbelsäule und den ganzen Rücken? Wir leben uns in unser körperliches Zuhause ein und erspüren mit dem Gesäß und den Beinen, daß wir zur Erde Verbindung haben. Mit dem oberen Teil des Hinterkopfes spüren wir zur Decke, ja zum Himmel, so daß wir gleichzeitig und gleichwertig der Erde und dem Himmel verbunden sind, das heißt auch: dem Erdhaften, Leiblichen und dem Seelisch-Geistigen in uns, in unserem Bewußtsein. Damit wir unsere Wirbelsäule als Brücke zwischen Erde und Himmel erleben können, erfassen wir mit unseren Händen die

92

93

Konzentration

Schlüssel zu bewussterem Leben

Konzentration bedeutet Sammlung zu einer Mitte hin. Konzentration ist als Grundlage aller Yoga-Übungen unabgelenkte Sammlung der Aufmerksamkeit über längere Zeit auf ein Objekt.
Das System des Raja-Yoga befaßt sich vor allem mit der Konzentration und deren Wirkungen. Die ersten vier Lehrsätze (Aphorismen) zeigen den großen Bogen dieses Yoga-Weges auf. Der bedeutende Schüler des indischen Weisen Ramakrishna, Swami Vivekananda, setzt Yoga und Konzentration gleich. Er beginnt mit den Worten: »Jetzt wird Konzentration erklärt.« Andere übersetzen: »Hiermit beginnt die Unterweisung in Yoga« (Prabhavananda) oder »Nun folgt die Disziplin des Yoga« (Deshpande). Yoga und Konzentration werden hier also gleichgesetzt.
Da das Wesen der Konzentration in der Verbindung des Ich (= Subjekt) mit dem Konzentrationsobjekt liegt, sind Yoga (= Vereinigung, Verbindung; siehe dazu auch S. 10) – und Konzentration in der Praxis identisch. Worauf immer wir uns über längere Zeit unabgelenkt konzentrieren, wir sind ihm im Bewußtsein eng verbunden. Dies gilt für sogenannte positive wie negative Konzentrationsobjekte! Sind wir uns dessen immer bewußt?
Der zweite Aphorismus der Yoga-Sutras des Patanjali lautet: »Yoga ist die Beherrschung der Gedankenwellen der Denksubstanz« (Prabhavananda) oder »Yoga ist das Zur-Ruhe-Bringen (oder die ›Bewältigung‹) der Bewegungen der ›inneren Welt‹ « (Hauer). Die Verfasserin formuliert Aphorismus zwei bis vier: »Yoga ist jener Bewußtseinszustand, in dem durch anhaltende einpunktige Konzentration Selbsterkenntnis – selbstbewußtes Sein – entsteht. In dieser Zeit erfährt sich der Mensch in seiner geistigen Wirklichkeit. Zu allen anderen Zeiten identifiziert sich der Mensch mit seinen stets wechselnden Bewußtseinsinhalten.«
Jeder, der sich um Konzentration bemüht, erfährt sehr bald, daß wir oft nicht denken können, was und wie wir wollen, sondern daß die Gedanken uns im Griff haben, daß wir also »gedacht werden«! Von welchen Kräften wir dabei im Bewußtsein besetzt sind, bestimmen unsere Erfahrungen, Zu- und Abneigungen, unsere Vorstellungen, Erwartungen, Hoffnungen, Wünsche, Erinnerungen, aber auch unsere Ängste, unverarbeiteten unbewußten Kräfte sowie Umwelteinflüsse durch Werbung, Massenmedien usw. Östliches Weisheitsgut besteht keineswegs nur aus philosophischen Systemen; sein größter Wert liegt in der Lebenspraxis. Die Übungen der Konzentration ermöglichen Intuition und Bewußtwerdung als praktische Hilfen für die Verwirklichung im Alltag.
Jede Yoga-Übung ist eine Konzentrationsübung. Ziel ist bewußtes Sein, nicht Wissen, Können oder Haben. Jeder Schritt auf diesem Weg zur Selbstfindung und Selbstwerdung erschließt weitere Fähigkeiten und läßt neue Möglichkeiten der Lebensgestaltung bewußt werden.
Damit ist der Weg zugleich das Ziel! Vorbereitende Haltungs-, Entspannungs- und Atemübungen sowie eine gute Verankerung im Hara sorgen für die rechte Gesamtverfassung als unschätzbare Hilfe für die Konzentration. Ehe wir uns mit verschiedenen Aspekten der Konzentration und mit ihrer Praxis befassen, weisen wir kurz auf die Arten der Konzentration auf den verschiedenen Yoga-Wegen hin.
Im *Kriya-Yoga* geht es um Konzentration auf psychisch läuternde Kräfte. Kriya ist ein Vorgang der Reinigung, der »Heiligen Handlungen«. Gemeint sind damit auch Rituale, wodurch die Psyche des Menschen harmonisiert, geläutert und damit vorbereitet wird für das Ziel aller Yoga-Wege: Selbsterkenntnis. Dieser Weg wurde vor allem durch Paramahamsa Yogananda in Amerika vermittelt.
Beim *Karma-Yoga* wird die Konzentration auf das schöpferische Wirken gerichtet. *Karma* hat die Bedeutung von *Werk, Tat oder Wirken;* dann bedeutet es *Gesetzmäßigkeit von Ursache und Wirkung* und *Schicksal.* Karma-Yoga, der »Yoga der Tat«, fordert dazu auf, sich den praktischen Seiten des Lebens zu widmen und im offenen, freudigen Tun Selbsterkenntnis zu finden. Entscheidend ist dabei das Motiv jeder Tat.
Bhakti-Yoga, der »Yoga der Liebe« – oder besser: der »Yoga der Hingabe« bezeichnet einen Entwicklungsweg, auf dem sich der Schüler bei allem auf sein religiöses Ideal konzentriert. Dabei kann es sich sowohl um nicht mehr auf der Erde lebende Religionsstifter und Erlöser handeln, wie Jesus Christus oder Buddha, oder um die vertrauensvolle Hingabe an einen lebenden Meister oder Guru. Immer aber geht es um die liebende, vertrauende Gottesverehrung, um den unmittelbaren religiösen Bezug aller Konzentration auf den Einen, der Liebe ist.
Im *Hatha-Yoga* richtet sich die Konzentration auf den rechten Gleichklang zwischen körperlicher und psychischer Haltung, zwischen unbewußtem und bewußtem Atem, zwischen Kräfteströmen und Körpervorgängen, die durch Üben immer bewußter und damit beeinflußbar werden. Es ist ein Weg der Bewußtwerdung, der durch Konzentration auf ganz konkrete Körpererfahrungen ansetzt, dessen Ziel, wie bei allen Yoga-Wegen Selbsterkenntnis, ja letztlich Gotterkenntnis ist.
Im *Mantra-Yoga* wird die Konzentration auf das äußere oder innere Wiederholen oder Singen kraftgeladener Worte oder Silben gerichtet. Das tibetische *Om mani padme hum* (göttlicher Juwel im Herzenslotos) ist ein solches

Mantra, auch *Om* oder *Aum,* Symbollaute spiritueller Kraft, sind bekannt. *Jnana-Yoga,* der »Yoga der Erkenntnis«, stellt die unterscheidende Konzentration in den Mittelpunkt seiner Übungen. So stellte Ramana Maharshi, neben Vivekananda einer der bekanntesten Jnana-Yogis, die immer wiederkehrende Frage: »Wer bin ich?« Die Konzentration bleibt also darauf gerichtet: »Wer schläft, wer wacht, wer ißt und trinkt, wer träumt, wer liebt, wer haßt, wer wird geboren, wer stirbt?« Eine solche unterscheidende Konzentration kann schließlich zur Selbst- und Gotterkenntnis führen, wie vor allem Ramana Maharshi durch sein Leben bezeugt hat.

Der *Raja-Yoga,* der »königliche Yoga«, stellt Konzentration zur Beherrschung aller Bewußtseinsinhalte in den Mittelpunkt. Patanjali hat, einige Jahrhunderte vor Christus, in knapp 200 Lehrsätzen (Aphorismen), auch Yoga-Sutras genannt, den Entwicklungsweg durch bewußte Konzentration und ihre Ergebnisse niedergeschrieben. Dieser Raja-Yoga wurde jedoch lange Zeit vorher bereits gelehrt. In ihm ist ein Acht-Stufen-Weg enthalten, der bis zur Einswerdung *(samadhi)* mit dem Höchsten reicht.

Darüber hinaus gibt es noch einige Yoga-Systeme. Das Ziel aller Yoga-Wege, letztlich auch aller spirituellen Bestrebungen, ist die Bewußtseinseinheit mit dem schöpferischen Ursprung unseres Lebens. Die christliche Mystik beschreibt dies als *Unio mystica,* die mystische Vereinigung mit Gott und dem All.

In den folgenden Abschnitten wird dem Leser ein praktischer Einstieg für die Verbesserung seiner Konzentration angeboten. Er dient zur Anwendung im Alltag, im Beruf und im Familienleben wie auch auf dem Weg der geistigen Entwicklung.

Gedanken sind Energie

Die abendländische Weisheit: »Wie du denkst, so wirst du« entspricht dem östlichen Grundgedanken: »Dem Denken folgt Energie.« Solche energetischen Zusammenhänge alter östlicher Weisheit werden zunehmend von neuesten wissenschaftlichen Erkenntnissen bestätigt. Demnach schafft sich jeder Mensch gemäß seinem Denken, Vorstellen, Wollen, Fühlen und Wünschen ein Kraftfeld bestimmter Qualität und Stärke, das ihn als strahlende Hülle durchdringt und umgibt und, je nach Denkweise und augenblicklicher Verfassung, harmonisch oder gestört ist. So wurde nachgewiesen, daß sich dieses Feld, dem Gesetz der Anziehung und Abstoßung entsprechend, den Feldern seiner Umwelt mitteilt und verbindet; umgekehrt nimmt es aber auch aus ihr Schwingungen auf. Bei kulturellen und religiösen Veranstaltungen kann sich die Schwingung des gemeinsamen Kraftfeldes harmonisieren und erhöhen, so daß auch Menschen, die kraftlos oder durch Übermüdung, Kummer, Krankheit oder Depressionen belastet waren, in ihrer Eigenschwingung ausgeglichen werden. Es kann aber auch bei dafür empfänglichen Menschen Massenhysterie entstehen, z. B. bei einem Unfall, einem Stierkampf, bei sportlichen oder politischen Veranstaltungen usw. Im kleinen Rahmen spricht man von »dicker Luft« oder »knisternder Spannung«, von »guter Schwingung« oder »heiterer, gelöster Atmosphäre«.

Gedanken prägen nicht nur unsere Gesamtverfassung, sondern bestimmen auch in starkem Maße, in welcher Weise Kräfte bewußt werden und durch die Entwicklung von immer mehr Fähigkeiten entsprechend gelenkt werden. Die Qualität des eigenen Kraftfeldes entscheidet, welche Energien und Menschen angezogen oder abgestoßen werden. Da uns unser Kraftfeld zunächst weitgehend unbewußt ist, vollziehen sich auch solche Vorgänge größtenteils unbewußt. Erst die Wirkungen – äußere Vorgänge und die damit verbundenen Erlebnisse, Probleme und Rückmeldungen aus der Umwelt – lassen Rückschlüsse auf die Ursachen der Kraftströme und der Energieprozesse zu. Deshalb ist es für die Entwicklung der Persönlichkeit und für eine bewußte Lebensgestaltung wesentlich, sich der Qualität des eigenen Kraftfeldes, der eigenen Gedankenauswahl sowie der Art der Kräfte, die aus der Umwelt auf uns einwirken, bewußt zu werden. Dann ist eine positive Gestaltung des persönlichen Kraftfeldes und der Atmosphäre des unmittelbaren Umfeldes möglich. Auf solche Weise lassen sich auch die Entwicklung und die Selbstwerdung erleichtern und fördern. Jeder Tag bietet viele Möglichkeiten zum Experimentieren. Die Ergebnisse werden um so interessanter und wertvoller, je bewußter und schöpferischer wir mit unseren eigenen Kräften umgehen und damit die Qualität unseres Lebens mitgestalten.

Übungsteil I

1. Bewusstseinsübung

Sender und *Empfänger*
Sowohl im Verlauf der in diesem Buch aufgezeigten speziellen Übungen wie auch zu beliebigen Zeitpunkten während Ihres Alltags kann das Durchdenken folgender Fragen wertvoll sein: Für welche Kräfte will ich gegenüber meiner Umwelt (Familie, Freunde, Kollegen, Vorgesetzte, Angestellte oder auch für sogenannte Gegner) Sender sein? Entsprechen mein Denken und Fühlen, mein Verhalten und Motivieren, also die Strahlung meines Kraftfeldes, dieser Kräftequalität? Für welche Kräfte will ich Empfänger sein? Wähle ich die Kräfte, die ich in mich einlasse, aus? Welche Einflüsse empfinde ich als förderlich, harmonisierend, beruhigend oder auch aktivierend? Welche Einflüsse sind für mich hemmend, störend oder belastend? Wodurch kann ich solche Einflüsse ursächlich verändern?
Inwieweit belaste ich mein Kraftfeld und meine Eigenschwingung – unbewußt, teilbewußt oder bewußt – durch negatives Denken, Fühlen, Wollen, Vorstellen oder Reagieren? Wodurch vermag ich das Kraftfeld meiner Persönlichkeit positiv zu gestalten? Mit welchen Fähigkeiten läßt sich meine Konzentration verbessern? Belaste oder fördere ich meine Umwelt durch meine Gedanken- und Gefühlskräfte, durch meine Ausstrahlung? In welcher Form und bei welchen Gelegenheiten drücken sich Harmonie und Disharmonie meiner Kräfte auch in meinem Sprechen, Verhalten und Tun aus? Bin ich für alle Kräfte, die von mir ausgehen, verantwortlich? Wodurch kann ich mich gegen negative Kräfte schützen?

2. Ruhe senden

Setzen Sie sich entspannt aufrecht, geben Sie dem Atem alle Freiheit, und verankern Sie sich im Hara.
Beobachten Sie mit geschlossenen Augen, welche Bilder, Erinnerungen, Gedanken, Ichimpulse und Eindrücke jetzt bewußt werden. Schauen Sie alle inneren Vorgänge nur an, ohne sich damit zu identifizieren! Lassen Sie dies wie einen Film an sich vorüberziehen. Seien Sie aber nicht erstaunt, wenn – ähnlich wie im Traum – die verrücktesten Gedankenbilder aufsteigen! Vermeiden Sie jedoch jede Wertung. Zunächst geht es nur um das Bewußtwerden.
Als nächsten Schritt üben Sie das Loslassen. Immer, wenn etwas bewußt wird, gleichgültig, was es sei, lassen Sie es mit dem nächsten Ausatmen los. Dann schauen Sie wieder innerlich hellwach an, was in Ihr Bewußtsein drängt. Je entspannter Sie schauen, um so eher können innere Vorgänge bewußt werden. Sobald sie jedoch bewußt sind, lassen Sie diesen Ein-druck mit dem nächsten Ausatmen los und geben ihn damit ab.
Wenn sich der Gedankenfluß etwas beruhigt hat, konzentrieren Sie sich auf die Kraftqualität RUHE. Damit die Gedanken nicht so leicht abschweifen, verbinden Sie Ihre Konzentration mit dem Atemvorgang: Bei jedem Einatmen denken Sie »Ru-«, bei jedem Ausatmen »-he«. Lassen Sie dabei dem Atem alle Freiheit, und gleichen Sie Ihre Konzentration Ihrem natürlichen Atemrhythmus an. Wie Sie wissen, ist *Unruhe* eine Kraft, die sehr belasten kann. Dagegen ist *Ruhe* eine Kraft, die aufbaut und heilt. Versuchen Sie, die Kraftqualität oder die Schwingung von Ruhe gedanklich, gefühlhaft und körperlich wahrzunehmen und bewußt zu erleben:

- Ruhe im Denken – beruhigen sich Ihre Gedanken?
- Ruhe im Fühlen – beruhigen sich Ihre Gefühle?
- Ruhe im Körper – beruhigen sich Ihre Körperkräfte, Ihre Nerven?

Erleben Sie in der Ganzheit Ihrer Persönlichkeit RUHE! Jetzt können Sie Sender für die Kraft der Ruhe sein! Strahlen Sie nun in aller Ruhe Kraft der Ruhe aus: körperlich, gefühlhaft und gedanklich. Schaffen Sie dabei eine Atmosphäre der Ruhe um sich und in Ihrem Raum, und erleben Sie, wie diese Kraft auf Sie und Ihre Umwelt wirkt.
Dann könnten einige Fragen aus der Bewußtseinsübung folgen. Wenn Sie still nach innen – in Ihr inneres Wesen – horchen, kann es sein, daß Ihnen, aus sich selbst heraus, Antworten bewußt werden, die nicht nur erdacht, sondern kraftgeladen und intuitiv sind.
Beenden Sie die Übung langsam, atmen Sie tief aus, so daß ein freies Aufatmen oder Gähnen entsteht. Selbst bei solchen Übungen ist es sinnvoll, sich am Ende durchzudehnen, damit keine Müdigkeit durch einen zu niedrigen Muskeltonus zurückbleibt. Nun können Sie sich erfrischt, ausgeruht und erholt aus der Kraft der Ruhe Ihrer Umwelt und Ihren Aufgaben wieder zuwenden.

Es kann für Sie wertvoll sein, wenn Sie sich täglich kurze Notizen über Erfahrungen während der Konzentrationsübungen machen. Beobachten Sie auch die Auswirkungen auf Ihren Alltag!

Umgang mit dem Unbewussten

Der Mensch lebt – bewußt oder unbewußt – aus allen seinen Bewußtseinsbereichen. Im allgemeinen überwiegen allerdings Einflüsse aus dem Unbewußten. In ihm sind alle bisherigen Erfahrungen und Entwicklungsvorgänge, alle Wertungen, Neigungen, Strebungen und Gewohnheiten eingelagert. In tieferen Schichten sind unsere Urbilder und Leitbilder sowie unsere kollektiven Urerfahrungen, Ursymbole und das organisch Unbewußte, das alle eigengesetzlichen Körperfunktionen, wie Herzschlag, Hormonausschüttungen und Triebe, umfaßt.
Doch auch alles Erleben, alles Fühlen, Denken und Wollen, das tagein und tagaus unser Bewußtsein besetzt, sinkt so lange Zeit in das Unbewußte, bis es durch verwandte Eindrücke reaktiviert wird. Diese Kräfte bleiben also latent im unbewußten Bereich unseres Bewußtseins, unabhängig davon, ob sie von belastender oder aufbauender Natur sind. Mit jedem Eindruck aus der Umwelt, mit jedem Sinneskontakt, ja mit jeder Wahrnehmung, sei sie unbewußt oder bewußt, kommen dazu verwandte, unbewußte Kräfte in Resonanz. Dieses Wiederschwingen früheren Erlebens gibt dem augenblicklichen Erleben individuelle Färbung, Wertung und Verstärkung, die dann unsere Erlebnisweise, unsere Reaktionen und Verhaltensweisen bestimmen. Deshalb können wir oft Menschen nicht verstehen, wenn wir noch nicht ähnliches wie sie erlebt oder durchgemacht haben.
Der Einfluß unbewußter Kräfte auf das Wachbewußtsein, ja auf die gesamte Lebens- und Verhaltensweise des Menschen ist groß. Vor allem unverarbeitete, verdrängte, also im Bewußtsein nicht zugelassene Kräfte, können den Menschen belasten; denn sie halten – unbewußt – sein Bewußtsein besetzt. Dann kann er nicht denken, was er will, sondern er muß denken, was sein Unbewußtes bestimmt. Deshalb ist die Konzentration bei so vielen Menschen schlecht.
Unbewußte Kräfte können die Konzentrationsfähigkeit aber auch fördern; nämlich dann, wenn ausreichend bejahende, lebensaufbauende Kräfte im Unbewußten eingelagert sind. Da sich jeder Mensch mit seinen unbewußten, Erlebniskräften identifiziert, bleibt ihr Einfluß so lange aufrechterhalten, bis sie – vor allem sogenannte negative Kräfte – bewußt verarbeitet werden. Damit kann eine neue Bewußtseinseinstellung zu den Menschen oder Situationen gefunden werden.
Eine Verarbeitung unbewußter Kräfte setzt voraus, daß sie nicht verdrängt, unterdrückt oder verneint, sondern als Teil von mir bejaht werden. Dann erst wird es möglich, sie im Bewußtsein zuzulassen, sie anzuschauen, sie zu verarbeiten und durch ein inzwischen neueres Bewußtsein zu neutralisieren oder sogar positiv umzuwerten. Für eine bejahende Verarbeitung sind eine bewußte Motivation und eine entwicklungsorientierte Grundhaltung wesentlich.

Übungsteil II

1. Einfluss unbewusster Kräfte

Versuchen Sie, sich Fragen wie die folgenden zu stellen:
Welchen Menschen oder Aufgaben gegenüber kann ich den Einfluß meiner unbewußter Kräfte wahrnehmen?
Kann ich diese Kräfte akzeptieren?
Welche Kräfte fördern meine Bewußtheit, meine innere Freiheit und Konzentrationsfähigkeit?
Worin mögen die Ursachen liegen?
Sind mir auch zwanghafte Einflüsse bewußt? In welcher Beziehung und seit wann etwa?
Wie kann ich lernen, mit ihnen umzugehen? Kann mir dabei eine intensive Bewußtseinsschulung helfen? Brauche ich zu diesen Einflüssen eine neue, entwicklungsorientierte Einstellung? Wodurch lassen sich fördernde Einflüsse verstärken?

2. Beeinflussung der Gesamtverfassung durch den Atem

Sitzen oder stehen Sie aufrecht und entspannt, und verankern Sie sich gut im Hara.
Zur Harmonisierung können Sie nun die Wechselatmung durchführen. Dazu legen Sie die linke Hand wie eine Schale, Daumen und Zeigefinger berühren sich, unterhalb des Nabels. Mit dem rechten Daumen schließen Sie die rechte Nasenseite und lassen durch die linke Nasenöffnung die Luft einströmen. Dann schließen Sie mit dem Ringfinger die linke Nasenöffnung und atmen rechts aus. Dann wieder rechts einatmen, mit dem Daumen das Nasenloch schließen und links ausatmen. Links wieder einatmen und so fort. Lassen Sie Ihrem Atem alle Freiheit und konzentrieren Sie sich auf die Kraft der HARMONIE, gedanklich, gefühlhaft und körperlich, so daß eine ganzheitliche Konzentration entsteht. Damit die harmonisierende Wirkung spürbar wird, kann diese Übung etwa 5–10 Minuten durchgeführt werden. Sie hilft bei vielen alltäglichen kleinen Beschwerden, fördert die Konzentrationsfähigkeit und harmonisiert den ganzen Menschen.
Bei der Aktivierung kann der rhythmische Atem helfen. Dafür erspüren Sie zuerst Ihren natürlichen Atemrhythmus. Wenn dieser frei zugelassen werden kann, versuchen Sie, gleich lang ein- und auszuatmen. Dabei konzentrieren Sie sich auf KRAFT, VITALI-

TÄT oder ENERGIE, bis Sie spüren, daß Sie wieder frischer sind. Beenden Sie diese Übung jedoch nicht, ehe Sie nicht wieder Ihren freien Atemrhythmus zulassen können. Als Abschluß der Aktivierung dehnen Sie sich durch, bis ein tiefes Gähnen entsteht. Wenn Sie sich beruhigen und entspannen wollen, erspüren Sie zuerst Ihre natürliche Atembewegung im Beckenraum.
Wenn der Atem frei und ruhig geworden ist, verbinden Sie mit dem Atemrhythmus die Konzentration auf LOSLASSEN oder RU-HE.

3. Bewusstseinsinhalte kennenlernen

Sitzen Sie entspannt aufrecht, verankern Sie sich gut im Hara, und schließen Sie dabei die Augen.
Fragen Sie sich: Was ist für mich Bewußtsein? Wie erlebe ich mein Bewußtsein? Erlebe ich mich jetzt – sonst – gegenwärtig? Bin ich wach genug, um meine Bewußtseinsinhalte wahrzunehmen? Schauen Sie – mit geschlossenen Augen – so entspannt wie möglich in Ihren Innenraum des Erlebens. Was nehmen Sie wahr? Beobachten Sie in Ruhe, welche Bilder, Erinnerungen, Gedanken oder Ideen in Ihr Bewußtsein kommen. Lassen Sie alles frei zu, ohne etwas zu werten! Fragen Sie sich, aus welchen Bewußtseinsbereichen diese Inhalte kommen.
Sind Ihre vorüberziehenden Gedanken, Bilder, Gefühle oder Ideen mit Ihrem jetzigen Bewußtseinszustand identisch oder nicht? (Diese Fragen lassen sich nur dann gültig beantworten, wenn Sie Zuschauer bleiben, sich also nicht mit Ihren Bewußtseinsinhalten wertend identifizieren!) Sind Sie diese Gedanken, Gefühle oder Bilder? Oder »haben« Sie diese, können sie also beobachten oder sogar beeinflussen? Können Sie Ihre Bewußtseinsinhalte immer und unter allen Umständen beobachten oder beeinflussen oder nur, wenn Sie bewußt frei von eigenen Resonanzen aus dem Unbewußten und konzentriert sind?
Konzentrieren Sie sich nun auf RUHE; besetzen Sie Ihr Bewußtsein mit diesem Inhalt, bis Sie Ruhe bewußt erleben.
Sind Sie jetzt bewußter als zu Beginn der Übung? Wie ist Ihre Gesamtverfassung? Sind Sie in einem Höchstmaß Sie selbst, also weitgehend frei von allem Fremden?
Beenden Sie dann langsam und bewußt diese Übung, und wenden Sie sich – vielleicht bewußter – wieder Ihrer Umwelt zu.

Denkvorgänge nach den Lehren des Raja-Yoga

Swami Prabhavananda hat den zweiten Lehrsatz des Raja-Yoga so formuliert: »Yoga ist die Beherrschung der Gedankenwellen der Denksubstanz.« In den folgenden beiden Abschnitten werden wir das Denkmodell des Raja-Yoga ein wenig kennenlernen, seine Systematik und seine Erklärungen von Bewußtseinsvorgängen.
Nach den Lehren des Raja-Yoga ist jedem Menschen eine *Denksubstanz,* ein mentales Kraftfeld zu eigen, das im Sanskrit *citta* heißt. Jeder Eindruck bewirkt in diesem mentalen Kraftfeld Bewegungen, also *Gedankenwellen,* im Sanskrit *vritti.* Die Denksubstanz hat – vereinfacht ausgedrückt – drei Fähigkeiten:

- manas – das Denk- und Wahrnehmungsvermögen;
- buddhi – das Unterscheidungs- und Erkenntnisvermögen;
- ahamkara – der Ichbezug oder Ichmacher.

Die Denksubstanz ist einer Trägerwelle vergleichbar. Entsprechend ihrer Eigenschwingung können ihr gemäße mentale Schwingungen aus der Umwelt, aus dem Unbewußten, dem nicht mehr Bewußten und aus dem Überbewußten, dem noch nicht Bewußten, aufmoduliert werden. Der Mensch kann aber auch über sein mentales Kraftfeld seine Bewußtseinsvorgänge der Umwelt, also anderen Denksubstanzen, vermitteln.
Das Denk- und Wahrnehmungsvermögen, auch *Denkorgan (manas)* genannt, bewirkt die Schwingungs- und Modulationsfähigkeit der Denksubstanz, ihre Richt- und Integrationsfähigkeit. Mit anderen Worten: Durch die Schwingungs- und Modulationsfähigkeit vermögen wir, ähnlich einem Rundfunkgerät, mentale Schwingungen aus der Umwelt, aus dem Un- und Überbewußten auf- und wahrzunehmen. Die Richtfähigkeit mentaler Substanz bewirkt Konzentrationskraft, Wahrnehmungs-, Vorstellungs- und Gestaltungskraft sowie mentale Strahlkraft und Sendefähigkeit. Dadurch sind wir ebenso Sender wie Empfänger!
Die Integrationsfähigkeit ermöglicht, im Zusammenspiel mit dem Erkenntnisvermögen und dem Ichbezug, Verstehen – unseren Verstand.
Durch die Unterscheidungs- und Erkenntnisfähigkeit, auch *Intelligenzorgan (buddhi)* genannt, vermögen wir zu unterscheiden, zu differenzieren, wiederzuerkennen und Neues zu erkennen. Durch die Entwicklung der

Erkenntnisfähigkeit – nämlich durch Konzentration – werden wir fähiger zur geistigen Inspiration, zur Intuition, zum schöpferischen Denken und Gestalten, zur Wahrnehmung des Sinnes hinter allem Geschehen, zur Findung des Lebenssinnes bis hin zu immer tieferen Erkenntnissen, ja bis zur Selbsterkenntnis oder Erleuchtung. *Buddha* heißt *der Erleuchtete* oder *der Erwachte; buddhi* ist das Instrument der Erleuchtung, der Wachheit und Bewußtheit.

Der *Ichbezug*, auch *Ichmacher* oder *Ichorgan (ahamkara)* genannt, stellt den Bezug zu allem bisherigen Icherleben her, wodurch die Ichkraft und die Ichwertungen entstehen. Der Ichbezug ist jene Funktion der Denksubstanz, die alles augenblickliche Wahrnehmen und Erleben mit dem bisher Erlebten in Verbindung bringt. Dadurch entsteht Kontinuität allen Erlebens und damit Individualität. Bei allem Wahrnehmen und Erleben entsteht im Unbewußten Resonanz früheren Erlebens. Wir nehmen zum Beispiel einen bestimmten Geruch wahr, und schon tauchen Bilder, Erinnerungen oder Stimmungen aus einer Zeit auf, in der uns dieser Geruch ein positives oder negatives Erleben vermittelt hat; Brandgeruch etwa erinnert uns an Kriegsgeschehen oder ein guter Küchengeruch an Geborgenheitserleben aus der Kindheit. Weil dies alles Wertungen, also für uns Erlebniswerte, sind, identifizieren wir uns damit, und zwar unbewußt. Jede Wahrnehmung, jeder neue Eindruck, ist wie ein Stein, der in ein Wasser fällt, wodurch Bewegung entsteht: die typischen Ringe um die Mitte, die sich immer mehr erweitern, bis sie verebben. Vergegenwärtigen wir uns einmal, wie vielen äußeren Eindrücken wir ausgesetzt sind, ebenso wie vielen Eindrücken aus dem Unbewußten, z. B. Erinnerungen, Stimmungen, Gefühlen, Neigungen, Unlust, Lust, Ängsten. Dazu kommen bewußte Vorstellungen, Erwartungen, Forderungen und Unterscheidungen sowie neue Impulse, Einfälle und Ideen aus dem Überbewußten, die zum Teil gegensätzlich sein können. Ahnen wir dann vielleicht etwas mehr vom verborgenen Wirken des sogenannten Ichmachers? Mit alledem identifizieren wir uns, sei es in positiver oder in negativer Weise! Dabei benutzen wir Ichkraft, um unserem Ichgefühl Ausdruck zu verleihen. Dabei sammeln wir neue Erfahrungen, die unsere künftigen Reaktionen und Verhaltensweisen mitbestimmen, ja unser Bewußtsein weiten können.

Ichbezug, Ichkraft und Ichwertung sind nichts Negatives! Sie sind im Zusammenspiel mit dem Wahrnehmungs- und Erkenntnisvermögen notwendig für unser Leben und für unsere Entwicklung. Wenn Ichkräfte vorherrschen, diese also stärker sind als unser Erkenntnisvermögen, dann setzt unsere Ichidentifizierung unserem Bewußtsein enge Grenzen. Wir sehen dann nur noch unsere Wertungen und Neigungen, wodurch wir andere oft nicht verstehen, ja manchmal nicht einmal mehr sehen können. Dann wird aus den Ichkräften ein Ichhaften, wodurch wir in anderen auch deren Ichhaftigkeit wecken. Wie oft entsteht dabei leidvolles Auf-sich-zurückgeworfen-Werden, Sich-nicht-verstanden-Fühlen oder sogar Isolation von der Umwelt als Antwort auf die eigene starke Ichhaftigkeit.

Das Zusammenwirken von Wahrnehmungsvermögen, Unterscheidungsvermögen und Ichbezug beschreibt Prabhavananda in *»Gotterkenntnis durch Yoga«* folgendermaßen: »Manas berichtet: ›Ein großer, lebendiger Gegenstand nähert sich schnell!‹ Buddhi stellt fest, entscheidet: ›Das ist ein Bulle; er ist wütend; er will jemanden angreifen.‹ Ahamkar schreit: ›Er will mich, Patanjali, angreifen. Ich bin es, der den Bullen sieht; ich bin es, der erschrickt; ich bin es, der fortläuft!‹ Später mag ahamkar von den Zweigen eines nahegelegenen Baumes hinzufügen: ›Jetzt weiß ich, daß dieser Bulle (der nicht ›ich‹ bin) gefährlich ist. Es gibt andere, die dies nicht wissen. Es ist meine eigene, persönliche Erfahrung, die mich veranlassen wird, diesen Bullen in Zukunft zu meiden.‹«

Die Verbindung der drei Funktionskreise der Denksubstanz erfolgt so unmittelbar und schnell, daß es uns nicht bewußt ist. Nur manche Situationen lassen das Zusammenwirken von Wahrnehmungsvermögen, Unterscheidung und Ichbezug erkennen; vor allem dann, wenn es sich um Eindrücke handelt, die sehr bewußt erlebt werden wie Gefahrenmomente oder uns wesentliche Ersteindrücke.

Dieses Zusammenspiel von Wahrnehmung, Unterscheidung und Ichbezug ist jedoch nur dann harmonisch, wenn der Ichbezug nicht vorherrscht. Ein Beispiel mag dies veranschaulichen. Angenommen, Sie gehen abends aus dem Haus und ein Mann kommt auf Sie zu, der Sie beschimpft. Wenn Sie nicht gerade durch vorausgegangenen Ärger »geladen« sind, werden Sie diesen Menschen erst einmal anschauen, also unterscheiden: Kenne ich ihn, meint er wirklich mich, wie sieht er aus? Oh, er wankt, er ist ja betrunken! Aus dieser Erkenntnis heraus werden Sie diesen Mann getrost weiterziehen und schimpfen lassen. Herrscht aber Ihr Ichbezug vor, hören Sie nur die Beleidigung, schimpfen sofort, also ohne vorherige Unterscheidung, zurück und lassen sich womöglich mit einem Betrunkenen in einen Streit ein, über den Sie sich hinterher ärgern.

Wie oft entstehen Mißverständnisse, Ärger oder sogar Leid, nur weil wir voreilig, also ohne Unterscheidungs- und Erkenntnisvermögen, unbewußt und ichhaft etwas auf uns beziehen, falsch verstehen und werten, das vom anderen anders gemeint, ja sogar gesagt war.

Wie oft verhindert Angst die rechte Wahrnehmung! Als ich als Musikstudentin in Harmonielehre eine Prüfung ablegte, sagte vorher ein Kollege, daß er etwas Bestimmtes nicht könne. Wir beruhigten ihn, daß es ja ein großer Zufall sein müßte, wenn ausgerechnet das gefragt würde. Wir atmeten für ihn auf, als er nach einer Modulation gefragt wurde, die er konnte. Verblüffenderweise sprang er hoch und sagte: »Ich habe doch gewußt, daß ich die einzige Modulation spielen soll, die ich nicht kann.« Wir alle hörten richtig, was von ihm verlangt wurde. Er aber war von seiner Angst so blockiert, daß er genau das zu hören vermeinte, was er nicht konnte. Erst nach unserem Einwand verstand er richtig und konnte dann auch, was von ihm verlangt wurde. Dies war für mich ein wertvolles Lehrbeispiel. Es sagte mir, wie notwendig es ist, von jedem Handeln möglichst immer zuerst bewußt wahrzunehmen, zu unterscheiden und zu erkennen. Dabei vertieft sich auch die Erlebnisfähigkeit.

Übungsteil III

1. Bewusstseinsübung

Fragen wir uns, wie in unserem Alltag das Zusammenspiel von Wahrnehmungsvermögen, Unterscheidungsvermögen und Ichbezug wirksam wird:

Können unter normalen Umständen Wahrnehmung, Unterscheidung und Ichbezug harmonisch zusammenwirken? Wie ist es bei Belastungen oder unter Zeitdruck? Welcher der Funktionskreise ist dann vorherrschend? Worin liegt dafür die Ursache? Wie ist dann meine Verhaltensweise?
Welcher Bereich meiner Denksubstanz bedarf einer intensiveren Entwicklung: die Wahrnehmungs-, Unterscheidungs- oder Erlebnisfähigkeit? In welchen Lebensbereichen (Familie, Beruf, Freundschaft, Bildung, Freizeitgestaltung, Kunst, Erholung usw.) lassen sich durch bewußtere Wahrnehmung und bewußtere Unterscheidung tiefere Möglichkeiten des Erlebens erschließen?
Welcher Bereich der Denksubstanz herrscht im Alltag vor? Bin ich im Alltag in der Lage, mein Unterscheidungs- und Erkenntnisvermögen bewußt einzusetzen, ohne daß mein Ichbezug darunter leidet? Ist mein Ichbezug gesund? Weder zu schwach noch zu übermächtig, weder in der Ichauflösung noch in der Verfestigung? Übe ich immer wieder Hara, also die Verankerung meiner Ichkräfte im Beckenraum, anstatt hochzugehen und mich in den Schultern festzuhalten? Welche meiner Sinneswahrnehmungen sollten bewußter sein? Worin liegt der Sinn der Sinne?
Brauche ich auch die Fähigkeit, meine Denksubstanz von Einflüssen aus der Umwelt oder vom Unbewußten abzulösen, so daß eine größere Unabhängigkeit entsteht? Kann ich dadurch jederzeit Gedankenruhe und Konzentrationsfähigkeit erlangen?

Aus dem Osten kennen wir ein treffendes Gleichnis, das die Situation des Menschen verdeutlicht: den Reiter auf einem Pferd. Das Pferd stellt die Persönlichkeit mit allen ihren nach außen gerichteten Sinnen und Kräften dar. Der Reiter symbolisiert die Geist-Seele oder das Selbst. Zaumzeug und Zügel sind in diesem Bild die zielgerichtete Orientierung, aber auch die Kontrolle der Persönlichkeitskräfte durch die Erkenntniskräfte und das Selbst-bewußtsein. Zu welchen Zeiten kann der Reiter die Zügel lockerlassen, und unter welchen Umständen muß er sie straffen? Geht der Reiter mit seinem Pferd verständnisvoll um, bleibt er aber dennoch konsequent?
Überdurchschnittliche Konzentrationsfähigkeit erfordert eine bewußte Schulung des Denkvermögens durch Übung der Wahrnehmung und Unterscheidung sowie durch bewußte Erfahrungssammlung. Der Mensch kann nur das erleben, wozu er wahrnehmungsfähig ist. Meistens nimmt er Sinneseindrücke nur teilbewußt auf. Durch Schulung der Achtsamkeit läßt sich die Sinneswahrnehmung entwikkeln, das Unterscheidungsvermögen verbessern, das Erleben vertiefen und das Bewußtsein weiten.
Umgekehrt ist die Fähigkeit, jederzeit das Wahrnehmungsvermögen von Einflüssen aus der Umwelt oder aus dem Unbewußten abzuziehen, eine wesentliche Hilfe für die Konzentration! Gerade in unserer von Unruhe und Hektik belasteten Zeit ist die Begabung, die Aufmerksamkeit nach innen zu richten, unerläßlich. Die »Zügelung« der Denksubstanz (wir erinnern uns: Yoga = Joch; siehe dazu auch S. 10) ist jedoch schwieriger als die Entwicklung der Wahrnehmungs- und Unterscheidungsfähigkeit. Diese Zügelung erfordert Kontrolle des Wahrnehmungsvermögens und des Ichbezugs! Dies ist zugleich eine Voraussetzung für alle Bewußtwerdung und Selbstwerdung.

2. Unbewusstes und bewusstes Tasten

Nehmen Sie wieder eine aufrechte und entspannte Haltung ein, schließen Sie die Augen, und verankern Sie sich im Hara.
Prüfen Sie, ob Ihnen bisher bewußt war, was die Hände berühren. Lassen Sie Ihre Hände, wo sie sind, und ertasten Sie nun bewußt, was Ihre Hände berühren: das Material Ihrer Kleidung oder ähnliches. Nehmen Sie wahr, was Sie fühlen. Versuchen Sie zu unterscheiden, indem Sie erspüren, wie sich der Stoff Ihrer Hose oder Ihres Kleides anfühlt – fest, weich, warm –, und erleben Sie diese Eindrücke bewußt vom Ich her. Lassen Sie die Hände dort, wo Sie sie zuletzt hatten, und ziehen Sie Ihre Aufmerksamkeit bewußt aus den Händen zurück, z. B. zur Atmung.
Erspüren Sie, ob Ihnen Ihre Atembewegung bewußt ist. Tasten oder spüren Sie innerlich, ob Sie Ihre Atembewegung wahrnehmen können. Unterscheiden Sie zwischen den Phasen des Atemvorgangs – Einatmung, Ausatmung oder Atempause –, und erleben Sie den Atemvorgang ebenfalls bewußt vom Ich her. Und nun versuchen Sie bewußt, Ihr inneres Tasten oder Fühlen abzustellen: Dazu nehmen Sie Ihre Aufmerksamkeit aus dem Atembereich zurück und richten sie statt dessen, z. B. über ein Sinnesorgan, nach außen. Sie schauen also aus dem Fenster oder auf ein Bild oder hören auf Geräusche oder eine Musik. Nehmen Sie dabei immer noch Ihre Atembewegung wahr?

3. Unbewusstes und bewusstes Sehen

Haltung – Hara.
Versuchen Sie sich daran zu erinnern, was Sie unmittelbar vor dieser Übung gesehen haben. Schauen Sie dann auf verschiedene Gegenstände: Nehmen Sie sie wahr, differenzieren Sie zwischen Einzelheiten, und erleben Sie das Schauen bewußt als »Ich schaue«. Versuchen Sie dann bewußt, nicht zu sehen: Sie können, während Sie die Augen geöffnet lassen, sich z. B. auf akustische Eindrücke konzentrieren. Haben Sie bisher innerlich bewußt sehen können, z. B. Bilder, Erinnerungen, Träume usw.? Schließen Sie die Augen, und schauen Sie entspannt mit dem »geistigen Auge« nach innen. Lassen Sie Gedankenbilder vorbeiziehen, nehmen Sie sie wahr, differenzieren Sie, und erleben Sie: »Ich sehe innerlich.«
Danach versuchen Sie, bewußt nicht innerlich zu schauen, indem Sie sich z. B. auf das Erspüren der Atembewegung konzentrieren.

4. Unbewusstes und bewusstes Hören

Haltung – Hara
Ist Ihnen bewußt, was Sie soeben an akustischen Eindrücken wahrgenommen haben? Stellen Sie sich bewußt auf das Hören ein: Nehmen Sie wahr, daß Sie hören; unterscheiden Sie die verschiedenen Wahrnehmungen, und erleben Sie bewußt »Ich höre«. Ziehen Sie jetzt bewußt Ihre Aufmerksamkeit vom Hören ab, z. B. durch Konzentration aufs Sehen.
Haben Sie schon einmal inneres Hören erfahren? Lauschen Sie bewußt nach innen, z. B. auf den Puls, den Herzschlag oder den Atemvorgang. Hören Sie jetzt noch tiefer nach innen, um die innere Stille wahrzunehmen, sie zu erkennen und bewußt erleben zu können. Dann wenden Sie Ihre Aufmerksamkeit vom Horchen nach innen ab, z. B. durch Konzentration auf akustische Einflüsse von außen.

5. Ich-sein und Bewusstsein

Haltung – Hara
Sind Sie sich Ihres Ichs bewußt? Wie erleben Sie Ihr Ich? Was empfinden Sie, wenn Sie sich sagen »Mein Ich«? Konzentrieren Sie sich auf ICH BIN oder BIN ICH? – was Ihnen gerade mehr liegt.
Versuchen Sie dann, Ihre Gedanken weitgehend ohne Ichbezug, ohne den Ichmacher, zu beobachten: Mit dem Denkorgan nehmen Sie die Bewegungen der Denksubstanz wahr, ohne sich damit zu identifizieren. Bleiben Sie Zuschauer! Erfassen Sie mit der Unterscheidungskraft des Intelligenzorgans, wodurch die Bewegungen der Denksubstanz verursacht werden, wie also Gedanken entstehen.
Ersetzen Sie nun aufsteigende Gedanken bewußt durch Konzentration auf **BEWUSST SEIN.** Entspannen Sie sich dabei, bewahren Sie aber die aufrechte Haltung.
Vergleichen Sie Ihre Erfahrung mit der Konzentration auf BEWUSST SEIN mit der Einstellung auf ICH BIN. In welcher Gesamtverfassung befinden Sie sich? Sind Sie wach und bewußt? Sind Sie sich jetzt fremd oder sind Sie mehr Sie selbst? Beenden Sie die Übung langsam, und beobachten Sie die Wirkung. Bemerken Sie eine Veränderung?

Konzentration nach den Lehren des Raja-Yoga

Das Wesen der Konzentration liegt in der verbindenden Kraft von Subjekt und Konzentrationsobjekt. In der Konzentration wird Kraft gesammelt, und es entsteht ein Kräftestrom zwischen dem Ich und dem Konzentrationsobjekt, der beide miteinander verbindet. Hat das Konzentrationsobjekt eine höhere Eigenschwingung als das Subjekt, erhöht sich bei anhaltender Konzentration auch die Eigenschwingung des Subjekts. Die Folge ist ein erhöhtes Bewußtsein.
In diesem Verbinden, später auch Vereinigen, sind Yoga und Konzentration wesenhaft identisch.
Einpunktige Konzentration entsteht durch Loslösung und bewußtes Vermeiden von gewohnheitsmäßigen Assoziationen, Resonanzen, Wertungen und Identifikationen mit bisherigen Bewußtseinsinhalten aus dem Unbewußten.
Jeder Eindruck erzeugt in der Denksubstanz Bewegungen. Durch den Ichbezug entstehen im Kräftereservoir des Unterbewußten unentwegt Resonanzen. Dabei werden ehemalige verwandte Erlebniskräfte aus ihrer Latenz gehoben und zum Mitschwingen veranlaßt. Diese verwandten Schwingungen verstärken und vermehren die jeweils vorhandenen Bewegungen in der Denksubstanz, und Gedanken gewinnen an Kraft.
Sind nun Eindrücke sowie ihre unbewußten Resonanzen zu vielseitig, unklar oder der eigenen Zielsetzung entgegengesetzt, können die Bewegungen in der Denksubstanz dermaßen unkoordiniert überhandnehmen, daß mentale Erregung, ja Verwirrung entstehen kann. Dabei wirken eine Vielzahl oft sogar widersprüchlicher Kräfte, wie Erinnerungen, Vorstellungen, Projektionen, Erwartungen, Wünsche oder Ängste, zusammen. Sie übertragen über das Gehirn, die Nerven und das endokrine Drüsensystem ein Übermaß an gedanklichen Bewegungen auf den Gefühlsbereich und den Körper. Dadurch entstehen emotionale und körperliche Erregungen mit den typischen Symptomen wie Muskelverspannung, erhöhter Herzschlag und Blutdruck, Hochatmung und gesteigerte psychische Reaktionen. Dies wiederum verstärkt die bereits vorhandene Unruhe in der Denksubstanz und verhindert die Konzentrations-, Unterscheidungs- und Erkenntnisfähigkeit zu einem Zeitpunkt, zu dem sie am notwendigsten gebraucht würde. Die Impulse an das Gehirn sind zu mannigfaltig und ungeordnet, um noch verstanden und ordnungsgemäß verarbeitet werden zu können. Daher ist nach Aufregungen oft nicht mehr bewußt, was sich tatsächlich abgespielt hat oder was wir gesagt und getan haben.
Solche Kurzschlüsse erfordern einen gewaltigen Kräfteaufwand und belasten auch die Umwelt, ohne der Lösung von Problemen und Überwindung von Schwierigkeiten zu dienen. Deshalb ist es sinnvoll, durch Üben eine möglichst stabile, belastbare Konzentrationskraft zu entwickeln. Regelmäßig durchgeführte Hara-, Entspannungs-, Atem-, Hatha-Yoga- und Konzentrationsübungen fördern eine gute Gesamtverfassung, Wachheit, Selbstkontrolle, Einsichts- und Reaktionsfähigkeit. Im Laufe der Zeit können durch Konzentration, auch in schwierigen Situationen, die Lebenskräfte schöpferischer eingesetzt werden als dies bei unkontrolliertem Denken oder gar bei Aufgeregtheit möglich wäre.

Übungsteil IV

1. Die Stop-Übung

Das tägliche Üben (am besten am Morgen) kann durch interessante Experimente ergänzt werden. Eines davon ist der Versuch, im Alltag anstelle von Aufregung und Verwirrung bewußt Konzentration einzusetzen.
Entscheidend dafür ist der Zeitpunkt: Um rechtzeitig die Schwierigkeit, aber auch die Chance für unsere Entwicklung zu erkennen, bedarf es der Bewußtheit, der positiven Einstellung und der wachen Unterscheidung.
Wird der rechte Zeitpunkt – gleich zu Beginn einer Belastung – übersehen, entstehen durch den der Situation entsprechend verstärkten Ichbezug, Resonanzen und Spannungen im Unbewußten, die sich unserer Kontrolle entziehen. Weitgehend unbewußtes, affektives Verhalten belastet jedoch die Situation noch mehr und kann zusätzliche Schwierigkeiten bewirken.
Hier bewährt sich die Stop-Übung! Sobald eine Schwierigkeit, etwas Unerwartetes oder Unangenehmes erkannt wird, denken wir *stop* und atmen aus: Dies ist eine erste Hilfe, um im Hara zu bleiben oder sofort wieder in den Hara zu kommen. Das Erspüren des Bodens, auch des Bodens in sich, hilft, in sich und bei sich zu bleiben, anstatt »außer sich« zu geraten, »hochzugehen«, »die Fassung zu verlieren«, oder wie immer es der Volksmund so treffend ausdrückt. Dadurch bleibt eher jene Gesamtverfassung erhalten, aus der heraus Ruhe und Konzentration möglich sind. Dies läßt uns in wesentlichen Momenten konzentriert wahrnehmen, unterscheiden, verstehen, reagieren und die rechten Anordnungen treffen. Es spart Zeit wie Kraft, ist als schöpferischer Vorgang, bereichernd.

Die größte Schwierigkeit bei diesem Experiment liegt also darin, den rechten Zeitpunkt zu erfassen. Tägliches Üben am Morgen hebt das Bewußtsein und verhilft zu einer positiveren Einstellung zur eigenen Entfaltung, zu allen Entwicklungsmöglichkeiten, die uns der Alltag durch schwierige Aufgaben und Belastungen anbietet. Mit einer solchen Einstellung lassen sich schließlich Hindernisse in schöpferischer Weise überwinden. Gleichzeitig dient sie der Entwicklung aller Beteiligten. Wie viele Fähigkeiten lassen sich dadurch entfalten! Anstelle sinnlosen Zeit- und Kräfteverbrauchs durch Aufregungen tritt dann bewußte Konzentration und dadurch auch ein zunehmendes Selbstbewußtsein. Praktische Hilfen können sein: Basisatmung, entspannte, aufrechte Haltung, Hara, Ruheatmung, Wechselatmung, Entspannungsübungen, Gedankenkontrolle und vor allem eine bewußte Bevorzugung des Intelligenzorgans im Sinne von Unterscheidung, Einsicht und Intuition. Wenn wir experimentieren, lassen sich interessante Erfahrungen sammeln!

2. Übung des assoziationsfreien Denkens

Haltung – Hara
Zählen Sie gedanklich langsam von 1–12. Versuchen Sie, nur zu den Zahlen Assoziationen, also Gedankenverbindungen, zuzulassen. Vermeiden Sie jedoch alle anderen Gedanken, Gefühle oder Ichimpulse. Wie verhält sich dabei Ihr Ichbezug?

Zählen Sie weiterhin langsam von 1–12, und bemühen Sie sich, auch zu den Zahlen keine Assoziationen mehr zuzulassen, sondern konzentrieren Sie sich ausschließlich auf die jeweilige Zahl. Sie können sich die Zahl bildhaft vorstellen oder, ganz assoziationsfrei, sie nur abstrakt denken. Wie lange gelingt Ihnen Assoziationsfreiheit? Minuten oder nur Sekunden? Wie verhält sich Ihr Ichbezug? Drängt er Sie in alte, gewohnheitsmäßige Denkmuster?

Als letzte Stufe dieser Übung richten Sie Ihre Aufmerksamkeit assoziationsfrei auf **RUHE,** möglichst ohne dies mit dem Atemgeschehen zu verbinden. Fällt Ihnen jetzt die Konzentration leichter? Können Sie jetzt eher Ruhe erleben als vor oder zu Beginn der Übung?

3. Hinführung zur einpunktigen Konzentration

Haltung – Hara
Zählen Sie wieder langsam gedanklich von 1–12, ohne Assoziationen oder andere Eindrücke zuzulassen.
Zählen Sie weiterhin assoziationsfrei. Immer wenn Sie bemerken, daß Gedanken, Gefühle oder andere innere Bewegungen auftauchen, beginnen Sie, wieder von 1 an zu zählen. Kontrollieren Sie dann Haltung und Hara, und entspannen Sie sich noch tiefer. Sie können ausprobieren, ob Ihnen diese Übung anfänglich leichterfällt, wenn Sie das gedankliche Zählen mit der Atmung verbinden. »Wollen« Sie nicht bis 12 kommen! Vielmehr geht es um das Freiwerden von Assoziationen jeder Art. Damit befreien Sie Ihr Bewußtsein von alten Gedanken-, Gefühls- und Projektionsformen und -mustern! Entspannen Sie sich immer tiefer, wenn Sie wieder und wieder mit 1 beginnen; bleiben Sie im Hara und in einer wachen, aufrechten Haltung!
Zählen Sie nun noch langsamer, lassen Sie also den Zeitraum zwischen den Zahlen größer werden. Leuchten Sie mit Ihrem Bewußtsein wie mit einem Lichtstrahler in diese Zwischenräume hinein! Sobald Sie etwas anderes als die gedachte Zahl wahrnehmen, beginnen Sie wieder bei 1 und entspannen sich immer tiefer.
Nun wiederholen Sie gedanklich nur noch die 1 in längeren Abständen. Damit besetzen Sie Ihr Bewußtsein mit der Eins, so daß kein Raum für andere Gedanken mehr besteht. Werden Sie in den Pausen zwischen den Wiederholungen der Eins Ihres inneren Bewußtseinsraumes (im Sanskrit: *cit-akash)* gewahr? Dann können Sie auch entdecken, wie Gedanken entstehen und vergehen. Dies ist ein Übungsweg, auf dem SEIN – Selbstbewußt-sein, Seins-fühlung – erfahren werden kann.
Erleben Sie RUHE und HARMONIE aus der inneren Stille.
Beenden Sie die Übung langsam, beziehen Sie gegen Ende die Menschen und Aufgaben mit ein, die Sie nach der Übung erwarten. Beobachten Sie die Wirkung auf die Atmung, Ihre Gesamtverfassung und Ihre Bewußtheit nach der Übung!

Einfluss von Gefühlskräften auf die Konzentration

In der Praxis geht es darum, einerseits hemmende oder störende Gefühlseinflüsse als solche zu erkennen und zu verarbeiten. Andererseits können wir förderliche Gefühle bewußt für die Konzentration einsetzen. Dazu gehört das Beobachten eigener gefühlhafter Denkvorgänge und das Kennenlernen von Reaktionen. Hinzu kommen Harmonisierung, Aktivierung und Entfaltung aufbauender Gefühle und die Verarbeitung und Wandlung vorherrschender, negativer Gefühlskräfte. Dafür ist es nicht notwendig, Gefühle zu unterdrücken oder zu verdrängen, sondern sie sollen bejaht, verarbeitet und durch Bewußtseinsschulung zum freien Strömen gebracht werden.
Gefühle gehören zur menschlichen Wesensäußerung. Je unbewußter der Mensch lebt, um so stärker bestimmen sie Erlebnisart und -reichtum. Für die Entwicklung ist entscheidend, ob und in welchem Ausmaß Gefühle unser Bewußtsein und damit unsere Konzentration, Reaktion, Denk- und Handlungsweise beherrschen oder sogar bestimmen. Sie können aber auch Ausdruck unseres Bewußtseins und unseres tiefen Erlebens sein. Dies ist sowohl für unsere Persönlichkeitsentfaltung als auch für unsere Lebensgestaltung von Bedeutung.
Deshalb versuchen wir, uns mit Hilfe des Intelligenzorgans diese unbewußten Kräfte und ihr emotionales Bezugssystem bewußt zu machen. Wir ordnen sie in unsere derzeitige Sicht ein und bringen sie in Zusammenhang mit neuen Erkenntnissen, so daß sie in ihrer hemmenden oder störenden Wertung gewandelt werden können.
Da die Verarbeitung von Gefühlen einen längeren Entwicklungsweg erfordert, sollten diese Übungen über einen größeren Zeitraum beibehalten werden. Wichtig ist jedoch, daß die Übungen bewußt und kontrolliert durchgeführt und mit einpunktiger Konzentration auf eine Wesenskraft abgeschlossen werden.

Übungsteil V

1. Beobachtung gefühlhafter Denkvorgänge im Alltag

Beobachten Sie Ihre gefühlhaften Denkvorgänge, z. B. am Morgen im Bad, beim Zähneputzen, beim Händewaschen, beim Duschen usw.
Die Beobachtung sollte zunächst nicht länger als 5 Minuten dauern. Nach einigen Erfahrungen mit dieser Übung kann sie zeitlich verlängert oder verkürzt werden.
Versuchen Sie, während der gewählten Tätigkeit alle Bewußtseinsinhalte wahrzunehmen, jedoch ohne Wertung und ohne einzugreifen.
Beobachten Sie dabei, wie hoch der Anteil unserer Gefühle beim Denken ist und wie sich die Gefühle und Gedanken verhalten, wenn Sie sie beobachten.

2. Beobachtung gefühlhafter Denkvorgänge im Berufsleben

Im Berufsleben ist diese Übung besonders interessant, wertvoll und vor allem notwendig. Im Laufe der Zeit lassen sich damit manche Schwierigkeiten vermeiden.
Wählen Sie im Rahmen Ihrer Tätigkeit eine vorher bestimmbare Situation, z. B. ein Telefonat, den Beginn oder Abschluß einer Arbeit, eine kleine Aufgabe, oder machen Sie es sich zur Gewohnheit, sich jede volle Stunde einige Minuten zu beobachten, ob Sie noch im Hara sind und welche Gefühle das Denken beeinflussen.

3. Bewusstseinsübung: Gefühle und Konzentration

Welche Gefühle fördern Ihre Konzentration? Warum? Welche Gefühle hemmen Ihre Konzentration? Warum?
Welchen Wert haben Wertungen?
Können Sie Wertungen anderer akzeptieren, auch wenn sie ganz anders als Ihre sind? Warum messen wir den Wert unserer Gefühle an ihrer Stärke?
Warum sind Gefühle fast immer stärker als unser Wille?
Welchen Einfluß hat Ihre Motivation auf Ihre gefühlhaften Denkvorgänge?

4. Harmonisierung von Gefühlskräften

Haltung – Hara – Atemerleben
Nehmen Sie Ihren Gefühlszustand wahr, und beobachten Sie, welche Gefühlskräfte sich durch Sie äußern.
Verändern sich die gefühlhaften Gedanken, wenn Sie sie hellwach beobachten?
In welchem Zustand fühlen Sie sich freier, wohler und mehr als Sie selbst: im teilbewußt Gefühlhaften oder im hellwachen mentalen Bewußtseinszustand?
Üben Sie einpunktige Konzentration auf HARMONIE, bis Sie spüren, daß Ihr Denken, Ihr Fühlen und Ihre körperliche Verfassung harmonisch werden.

5. Befreiung positiver Gefühlskräfte für eine Arbeit

Suchen Sie im bisherigen Erfahrungsgut nach Bildern, Gefühlen, Erlebnissen und Erinnerungen, die mit derzeitigen Aufgaben in Verbindung stehen. Wenn sich als Resonanz auf diese gedankliche Einstellung ein Gefühl von Lust, Freude, Kraft usw. einstellt, ist der Sinn der Übung bereits erfüllt.
Stellt sich indes Abwehr oder Abneigung ein, so versuchen Sie, den Sinn oder das Ziel der vor Ihnen liegenden Aufgabe zu erkennen.
Suchen Sie dann nach einem entsprechenden Motiv und auch nach anwendbaren Möglichkeiten, diese Arbeit – z. B. als Konzentrations- oder Bewußtseinsübung – so interessant und rationell wie möglich zu gestalten. Hier sind Ihrer Einsicht und Erfindungsfähigkeit keine Grenzen gesetzt!
Wenn sich hemmende oder belastende Gefühlskräfte aber nicht abbauen lassen, lohnt es sich, daß Sie die Folgen einer Ablehnung der Durchführung dieser Tätigkeit durchdenken. Das führt entweder dazu, eine mehr oder weniger annehmbare Kompromißlösung zu finden oder die Konsequenzen zu ziehen. Oft öffnet sich dann ein Weg zu neuen Möglichkeiten, zu neuen Einsichten, Motiven oder Gefühlskräften. Abschließend konzentrieren Sie sich einpunktig auf SELBSTVERTRAUEN.

Erkennen unbewusster und bewusster Gedankenkräfte

Unser Bewußtsein ist pausenlos, bis in den Traumschlaf hinein, von wechselnden Gedanken besetzt, unabhängig davon, ob uns dies bewußt ist oder nicht. Alle Gedanken sind Kräfte, die nach Verwirklichung streben. Deshalb ist für uns wesentlich, daß wir uns ihrer emotionalen Gehalte, ihrer »Ladungen«, Ursachen und Strebungen bewußt werden. Andernfalls können sie uns beherrschen und zu Fehlreaktionen führen, ohne daß wir dies bemerken. Oft wird uns erst an den Wirkungen klar, daß unverarbeitete Erlebniskräfte unser Fehlverhalten verursacht haben. Meistens aber projizieren wir diese unbewußt auf jene Menschen oder Umstände, die die entsprechende Resonanz in uns auslösen.
Wie viele Menschen lassen sich über lange Zeiten ihres Lebens von keineswegs immer angenehmen, realistischen oder aufbauenden Gedankenkräften beherrschen! Sie müssen denken, was ihre unbewußten Gefühlsspannungen und Resonanzen und was Umwelteinflüsse diktieren. Alles – sei es auch momentan noch so wertbesetzt oder angenehm – wird fragwürdig, wenn es die Freiheit unseres Bewußtseins einengt und damit unbewußt Kräfte bindet und unsere Konzentrationsfähigkeit behindert.
Erst wenn negative Gefühlskräfte verarbeitet und umgewandelt sowie bewußt lebenswerte, aufbauende Gefühls- und Gedankenkräfte ausgewählt werden können, lassen sie sich konzentriert für schöpferische Ziele einsetzen. Jeder erlebt dabei, daß er innerlich freier und froher wird!
So geht es zunächst um die Einsicht, welche unbewußten Einflüsse die Gedankenkräfte verstärken, beeinflussen oder oft sogar beherrschen. Dies läßt sich durch die Übung der Beobachtung im Alltag, vor allem im Berufsleben, erreichen. Unterscheiden wir dabei, ob in wesentlichen Situationen mehr gefühlhafte oder mentale, mehr negative oder positive Kräfte vorherrschen. Wenn das Zusammenspiel von unseren bewußten und unbewußten Kräften besser verstanden wird, können wir auch die Reaktionen anderer Menschen besser verstehen. Wir erfassen dann schneller, wie sich ungute Einflüsse vermeiden und konstruktive Vorschläge verwirklichen lassen.
Damit neue Einsichten nicht durch vorbestimmte Wertungen verhindert werden, machen wir uns immer wieder bewußt, ob unser Denken vorwiegend gefühlhaft, also mit unbewußten Kräften geladen ist oder ob es mehr sachlich bezogen und damit bewußter ist. Dazu läßt sich noch seine positive oder negative Wertung bestimmen.
Wenn wir unsere Wertungen immer wieder in Frage stellen, werden sie bewußter und lassen sich von unbewußten Begrenzungen allmählich befreien.
Beobachten wir vor allem, wodurch unsere Konzentrationskraft gebunden und wodurch sie befreit, entfaltet und schöpferisch eingesetzt werden kann.
Solche Bewußtseinsübungen ermöglichen es uns, den Alltag als Übung aufzufassen, Schwierigkeiten werden zum interessanten Experiment, zu neuen Möglichkeiten unserer Entwicklung. Damit schulen wir das Unterscheidungsvermögen, so daß wir immer leichter neue Einsichten gewinnen und Erfahrung sammeln können.
Im Laufe der Zeit werden uns dann immer eher negative Einstellungen, Motivationen, Verhaltens- und Reaktionsweisen bewußt. Dadurch lassen sich eigene Fehlleistungen vermeiden, und wir verhelfen auch unserer Umwelt zu einer positiveren Lebenseinstellung sich und uns gegenüber.

Übungsteil VI

1. Bewusstseinsübung: Ursachen negativer Gedanken

Haltung – Hara – Harmonisierung
Werden Ihnen immer wieder negative Gefühle und Gedanken bewußt? Wodurch entsteht negatives Denken? Sind Ihnen diese unbewußten Spannungen und Einflüsse bewußt? Wie lassen sie sich bewußt machen? Üben Sie das Beobachten Ihrer Gedanken so intensiv, daß Ihnen ihre gefühlhaften Ursachen bewußt werden können? Verarbeiten Sie bewußt negative Gefühle? Sind Ihnen auch negative Gefühle sich selbst gegenüber bewußt? Und verarbeiten Sie diese, so daß Sie sich selbst gegenüber eine bejahende Einstellung bekommen? Sind Ihnen die Ursachen Ihrer negativen Einstellung zu sich bewußt? Kann diese durch Erziehungsfehler oder zu hohe Ideale bedingt sein?
Pflegen Sie bewußt eine positive Gefühls- und Denkweise? Oder re-agieren Sie immer noch unbewußt auf negative Einflüsse mit überholten Verhaltensmustern? Oder vermeiden Sie neue negative Kräfte durch ein bewußt schöpferisches Denken und Gestalten? Haben Sie den Mut, auch in einer betont negativen Umwelt lebensbejahend zu bleiben, ohne dabei beeinflussen zu wollen?

2. Vertrauen üben

Haltung – Hara – Harmonisierung
Haben Sie Vertrauen zu Ihrer inneren, seelisch-geistigen Kraft? Konzentrieren Sie sich einpunktig auf VERTRAUEN oder SELBSTVERTRAUEN. Geben Sie dieser Wesenskraft in Ihrem Bewußtsein Raum, bis Sie spüren, daß diese Kraft bewußt wird, so daß sie auch im Alltag immer mehr bewußt bleibt.
Ehe Sie die Übung beenden, durchstrahlen Sie Ihr Denken und Fühlen, auch Ihren Raum, mit dieser Wesenskraft.
Beenden Sie die Übung langsam, und stellen Sie sich auf Ihre nächsten Aufgaben bewußt ein. Beobachten Sie die Wirkung der Übung.

Gedankenkraft durch Konzentration

Wenn Gedanken Kräfte sind, die nach Verwirklichung streben, dann lohnt es sich, sehr bewußt, ja verantwortungsbewußt, mit ihnen umzugehen. Das bedeutet, daß uns sowohl emotionale »Ladungen« oder spannungsgeladene Resonanzen aus dem Unbewußten, die unser Denken verstärken, als auch unsere augenblickliche positive oder negative Einstellung bewußt sind und immer wieder bewußt werden.
So wie wir unsere Wohnung regelmäßig von Schmutz reinigen, so müßte auch unser Fühlen und Denken gereinigt, also von überholten, unpassenden, unwahren, illusorischen, projektiven, ängstlichen, aggressiven oder depressiven Gedankenformen und -mustern befreit werden. Doch wer kümmert sich um eine solche psychische Hygiene, die doch keinem Menschen sichtbar ist? Wie aufwendig mag unser Äußeres gepflegt sein, das jeder sehen kann! Dabei macht doch unser Innenleben unsere Erlebnisqualität, unsere Erlebnisintensität und unsere Erlebnisfülle aus! Welches Chaos, welche Dunkelheit oder Zwielichtigkeit, Trostlosigkeit und Verzweiflung herrschen in vielen Menschen!
Mit nichts gehen Menschen so sorglos und achtlos um wie mit Gedanken! Dabei hinterläßt jeder Gedanke Spuren im Unbewußten, schafft Neigungen bis hin zu Zwängen.
Meistens läuft dies alles unbewußt ab. Wir projizieren unsere selbstgeschaffene Unzufriedenheit und Mißgunst, unseren Unmut – im Grunde über uns selbst – oft wahllos auf unsere Mitmenschen. Diese reagieren meist ebenso unbewußt negativ, so daß ein Teufelskreis entsteht, aus dem nur durch bewußte Gedankenkontrolle und -pflege herauszukommen ist.
Wenn wir nicht bei uns beginnen, indem wir uns unsere Innenwelt bewußt machen, sie gestalten und pflegen, sie auch immer wieder reinigen, dann beherrscht sie uns oft in einer Weise, die wir nicht wollen, der wir aber ausgeliefert sind. Dann werden wir gedacht und gelebt von fremden Kräften und haben wenig Einfluß auf unser Leben.

Ein indisches Sprichwort lautet:
»Säst du einen Gedanken, dann erntest du eine Tat;
säst du eine Tat, dann erntest du eine Gewohnheit;
säst du eine Gewohnheit, dann erntest du einen Charakter;
säst du einen Charakter, dann erntest du ein Schicksal.«

Auch im Westen sind diese Gedanken ausgesprochen worden, und zwar durch Gottfried Keller. Er schrieb:
»Wer heute einen Gedanken sät,
der erntet morgen die Tat,
übermorgen die Gewohnheit,
danach den Charakter
und endlich sein Schicksal.
Darum muß er bedenken,
was er heute sät,
und muß wissen,
daß ihm sein Schicksal
einmal in die Hand gegeben ist:
heute!«

Wie kann nun eine bewußte Gedankenpflege aussehen? Zunächst geht es darum, Gedankenformen, die sich vielleicht schon lange in unser Bewußtsein eingenistet haben, kennenzulernen. Was wir aus der Hand legen wollen, müssen wir zuerst in der Hand gehabt haben! Also machen wir uns immer wieder klar, womit unser Bewußtsein besetzt ist. Wir schauen aufmerksam nach innen, lassen alles zu, was an Gefühlen und Gedanken kommt, und prüfen, ob unsere Bewußtseinsinhalte unserem Lebensziel entsprechen.

Gefühlhafte Spannungen schauen wir an und versuchen, ihre Ursachen herauszufinden. Machen wir uns neue Werte bewußt, um alte Gefühlsformen und Verhaltensmuster mit neuen Wertmaßstäben in Verbindung zu bringen! Dadurch fällt es leichter, Fehler zu akzeptieren und Überholtes loszulassen, ja uns restlos davon zu lösen. Hierbei hilft die Übung des Loslassens und Abgebens.

Noch wesentlicher ist aber, daß wir uns bewußt auf positive Werte konzentrieren, denn: wo das eine ist, kann das andere nicht sein! Wenn wir also unsere mentalen Fähigkeiten auf Kräfte richten, die wir entwickeln wollen, dann müssen wir ihnen in unserem Bewußtsein Raum geben. Kräfte nehmen zu, wenn wir uns lange genug darauf konzentrieren, bis wir sie immer öfter bewußt erleben.

Gleichzeitig brauchen wir eine bewußte Gedankenkontrolle, damit wir durch gewohnheitsmäßiges negatives Fühlen und Denken nicht wieder zerstören, was wir durch Konzentration aufgebaut haben. Je weniger wir unserer Abneigung, dem Neid oder dem Haß, der Verzweiflung oder anderen Negativen Eigenschaften unsere Aufmerksamkeit schenken, uns dafür aufbauenden Wesenskräften zuwenden und diese durch Konzentration entwickeln, um so mehr nehmen diese Kräfte spürbar zu. Entziehen wir allem Negativen in uns und um uns die Aufmerksamkeit, also unsere Ichkraft, dann nähren wir es nicht mehr. Deshalb ist es sinnvoll, nicht gegen das sogenannte Negative zu kämpfen; denn dadurch stärken wir es durch unsere Kraft. Besser ist es, dem Aufbauenden, Lebensbejahenden in uns und in unserer Umwelt all unsere Kräfte zu geben und diese mit allen Fähigkeiten einzusetzen, um mitzugestalten an dem Platz, an den uns das Schicksal gestellt hat.

Sprechen wir in anderen das Unvollkommene, also ihre Fehler und Schwächen, auch nur gedanklich an, so verstärken *wir* diese. Ich erinnere mich: Als ich als Kind eine Lehrerin angelogen hatte, schaute sie mich bei nächster Gelegenheit mit einem Ausdruck an, der mir verriet, was sie dachte: »Du lügst ja doch wieder!« Obwohl ich mich um Wahrheit bemühte und ehrlich war, stempelte sie mich zur Lügnerin. Dies belastete mich lange Zeit. So zwingen wir durch unsere negativen Erwartungshaltungen Menschen oft in Rollen, die für sie nicht oder nicht mehr richtig sind.

Sprechen wir aber bewußt gute Eigenschaften an, so helfen wir dem Menschen, daß er diese weiter entwickeln kann. Unser Vertrauen in ihn ist eine Kraft, die ihm – wenn wir ihn nicht überfordern – in seiner Entwicklung weiterhilft.

Je positiver wir werden, desto mehr ziehen wir Positives an. Manche beklagen sich über ihren Freundeskreis, dem so negativ denkende Menschen angehören. Erst wenn wir selbst dem Leben mit aller Kraft vertrauen können, auch wenn es uns oft belastet, wenn wir den Sinn für unsere Entwicklung immer klarer spüren können, wenn wir also selbst immer positiver geworden sind, werden wir Menschen anziehen, die solche Kräfte entwickelt haben. Wie beglückend sind dann solche Freundschaften!

Ebenso wie der Same einer Mangofrucht alle Süße aus der Erde zieht und ein Pfeffersame alle Schärfe, so ziehen wir jene Menschen und Aufgaben an, die unserer Entwicklung entsprechen. Ein alter Yogalehrer sagte manchmal: »Glauben Sie mir nichts, aber üben und experimentieren Sie, damit Sie selbst Erfahrungen sammeln!« Natürlich gelingt nicht immer alles gleich so gut, wie wir uns das wünschen. Aber wenn wir lernen, mit Hilfe unserer Konzentration Kräfte und Fähigkeiten zu entwickeln, werden wir Erfahrungen sammeln, auf denen wir weiter aufbauen können.

Gestehen wir uns dennoch Fehler und Schwächen zu; denn sie gehören zu unserem Entwicklungsweg! Wesentlich ist, daß wir lernen, bewußt mit jenen Kräften ursächlich zu arbeiten, die wir für uns und für unsere Aufgaben schöpferisch einsetzen wollen. Dadurch wird unser Leben nicht nur lebenswerter, sondern wir werden an uns und später auch an unserer Umwelt aufbauend mitgestalten können, so daß wir und andere froher, harmonischer und glücklicher werden. Dabei entwickeln wir unsere Intuition und lernen, uns immer besser von innen her führen zu lassen. Die Verbindung nach innen, zu unserem geistigen Wesenskern oder Selbst, schenkt uns mehr Vertrauen und Kraft, als alle äußeren Bestätigungen dies vermöchten. Aus dieser inneren Kraft werden wir auch liebesfähiger und wandlungsfähiger; denn wir erkennen dann immer mehr den tiefen Sinn, der hinter allen Geschehnissen liegt: die Ganzwerdung des Menschen.

Übungsteil VII

1. Bewusstseinsübung: Bewusst positiv denken

Haltung – Hara – Harmonisierung

Fragen Sie sich immer wieder, vor allem dann, wenn belastende Einflüsse spürbar sind, ob Sie bereit sind, grundsätzlich lebensbejahend zu reagieren und zu agieren, so daß Sie aus allem das Beste zu machen versuchen.

Sind für Sie Gedanken Kräfte, die nach Verwirklichung streben? Haben Sie schon beobachtet, ob sich Ihre Denkweise im Laufe der Zeit auch äußerlich verwirklicht hat (z. B. Menschen oder bestimmten Aufgaben, Arbeiten oder Situationen gegenüber)? Begegnet

Ihnen Ihre Umwelt so, wie Ihre innere Einstellung zu ihr ist, oder ist Ihre Einstellung nur Re-aktion auf Einflüsse Ihrer Umwelt?
Wollen Sie aktiv Ihr Leben gestalten oder mitgestalten, soweit dies nur möglich ist? Oder lassen Sie lieber andere für sich denken und entscheiden? Welche Folgen hatte oder hätte eine negative Denkweise? Würden Sie sich dafür verantwortlich fühlen? Ist Ihnen bewußt, daß Sie menschliche Beziehungen allein durch Ihre Gefühls- und Denkweise aufbauen, harmonisieren und mitgestalten, aber auch stören und zerstören können?
Ist Ihre Einstellung auch sich selbst gegenüber positiv? Akzeptieren Sie Ihre Fehler und Schwächen als Voraussetzung für eine Bewußtseinsarbeit, die Sie durch tägliche Übung Schwachpunkte überwinden läßt? Geben Sie sich dafür ausreichend Zeit? Erkennen Sie schnell, wenn Sie eine Rolle spielen, die nicht echt ist? Bemühen Sie sich um Ehrlichkeit sich selbst gegenüber?
Kontrollieren Sie immer wieder Ihr Denken hinsichtlich seiner gefühlhaften »Ladungen«? Und ändern Sie gegebenenfalls Ihre Einstellung bewußt? Verarbeiten Sie belastende Einflüsse und Ihre diesbezüglichen negativen Reaktionen?
Konzentrieren Sie sich immer wieder bewußt auf sogenannte positive Kräfte und Werte? Werden diese Kräfte allmählich stärker als frühere negative? Bemerken Sie auch Reaktionen in Ihrer Umwelt? (Die Beantwortung dieser Frage nicht zu kurzfristig ansetzen!) Ist Ihre positive Einstellung zu Ihrer Umwelt auch ehrlich? Oder braucht es noch viel mehr an Verarbeitung mit neuen Werten und Wertungen?

Bitte ergänzen Sie selbst diese Fragen gemäß Ihrer derzeitigen Entwicklungsvorgänge. Diese Bewußtseinsübung kann nur Anstoß geben.

2. Entwicklung der Intuition

Haltung – Hara – Harmonisierung
Beobachten Sie Ihren Gedankenstrom, bis er ruhiger wird. Üben Sie dann das Loslassen von Gedanken in Verbindung mit der Atmung: beim Einatmen »los-«, »-lassen« beim Ausatmen, bis immer weniger Gedanken ins Bewußtsein drängen.
Dann erst besetzen Sie Ihr Denken mit RUHE, bis Sie gedanklich, gefühlhaft und körperlich Ruhe erleben.
Nun horchen Sie nach innen in die Stille. Je absichtsloser dies geschieht, um so eher können wertvolle Einsichten oder Zusammenhänge bewußt werden. Dies bedarf langer, wiederholter Übung! Oder Sie stellen nach innen eine knappe Frage und versuchen dann, möglichst frei von Assoziationen und von Vorstellungen, nach innen zu horchen – in der Bereitschaft und Offenheit, das ernst zu nehmen, was Ihnen dabei alles bewußt wird. Hier sind wir an einer Grenze, an der es zu unterscheiden gilt, was tatsächlich intuitiv erkannt wurde, und dem, was aus Wunsch, Vorstellung oder Einbildung in das Bewußtsein drängte. Intuition beglückt, gibt Kraft zur Verwirklichung und eine innere Sicherheit, daß dies für Sie und die Entwicklung aller Beteiligten richtig ist.
Schreiben Sie sich sofort auf, was Sie erkannten. Haben Sie aber auch Geduld, wenn zunächst weder Einfälle noch Erkenntnisse kommen. Es ist eine Frage wirklicher Gedankenstille, ob wir intuitiv erkennen; auch unsere Wachheit, Offenheit und Klarheit unterstützen die Intuition auf entscheidende Weise.
Ehe Sie die Übung beenden, strahlen Sie eine Wesenskraft wie RUHE, HARMONIE oder FRIEDEN aus. Dies verhindert einen Kräftestau oder eine Überstimulierung. Stellen Sie sich auf Ihre Aufgaben positiv ein, und beenden Sie langsam die Übung. (Auch nach einer solchen Übung können noch wertvolle Einsichten bewußt werden; ja sogar während des Schlafs im Traum!)

3. Entwicklung mentaler Kräfte

Haltung – Hara – Harmonisierung
Beobachten Sie Ihren Gedankenstrom, bis er ruhiger wird. Üben Sie dann das Loslassen jedes Gedankens: Schauen Sie mit geschlossenen Augen so entspannt wie möglich in den Innenraum Ihres Erlebens hinein. Sobald ein Gedanke, ein Bild oder ein Gefühl bewußt wird, lassen Sie es mit dem Ausatmen los, und geben Sie diesen Bewußtseinsinhalt an die Erde ab. Immer entspannter, bis Sie spüren, daß die Gedanken ruhiger, seltener werden.
Dann wählen Sie eine geistige Kraft, die Sie für Ihre positive Lebensgestaltung brauchen (z. B. RUHE, FRIEDEN, BEDINGUNGSLOSE LIEBE, FREUDE, VERTRAUEN, SELBSTVERTRAUEN, GEDULD UND NOCHMALS GEDULD, WILLENSKRAFT, CHARAKTERSTÄRKE, WILLE ZUM GUTEN, VERSTÄNDNIS, TOLERANZ, LICHT, BEWUSSTHEIT, WACHHEIT, KLARHEIT, EHRLICHKEIT, WAHRHEIT, INNERE FREIHEIT, LEBENSBEJAHUNG, REINHEIT DES MOTIVS usw.) Konzentrieren Sie sich einpunktig, also frei von allen Assoziationen und Vorstellungen, in Ruhe auf diese Kraft, bis Ihnen etwas von dieser Kraft bewußt wird. Entspannen Sie sich dabei immer tiefer, und geben Sie in Ihrem Bewußtsein nichts außer dieser Kraft Raum, bis Sie diese Kraft erleben können. Ob Sie Ihre Konzentration anfänglich mit dem Atemrhythmus verbinden oder sich frei vom Atem auf die gewählte Kraft konzentrieren, bleibt ganz Ihnen überlassen.
Nun aber verbinden wir die Atmung mit unserer Konzentration: Bei jedem Einatmen nehmen wir diese Kraft von innen im Bewußtsein auf, und bei jedem Ausatmen durchstrahlen wir unser Denken, später unseren Gefühlsbereich und dann unseren Körper mit dieser Kraft. Zuletzt strahlen wir diese Kraft rundherum aus, so daß wir in der Atmosphäre dieser Kraft bleiben. Dann erst beenden wir diese Übung.

Meditation

Ein Weg zum Selbst

Anders als in den Kapiteln über Atmung, Hara, Hatha-Yoga und Konzentration werden wir in diesem Kapitel keinen Wechsel zwischen der Behandlung von Unterthemen einerseits und praktischen Übungen andererseits vornehmen, sondern – dem Thema der Meditation angemessen – Sie als Leser einladen, sich zunächst auf eine längere Einführung einzulassen. Danach erst werden Sie wesentliche Übungen für die Meditationspraxis mit nur noch kurzen Hinweisen finden.
Meditation ist das intensivste Mittel zur Bewußtwerdung und Ganzwerdung des Menschen. Wir leben voll identifiziert mit unserem Körper, unseren Gefühlen und Gedanken sowie mit dem äußeren Geschehen, das in unser Wahrnehmungs- und Erlebnisfeld kommt. Alles bleibt jedoch in den engen Grenzen der Ichbezogenheit. Dies ist aber nicht alles, was unser Menschsein ausmacht! (Das nächste Kapitel soll einen kleinen Einblick in die Ganzheit des Menschen geben!) Solange die eigene Erfahrung nicht hinreicht, brauchen wir für die feinstofflichen und geistigen Bereiche den Glauben, an den Sinn unseres Daseins, an unser unvergängliches und unzerstörbares geistiges Sein und an unsere Seele.
Wer aber lange und tief genug mit großer Hingabe meditiert, dem werden im Laufe der Jahre nicht nur seine inneren Fähigkeiten, Qualitäten und der Sinn seines Lebens bewußt, sondern er kann sich als lebendiges, Licht und Liebe strahlendes geistiges Wesen *erleben.* Wer in Fühlung mit seinem inneren Wesen kommt, erlebt Ruhe, Liebe und Kraft, Friede und Stille, wie sie in so beglückender Weise in der äußeren Welt nicht erfahrbar sind. Sicher braucht es meistens Jahre der Vorbereitung und regelmäßiger Übung, bis Meditationen tiefer werden. Aber der Einsatz lohnt sich. Es läßt sich relativ bald erfahren, daß der Tag anders verläuft, wenn wir morgens auch nur eine halbe Stunde meditiert haben. Wir sind dann nicht so leicht aus dem inneren Gleichgewicht zu bringen, haben mehr Verständnis für uns und andere und spüren spätestens mittags mehr Kraft und Bewußtheit, als dies ohne Morgenmeditation der Fall ist. Durch das innere Erleben, die Ruhe und die Kraftsammlung entsteht eine Identifizierung mit dem geistigen Wesen. Dadurch werden wir belastbarer; denn wir begegnen den äußeren Geschehnissen mit einem nicht mehr so eng begrenzten Bewußtsein, sondern mit innerer Kraft.
Auch das Gebet am Morgen verändert den Tagesverlauf, weil ja auch beim Gebet, wenn es tief erlebt ist, eine Kraftsammlung auf höhere Schwingungsbereiche erfolgt. Diese geistigen Energien laden uns auf und heben unser Bewußtsein heraus aus den Grenzen engen Ichseins. Jedes Gebet kann in Meditation übergehen, wenn die Vielheit der Gedanken- und Gefühlsbewegungen aufhört und wir im Strom tiefer Rückverbindung zum Höchsten in uns gegenwärtig bleiben. Dann ruhen wir im Bewußtsein der Verbundenheit mit Gott. Sobald wieder Gedanken und Gefühle unser Bewußtsein besetzen, sind wir aus der Meditation und auch aus der einpunktigen Konzentration heraus. Erst durch erneute Sammlung, frei von Assoziation, Gefühlen und Vorstellungen, wird unser Bewußtsein allmählich wieder frei von Besetzungen und Bewegungen, so daß ein innerer Freiraum entsteht, in dem neues Erleben möglich wird.
Je länger dieser Zustand im Bewußtsein aufrechterhalten werden kann, um so mehr erhöht sich die Eigenschwingung unserer Denksubstanz. Dies ermöglicht Wahrnehmungen aus höheren Schwingungsbereichen, die der Höhe unserer Eigenschwingung entsprechen. Auf diese Weise gelangen wir – im Laufe vieler Jahre täglicher Übung – in immer feinere, lichtvollere und energiegeladenere feinstoffliche Bereiche. Sie lassen sich sowohl als eigener Seinszustand als auch als feinstoffliche Formen, Farben, Klänge, Qualitäten, ja schließlich als innere »Welten« bewußt erleben.
Solche Wirkungen sind jedoch nicht Ziel der Meditation! Dieses liegt in Selbsterkenntnis und Selbstverwirklichung im Sinne einer allmählichen Ganzwerdung. Es ist dies ein Prozeß, der sich auf allen Ebenen des Menschseins vollzieht. Zuerst werden wir wacher, nehmen bewußter wahr, erleben die neuen Kräfte als Lebensfreude und Kraft. Dabei wird zunächst das verstärkt, was an Kräften ohnehin vorhanden ist. Deshalb sollte jeder *zuerst* durch Entspannung, eine natürliche Atmung, durch Hara, Hatha-Yoga, Konzentration und Selbstkontrolle ausreichend vorbereitet werden für die Meditation. Wenn durch anhaltende Konzentration die Eigenschwingung immer mehr erhöht wird, im Fühlen und Denken aber nach wie vor niedere Schwingungen von Mißgunst, Neid, Haß, Unfrieden oder Aggression usw. vorhanden sind, entstehen große Spannungen, ja psychische und körperliche Belastungen. Der Mensch kann dann anstatt in Harmonie in verstärkte negative Kräfte hineingeraten, obwohl er meditiert. Hier muß er sich entscheiden für einen klaren, ganzheitlichen Weg!
Wer bereits lebensbejahend gelebt hat, erfährt durch Meditation eine solche Steigerung seiner Qualitäten, daß er von Anfang an glücklicher, freier, froher und liebesfähiger wird. Bei den meisten Menschen wird die Ausgangsbasis in der Mitte liegen. Hier kann regelmäßige Meditation eine große Hilfe sein, Fehler und Schwächen zu überwinden, vorausgesetzt, daß die innere Haltung entwicklungsorientiert ausgerichtet ist.

Die Verwirklichung meditativen Bewusstseins im täglichen Leben

Das Thema der Verwirklichung meditativen Bewußtseins im täglichen Leben mag für viele, die schon längere Zeit meditieren, zum zentralen Thema ihres Lebens geworden sein. Für sie werden die folgenden Gedanken Bekanntes, aber auch manche Bestätigung auf dem Weg nach innen enthalten.

Für jene aber, die erst beginnen, den Weg nach innen zu beschreiten, mögen zunächst einige Fragen entstehen, nämlich: Was ist meditatives Bewußtsein? Eng damit verbunden: Was ist Bewußtsein? Und: Was ist Meditation?

Durchdenken wir zuerst den Begriff *Bewußtsein,* soweit es für das Verständnis des Themas erforderlich ist. Jedes Bewußt-sein setzt Sein voraus. Sein verstanden als das *Sein des reinen Geistes* jenseits, vor und in aller Schöpfung.

Nach den heiligen Schriften sowie nach den Aussagen großer Yogis gibt es eine höchste absolute und unwandelbare geistige Wirklichkeit, die im allgemeinen Gott genannt wird. Im Vedanta wird sie *brahman* genannt; im Kundalini-Yoga *paramatman, chit* oder *samvit.* Näher erklärt wird dieses geistige Sein mit den Begriffen *sat – chit – ananda. Sat* als das reine, allgegenwärtige Sein, die reine Ur-heit oder Wahrheit; *chit* als das Allbewußtsein, *ananda* als ihr gemeinsamer Ausdruck, der Zustand höchster Glückseligkeit, in dem es weder die Zweiheit von Ich und Du oder von Freude und Leid noch Vergänglichkeit gibt.

Hier begegnen wir also dem Begriff des Bewußtseins. Wenn die absolute Wirklichkeit existiert, muß sie überall sein, also auch im Menschen. In diesem Fall ist sie an Seele und Körper gebunden, in-karniert, also verkörpert. Geist in seinem universalen Aspekt wird *brahman* oder *paramatman* genannt; für dengleichen, im Menschen verkörperten Geist sind im Vedanta die Begriffe *atman* und *purusha* bekannt, im Kundalini-Yoga *jivatma,* also *verkörpertes Bewußtsein.* Im deutschen Sprachgebrauch ist dafür das Wort *Selbst* oder auch das *wahre Selbst* üblich. Der Mensch in seinem geistigen Wesen ist also derselbe, allgegenwärtige Geist, ist Allbewußtsein und höchste Intelligenz, weil *atman* und *brahman* essentiell dasselbe sind. *Atman* ist der individuelle und *brahman* der universelle Aspekt des Höchsten Bewußtseins.

Im abendländischen Denken kennen wir ebenfalls den immanenten und den transzendenten Gott, und: Christus und der Vater sind eins. Im begrenzten Bewußtsein des Menschen und damit in seinem Icherleben besteht jedoch die Dualität zwischen individuellem und Allbewußtsein, zwischen ihm und Gott.

Den Begriff *Bewußtsein* gibt es nur in der Einzahl. Das *reine Bewußtsein* ist ein Zustand der Einheit. Das *begrenzte* oder *Teilbewußtsein* hat bis zu einem bestimmten Grad teil an dieser Einheit. Die Vorstellung der Vielfalt entsteht durch die unterschiedliche Teilhabe und die entsprechende Identifizierung mit dem Teilbewußtsein. Daraus resultieren dann die verschiedenen Entwicklungsstufen.

Die Seele kann in diesem Zusammenhang als individuelles geistiges Wesen verstanden werden, dessen Kern das reine, geistige Selbst ist. Die Seele im geistigen, nicht im tiefenpsychologischen Sinn, ist die Strahlungssphäre des Geistes. Sie ist gleichsam Wohnstatt des reinen Geistes, die ihn mit Materie verbindet. Das Selbst ist von vielen feinstofflichen Energiebereichen umgeben, bis hin zur grobstofflichen Form des Menschen, seinem Körper. Seine feinstofflichen Bereiche spiegeln jene Bewußtheit wider, die sie aus der Strahlung des Selbst empfangen. Diese wird – entsprechend der Empfänglichkeit und Transparenz des Menschen – als schöpferischer Wille, als All-Liebe, als Bewußt-seins-licht, als Intelligenz und als individuelles, bewußtes Sein erfahren.

Doch wie entsteht Ichbewußtsein? Wie im Kapitel »Konzentration« (siehe S. 111) bereits ausgeführt wurde, entsteht das Bewußtsein eines Icherlebens durch die unbewußte Identifizierung mit früheren Erlebniswerten. In jedem Augenblick erscheint uns dadurch alle Wahrnehmung als Ichwahrnehmung, als Ichreaktion oder Ichaktion.

Das Ichbewußtsein entsteht also durch die Gleichsetzung des Selbst mit dem Denkvermögen, genauer, mit dem mentalen Kraftfeld und seinen Bewegungen. Dabei vermag die Denksubstanz in diesem bewegten Zustand nur einen Bruchteil an Bewußtheit, an Licht des wahren Selbst widerzuspiegeln. Eine ähnlich falsche Aussage wäre es, würde man behaupten, in einer Glühbirne sei der Glaskörper mit den eingebauten Drähten der elektrische Strom. Sicher ist Strom in der Glühbirne in Form von Licht wirksam. Ja Strom braucht Geräte, durch die er als Licht, Wärme, Kraft usw. in Erscheinung treten kann. Aber er ist nicht mit diesen Instrumenten identisch!

Das beständige Icherleben überdeckt und verhindert das wirkliche, selbstbewußte Sein. Yoga vermittelt in seinen verschiedenen Systemen Hilfen für die Entwicklung des wahren »Ich bin« durch das »Anjochen« an den eigentlichen Seinsgrund. Dies ist im Grunde ein »Auswickelungs«-, ein Entwick(e)lungsvorgang! Denn das Selbst ist in uns immer gegenwärtig. Es ist nur überdeckt von den ständigen ich-identifizierten Bewegungen in der

Denksubstanz und damit mit pausenlosen Erlebnisvorgängen. Deshalb spielen auf dem Yoga-Weg die Konzentration und das Freiwerden von mentalen Bewegungen, von Assoziationen und Vorstellungen, von Projektionen und Gefühlen jeder Art eine so große Rolle.
Selbsterkenntnis ist das unmittelbare, also ichfreie, bewußte Erleben und innere Erschauen des geistigen Seins, des Selbst, so wie es zeit- und raumlos gegenwärtig ist. Es wird erfahren als Allbewußtsein, als bewußte Verbundenheit mit dem Geist in sich und in allem, was existiert. Auf einer höheren Stufe der Selbsterkenntnis erfährt sich der Mensch in vollkommener Bewußtseinseinheit mit dem Allgeist.
Das »Anjochen« an das Selbst erfolgt durch bewußte, anhaltende Konzentration. Selbst-bewußt-werdung vollzieht sich ganz allmählich in der Meditation. Yoga vermag dabei nichts zu geben, was nicht schon im Menschen ist, jedoch helfen die Übungen jene Hindernisse allmählich abzubauen, die der Selbst-bewußt-werdung im Wege stehen. Alle Yoga-Übungen, unabhängig von den Systemen, bereiten Meditation vor und führen in die Meditation, im letzten in die Seinsmeditation.
Der Begriff *Meditation* wird heute sehr unterschiedlich gebraucht. Selbst im Vergleich verschiedener Yoga-Richtungen und -Schulen wird Meditation mannigfach, ja oft sogar widersprüchlich aufgefaßt und vermittelt. Meistens handelt es sich dabei um Vorstufen, die aber bereits Meditation genannt werden.
Deshalb bedarf es zu diesem Begriff einiger Ausführungen, wenn auch wiederum knapp zusammengefaßt.
Wo immer das Bewußtsein durch Aufmerksamkeit hingelenkt wird, entsteht ein Kraftstrom. Die Aufmerksamkeit – im Sanskrit *surat* genannt – ist jene Fähigkeit des Menschen, sein Bewußtsein in zwei mögliche Richtungen zu lenken: entweder in sich selbst, also auf innere, seelische und geistige Bereiche oder nach außen, also von sich selbst weg, hin zu äußeren Objekten.
Normalerweise erfolgt jedoch eine bewußte Ausrichtung weder nach innen noch nach außen, sondern das Bewußtsein wird von äußeren Eindrükken besetzt. Durch die unbewußte Identifizierung damit wird es im Unbewußten oder Teilbewußten gefangengehalten. Nur durch Aufmerksamkeit, durch die Sammlung aller mentalen Kräfte und ihre unabgelenkte Ausrichtung auf ein Objekt über längere Zeit wird das Bewußtsein von unbewußter Identifizierung befreit und kann – freiwillig – in eine der beiden Richtungen, also entweder nach innen auf das Selbst oder auf ein äußeres Objekt, gerichtet werden.
Der Vorgang der Konzentration ist somit unabgelenkte Sammlung auf ein Objekt über längere Zeit. Aphorismus 3,1 der Yoga-Sutras von Patanjali definiert Konzentration als »die Verbundenheit des Bewußtseins mit dem Betrachtungsgegenstand« (Deshpande).
In der Abgelenktheit und Zersplitterung der Achtsamkeit verströmt sich die Bewußtseinskraft in viele Richtungen nach außen. Die Folge ist Ermüdung, während in der Konzentration Kraft gesammelt wird.
Einpunktige Konzentration entsteht, wenn nur eine Welle in der Denksubstanz, nach Vivekananda wenigstens 12 Sekunden, störungsfrei aufrechterhalten werden kann. Das bedeutet die völlige Loslösung von allen gewohnheitsmäßigen Assoziationen, Resonanzen, Wertungen, Identifikationen und Projektionen, auch jenen, die das Konzentrationsobjekt betreffen; denn sie halten das Bewußtsein mit der Schwerkraft der Vergangenheit im bisherigen Erleben. Erst wenn die vielen, das Selbst überdeckenden Bewegungen der Psyche nachlassen und schließlich für einige Zeit aufhören, wird das Bewußtsein entsprechend freier, und es entsteht das Erleben einer größeren, lichteren Bewußtheit. Dann erst kann das Konzentrationsobjekt vergegenwärtigt, also gegenwärtig und damit frei von der Vergangenheit wahrgenommen und neu, also in einer feinstofflichen oder energetischen Form, erlebt werden. Anhaltende, einpunktige Konzentration ist Voraussetzung und Schwelle zur Meditation und damit auch zur Bewußtseinserweiterung.
Meditation ist das durch einpunktige Konzentration erlangte unmittelbare bewußte Erleben oder innere Erschauen von Seinszuständen des gewählten Objekts. Erst in der tiefen Meditation, auch Versenkung genannt, werden Subjekt und Objekt als Einheit bewußt erfahren. Nach Swami Vivekananda beginnt einpunktige Konzentration, wenn 12 Sekunden lang eine Welle in der Denksubstanz ungestört aufrechterhalten werden kann. Bei 12 x 12, also 144 Sekunden beginnt Meditation, während bei 12 x 144 Sekunden, also bei einer knappen halben Stunde, Bewußtseinseinheit mit dem Konzentrationsobjekt entsteht. Diese Stufe wird *samadhi* genannt.
Durch anhaltende, einpunktige Konzentration entsteht durch die Erhöhung der Eigenschwingung des mentalen Kraftfeldes eine Bewußtseinskraft. Sie durchdringt die Oberfläche bisherigen Erlebens. Im Bewußtsein entsteht dann jenes unmittelbare hellwache Erleben und innere Erschauen von höheren Seinszuständen des Objekts, das seine äußere Form nur gleichnishaft darstellt.
Dieses Erleben ist nicht mehr durch Sinne, Verstand, Vorstellung, Gefühl, Resonanz oder Projektion vermittelt, sondern frei von allen Ichbezügen der Vergangenheit und damit un-mittelbar als Bewußt-seins-zustand gegen-wärtig. Allmählich können dadurch immer feinere Bereiche des Objektes erlebt werden, um schließlich sein Selbst in sich und in allem, was lebt, zu erkennen. Dabei läßt sich erfahren, daß jedes Lebewesen – in der Meditation wie im Alltag – bis zu jener Tiefe erfaßt werden kann, in der sich der Mensch selbst erkannt hat. Dies entspricht dem Gesetz der Resonanz.
Durch tägliche Meditation wird der Mensch allmählich resonanzfähiger für die lichte Strahlung seines Selbst, für die Liebe zu allen und zu allem und für den schöpferischen Willen. Je

länger sich der Zustand der Meditation aufrechterhalten läßt, um so mehr »Überdeckungen« werden beruhigt, gereinigt, durchlichtet und damit durchlässig, so daß sich das Ichbewußtsein immer mehr als selbstbewußtes Sein erkennt. Die Erfahrung zeigt jedoch, wie schwer es ist, auch nur für kurze Zeit, ja für Sekunden, die Aufmerksamkeit in sich gesammelt zu halten.
Die Rückverbindung zu seinem geistigen Selbst zu verstärken, bis das Leben Ausdruck dieses selbst-bewußten Seins wird, gehört zum Ziel jeder wahren Meditation. Das Besondere dabei ist, daß jeder noch so kleine Schritt auf diesem Weg nach innen unmittelbare Bereicherung, Hilfe und Kraftquelle für das Leben in der Welt ist.
Der Anfänger nimmt im allgemeinen dankbar und oft begeistert die Impulse auf, die ihm Yoga zu vermitteln vermag. Er versucht nach und nach Elemente des inneren Weges in sein Leben einzubeziehen, bis schließlich der Weg der Selbstwerdung und die damit verbundene Lebenseinstellung und Lebensweise in sein Leben integriert wird. Graf Dürckheim unterscheidet zwischen dem »Weg zum Weg« und dem eigentlichen »Weg«, der dann beginnt, wenn das ganze Leben des Menschen auf den Weg der Selbstwerdung hin ausgerichtet und vom Selbst her bestimmt und geführt wird.
Dabei mag die Frage entstehen, ob es egoistisch ist, wenn der Übende Zeit für sich beansprucht, in der er sich von seiner Umwelt zurückzieht. Der Mensch, der sich auch Zeit für seine ganzheitliche Entwicklung nimmt, kann seine gesammelten Kräfte für die Familie, für Beruf und Umwelt so sinnvoll wie möglich einsetzen; denn er wird seinen Einsatz aus seiner Rückverbindung, in Übereinstimmung mit seinem Gewissen und mit innerer Freude leisten. In der Stille vermag er immer wieder Kräfte zu schöpfen. Ein solcher Mensch wird nicht nur durch sein Tun und Wirken Hilfe für andere sein, sondern vor allem durch seine frohe, lebensbejahende Einstellung, durch seine Bewußtheit, Liebesfähigkeit und Ausstrahlung. Wo immer in seinem Lebenskreis Menschen dafür empfänglich sind, kann er ihnen auch auf ihrem inneren Weg unmittelbar weiterhelfen.
In der Meditation empfängt der Übende etwas von der Strahlung des Selbst. Jeder erfährt dies in individueller Weise, z. B. als beglückende Stille, als heilende Kraft, als Licht, als Einsicht in größere Zusammenhänge, als Sich-geliebt-Fühlen und als Liebe zu anderen und zum Leben.
Sicher läßt sich nur ein geringer Teil des Erlebens im Zustand der Meditation im Alltag aufrechterhalten. Dies ist ein Problem für jeden, der sich um die Verwirklichung seines meditativen Bewußtseins im Leben bemüht. Je bewußter diese Zusammenhänge werden, um so schweigsamer wird der Übende bezüglich seiner Erlebnisse in der Meditation; denn ihr Wert liegt nicht vorwiegend im inneren Erleben, sondern im Erlangen einer Kontinuität bewußten, liebeerfüllten Seins auch im Alltag. Dies läßt sich bei der Erfüllung der vom Schicksal gestellten Lebensaufgaben – im Tun des Notwendigen – am ehesten erreichen.
Jede Stunde und jeder Tag wird dann zur *Antwort* und zur Ver-antwortung inneren Erlebens, bis der innere und der äußere Weg eine harmonische Einheit bilden. Die Grundlage hierfür ist die tägliche Meditation, bis die Rückverbindung zum seelisch-geistigen Sein – zum Selbst – immer bewußter und damit realer wird. Jeder wird gemäß seiner Erziehung und der Art seiner weiteren Entwicklung sowie seiner inneren Erfahrung seine Bezeichnung für dieses geistige Lebenszentrum und damit auch seinen psychischen Zugang zu ihm finden, sei es in einer christlichen Religionsform, sei es innerhalb oder außerhalb einer anderen. Das Wesentliche dabei ist, daß er aus eigener Erfahrung zur Re-ligio – zur Rückverbindung mit seinem Lebensgrund – kommt; wie er diesen benennt, ist zweitrangig. Nach Meister Eckhart (siehe dazu auch S. 12), wie auch nach allen großen Mystikern, Heiligen und Weisen, fällt in der tiefen Erfahrung ohnehin alle Vorstellung und Benennung des Erlebten weg; denn kein Name ist dafür ausreichend!
Aus der inneren Rückverbindung – und sei sie auch noch schwach – erwächst allmählich die Fähigkeit, jede Angelegenheit in ihrem Doppelwesen zu erkennen, sie als sichtbare Wirkung wahrzunehmen und zugleich etwas von ihren Ursachen und deren psychischem Hintergrund zu verstehen, immer im Hinblick auf die Bewußtseinsentwicklung und die dafür erforderlichen einzelnen Schritte.
Aus dieser Sicht führt dann z. B. ein Zurückgeworfenwerden von einem Du auf sich selbst nicht zur Suche nach neuem Halt oder zur Flucht in Süchte. Der Übende erkennt vielmehr den bleibenden, zuverlässigen Halt in seiner Rückverbindung nach innen.
Wann immer die Lektion, die für die derzeitige Entwicklung zu lernen ist, in der Praxis bewältigt ist, ändern sich auch die Umstände entsprechend. Daraus entsteht ein Wandlungsprozeß, der die Entwicklung intensiviert und einen Erlebnisreichtum vermittelt, der nur aus der inneren Rückverbindung möglich ist. Selbst schwierige, belastende Entwicklungsdurchgänge werden durch das Wissen um die innere Führung und durch ihre Sinnfindung erleichtert. Alles Erleben geschieht dann nicht mehr allein innerhalb der Ichgrenzen, sondern immer auch aus dem geistigen Wesen, wodurch das Wesentliche und Wesenhafte bewußt werden kann.
Damit wird auch Natur- und Kunsterleben in einer ganz anderen Qualität bewußt.
Hinzu kommt, daß die Zeit für jeden, der meditiert, ein kostbares Gut ist, mit dem er anders umgeht als Menschen, denen der innere Weg noch nicht so bewußt ist. Dadurch ändert sich sogar oft der alte Freundes- und Bekanntenkreis. Hier den Übergang in liebevoller Weise und doch im Sinne der Weiterentwicklung zu gestalten, bedeutet für jeden Meditierenden eine Prüfung, durch die er vieles lernen kann und muß. Familie, Beruf und

Freundeskreis sind der beste Spiegel für unser Werden. Die innere Entwicklung mag sich zunächst ganz im Stillen und allmählich vollziehen, so daß wir oft glauben, daß sie stillsteht. Doch je mehr unser Ich auch die eigene Entwicklung der inneren Führung anvertrauen kann, um so selbstverständlicher vollzieht sie sich. Im freien Fluß der Kräfte – innerhalb jeder Entwicklungsstufe – kann der Mensch wachsen und werden, letztlich *heil* und damit *ganz* er selbst werden.

Wie wir sehen, kommt der Verwirklichung der Meditation im Alltag eine wesentliche Bedeutung für die gesamte Entwicklung des Menschen zu. Meditieren bedeutet also keineswegs ein Sichzurückziehen vom Leben in der Welt, sondern vielmehr eine verantwortungsbewußte Gestaltung der eigenen Lebensmöglichkeiten und damit auch ein Mitgestalten an der Welt. Hara-Übungen, wie sie Graf Dürckheim dem Westen vermittelte, können und sollen im Alltag immer eingesetzt werden. Dafür ist keine zusätzliche Zeit erforderlich; denn aus dem rechten Schwerpunkt heraus durchlässig zu sein für sein geistiges Wesen, ist das Üben einer Bewußtseinshaltung, nicht einer Technik, und bedarf der Zeit. Die Aussage Graf Dürckheims zum Üben des Hara hat ebenso für die Verwirklichung meditativen Bewußtseins im Alltag Gültigkeit. Sie lautet: »Jeder Augenblick ist die günstigste Gelegenheit zum Üben!« (Siehe dazu auch S. 55).

Auch erfährt jeder Übende immer wieder, wie stark das Bewußtsein durch zu reichliche und belastende Ernährung, vor allem durch Genußmittel, herabgesetzt wird. Es ist dann unmöglich, in tiefere Meditation zu kommen sowie im Alltag in der Rückverbindung zu bleiben. Ebenso stört zuwenig oder zuviel Schlaf die Bewußtseinsklarheit. Deshalb ist eine Kontrolle der Lebens- und Ernährungsweise sowie der Gefühls- und Denkweise unerläßliche Stütze für die Meditation wie für ihre Verwirklichung im Alltag.

Nicht umsonst gaben und geben alle großen Lehrer Anweisungen für den Weg nach innen. Auch im Acht-Stufen-Weg des Raja-Yoga enthalten die beiden ersten Stufen, *yama* und *niyama,* Regeln, die bewirken sollen, daß der Mensch frei wird von den alten Grenzen seines Bewußtseins. Für die Verwirklichung eines meditativen Bewußtseins im Alltag ist wohl die wichtigste Regel des *niyama* die *Hingabe an Gott.* Eine mittägliche kurze Sammlung und Rückverbindung sowie abends ein kurzer Rückblick auf den Tag mit seinen Geschehnissen, Reaktions- und Verhaltensweisen und eine positive Neuausrichtung der Kräfte geben dem Übenden Ansporn und auch Einblick in sein Werden.

Abschließend noch etwas Grundlegendes: Meditatives Bewußtsein wandelt sich ständig, entsprechend der Intensität unserer Entwicklung. So ist auch die Verwirklichung dieses Bewußtseins im täglichen Leben einer ständigen Wandlung unterworfen. Auch vorübergehende Rückfälle in alte Gewohnheiten und damit in überholte Bewußtseinszustände lassen sich nicht vermeiden. Diese Durchgänge gehören zur Stabilisierung, die jeder braucht. Jeder Tag kann ein neuer Anfang sein, jede Stunde des Lebens bietet die Möglichkeit zur Übung, und jede Schwierigkeit gibt Gelegenheit zur Bewährung. Dann wird der Alltag zur Übung, die Übung zum Mittel der Selbstwerdung, und die tägliche Meditation führt zu bewußterem Selbstsein, und dieses zu unserem eigentlichen Leben!

Hinweise für die Praxis

Bevor wir jetzt zu den Meditationsübungen kommen, hier noch einige wesentliche Hinweise zur Ausführung der Übungen. Es lohnt sich, diese Anregungen bewußt aufzunehmen und immer wieder einmal durchzusehen.

- Üben Sie in einem gelüfteten Raum.
- Bereiten Sie sich Ihre Sitzunterlage, anfänglich etwas höher, vor, so daß Sie frei von Rückenschmerzen sitzen können. Später, wenn Ihnen Hatha-Yoga-Übungen vertraut sind, kann dann der Sitz niedriger gehalten werden. Sie wissen: Die Knie sollen tiefer als die Hüftgelenke sein. Dies gilt auch für den Sitz auf einem Stuhl.
- Vor der Meditation sind einige Hatha-Yoga-Übungen wohltuend. Bei Müdigkeit sollen zuerst entspannende und dann einige anregende Übungen durchgeführt werden. Wenn dafür die Zeit nicht reicht, können im Sitzen einige aktive Dehnübungen helfen, die Wachheit zu steigern.
- Damit in der Meditation die Aufmerksamkeit nicht absinkt, sind eine aufrechte Haltung sowie Atemübungen mit Tiefatmen oder rhythmisches Atmen sinnvoll. Durch die immer tiefer werdende Entspannung in der Meditation besteht die Gefahr des Zusammensinkens oder sogar des Einschlafens. Dem wirken Tiefatmen und eine aufrechte Haltung entgegen.
- Falls der Kreislauf, z. B. bei zu niedrigem Blutdruck, leicht absinkt, helfen vor dem Sitzen einige anregende Hatha-Yoga-Übungen. Auch Tiefatmen und eine aufrechte Haltung sind Hilfen, über den Muskeltonus den Kreislauf zu stützen. Bei zu hohem Blutdruck sind Hara-Übungen und Meditation die besten Mittel zur Normalisierung.
- Vermeiden Sie während der Übung gefühlhaftes Träumen oder Dösen. Klare Wachheit ist eine Voraussetzung für Meditation, bei der es um Bewußtseinserweiterung und nicht um Traumschlaf geht.
- Damit nicht Willensimpulse und Ichregungen die Meditation verhindern, sollten sowohl zu Beginn jeder Meditationsübung als auch währenddessen immer wieder der Unterkiefer, die Stirn und die Augen entspannt werden. Erst nach Jahren der Übung wird einem bewußt, daß jedes Gefühl und jeder Gedanke in diesem Bereich Spannungen schaffen. Durch die Entspannung des Unterkiefers lassen sich Willensimpulse herabsetzen. Mit Entspannung ist gemeint, daß der Unterkiefer so locker hängt, daß zwar der Mund noch geschlossen bleibt, aber die untere Zahnreihe die obere nicht mehr berührt. Durch die Entspannung der Stirn, auch des Bereiches hinter der Stirn sowie der Augen und der Muskeln um die Augen und dahinter, lassen sich Gedanken besser beruhigen, und das innere Schauen wird klarer.
- Ein wesentlicher Punkt ist, daß wir im Hinblick auf die Meditation keine Erwartungshaltung haben sollen, sei es hinsichtlich ihrer Qualität, sei es, daß wir innerlich unbedingt etwas sehen oder erleben wollen. Jede Erwartung verhindert eine tiefere Meditation; denn solange eine Erwartungshaltung im Bewußtsein ist, ist es ja besetzt! Auch nach einer sogenannten guten Meditation kann es vorkommen, daß dieses innere Erleben wieder erwartet wird, was dann genau dieses Erleben verhindert. Deshalb ist es sinnvoller, von einer Meditationsübung zu sprechen anstatt von einer Meditation. Nicht das innere Erleben soll unser Motiv für das Üben sein, sondern unser Weg zur Selbstbewußtwerdung.
- Am Ende jeder Meditationsübung sollen unsere gesammelten Kräfte auf ihre Verwirklichung neu ausgerichtet und damit kanalisiert werden. Dabei schließen sich dann auch – unserer Entwicklung entsprechend – die Bewußtseinszentren (siehe nächstes Kapitel S. 147–157) wieder.
- Am Anfang und am Ende jeder Übung kann ein Gebet wertvoll sein. Zu Beginn öffnet ein Gebet unser Bewußtsein für den inneren Weg, und am Ende kann es Dank für die innere Führung oder eine Hilfe für die liebevolle Verwirklichung im Alltag sein.
- Nach der Übung ist eine kurze Entspannung im Liegen angenehm. Wir können dabei die Gelenke durchlockern oder einige Hatha-Yoga-Übungen, vor allem Übungen für die Wirbelsäule (siehe S. 86–88, 102–105), durchführen.
- In welcher Sitzhaltung wir Meditation üben, hängt von unseren körperlichen Gegebenheiten ab. Im Kapitel »Hatha-Yoga« (siehe S. 59–61) sind einige Haltungen erklärt. Hinzu kommt noch die Möglichkeit, mit einem Bänkchen zu üben oder auf einem Stuhl. Wichtig ist immer die aufrechte Haltung des Beckens und damit auch des Rückens. Falls zwischendurch der Rücken schmerzt, kann eine kurze Zeit, in der man sich anlehnt und besser entspannt, eine Hilfe sein. Dann aber wieder aufrecht sitzen und sich auch dabei immer besser entspannen.

Die folgenden Übungen sind Möglichkeiten, wie Sie in die Meditation kommen können. Zunächst geht es darum,

daß Sie vom alltäglichen Gedankenstrom frei werden und lernen, sich auf höhere Schwingungen zu konzentrieren, die Sie harmonisieren und Ihre Eigenschwingung erhöhen. Später, wenn Ihnen dies leichterfällt, genügt es, wenn Sie mit einem Satz, einem Wort, einem sogenannten *mantram,* üben. Auch ein Bild, das eine höhere Schwingung vermittelt, etwa eine Ikone, das Bild eines Heiligen oder eines Meisters, kann den Zugang nach innen erleichtern. Ein Satz aus der Bibel oder ein Gebet können intensiv nach innen führen. Jeder findet bald heraus, was für ihn richtig ist. Jedenfalls werden wir jene Kräfte anziehen, entwickeln und erleben, auf die wir uns lange genug konzentrieren. Deshalb ist es so wichtig, daß wir sehr bewußt auswählen, worauf wir meditieren. Später geht es um das Überschreiten des Denkens, damit unmittelbares, bewußtes Erleben – Seinserleben – entstehen kann.
Hier beginnt die eigentliche Meditation. Zunächst werden es nur wenige Sekunden sein, in denen es gelingt, nicht zu denken, aber dennoch hellwach-innerlich schauend zu bleiben. Selbst wenn dies gelingt, wird noch kein inneres Erleben bewußt. Bei den meisten Menschen dauert es einige Zeit, bis sie diesen neuen Bewußtseins-zustand auch bewußt erleben können. Dann erst öffnet sich der Weg nach innen, und der Übende erfährt, daß er von innen – in der Meditation wie im Alltag – geführt wird. Dann entsteht fast ein Sog nach innen und eine tiefe Freude in der Übung.
Der Anfang ist also nicht ganz so leicht! Wir brauchen Geduld und eine Motivation, die nicht auf »Erfolg« ausgerichtet ist.

Meditationsübungen

Übung I Meditation ist bewußtes Seinserleben – Ich bin und bewußtes Sein

1. Vorbereitung

Haltung – Augen schließen – freie Atmung – Hara
Achten Sie auf eine körperlich aufrechte Haltung, die gleichzeitig entspannt ist. Geben Sie dem Atem alle Freiheit, und verankern Sie sich im Hara, bis Sie auch psychisch gelöst und gelassen sind.

2. Konzentration: Bewusstwerden des inneren Erlebnisraumes

Schauen Sie so entspannt wie möglich innerlich Ihre Gedanken, Bilder und Erinnerungen an, und nehmen Sie sie bewußt wahr, bis Ihnen Ihr innerer Erlebnisraum – Ihre Innenwelt – etwas bewußt wird.
Damit der Gedankenstrom ruhiger wird, lassen Sie immer wieder mit dem Ausatmen Gedanken los. Bleiben Sie aber Zuschauer, also frei von der Ichidentifizierung! Versuchen Sie es zumindest immer wieder!

3. Einpunktige Konzentration

Wenn sich die Gedanken beruhigt haben, besetzen Sie Ihr Denken mit ICH BIN. Wenn *es* einatmet, denken Sie **ICH,** mit jedem Ausatmen BIN; immer wieder und immer ruhiger. Gleichen Sie das Denken dem natürlichen Atemrhythmus an, und beobachten Sie, ob sich Ihr Atem beruhigt.
Nun konzentrieren Sie sich über den Zeitraum eines ganzen Atemzuges auf ICH und während des ganzen nächsten Atemzuges auf BIN. Dabei schauen Sie so entspannt wie möglich in Ihren inneren Erlebnisraum hinein. Wenn sich nebenher Gedanken oder Gefühle einschleichen, kehren Sie zum Anfang der 3. Übung oder aber zur 2. Übung zurück und üben auf dieser Stufe weiter, bis sich die Gedanken wieder beruhigen.
Nun denken Sie nur zu Beginn jeder zweiten Einatmung ICH und bleiben den Rest der Zeit, also die folgende Ausatmung und den ganzen nächsten Atemzug über, auf dieses ICH konzentriert. Sie schauen dabei entspannt und bewußt in Ihren Innenraum hinein und kontrollieren, ob nebenher keine anderen Gedankenbewegungen vorhanden sind. Ebenso üben Sie mit BIN die Konzentration über zwei Atemzüge. Bei Störungen kehren Sie zum Anfang der 3. Übung oder aber zur 2. Übung zurück. Nutzen Sie den Freiraum, um dieses ICH BIN immer tiefer zu erfahren und zu erleben.

4. Meditation

Wenn die Konzentration über zwei Atemzüge gelingt, lassen Sie mit hellwachem Bewußtsein Denkpausen, zuerst über einen, dann über zwei und mehr Atemzüge, zu. Schauen Sie dabei mit Achtsamkeit in Ihren Innenraum hinein, und erleben Sie den immer größer werdenden Freiraum in Ihrem Bewußtsein!
Lösen Sie sich dann allmählich vom Denken ICH BIN, und kehren Sie zu

diesen Worten nur zurück, wenn Sie sich Ihren Meditationsinhalt wieder vergegenwärtigen wollen. Es ist dies wie ein gelegentlicher Flügelschlag, um sich in derselben Höhe halten zu können. Lassen Sie das ICH BIN als bewußtes Erleben Ihres geistigen Wesens zu, ohne sich an den Worten festzuhalten.
Nun ist in Ihrem Bewußtsein nur noch das Erleben des ICH BIN und Ihr Atem. Bleiben Sie in diesem Erleben gegenwärtig. Beobachten Sie genau, was und wie Sie erleben! Nehmen Sie jeden Moment, den Sie frei von Gedanken sind, bewußt wahr. Schauen Sie innerlich, und öffnen Sie sich der Kraft Ihres Bewußtseins!

5. Beendigung der Übung

Ehe Sie die Übung beenden, erspüren Sie Ihre Atmung und denken wieder **ICH BIN.** Leben Sie sich in Ihren Körper – in Ihr körperliches Zuhause – ein, und vergegenwärtigen Sie sich, wo Sie sind.
Dann können Sie sich fragen: Empfinde ich mein Bewußtsein genauso wie am Anfang der Übung oder anders? Ruhe ich in mir, und bin ich ganz ich selbst? Ist Fremdes abgefallen? Aus welcher Tiefe meines Wesens will ich im Alltag leben? Will ich auch andere Menschen in dieser Tiefe ansprechen?
Beenden Sie die Übung sehr langsam und bewußt wie die Konzentrationsübungen (siehe S. 110).

Diese Übungsweise, die ich »Schwellenarbeit« nenne, ist für jede Meditationsübung anwendbar, um zur einpunktigen Konzentration zu kommen. Die Schwelle zur Meditation ist das Überschreiten des Denkens; dies jedoch voll bewußt! Deshalb ist für den Weg bis zu dieser Schwelle höchste Achtsamkeit und Gedankenkontrolle erforderlich. Sobald bewußt wird, daß die Stufe, auf der man übt, zuviel Freiraum für Gedanken läßt, ist es sinnvoll, eine oder mehrere Übungsstufen zurückzukehren und das Bewußtsein mit einer Gedankenwelle zu besetzen. Dies so lang, bis sich die Gedanken wieder beruhigen.

Übung II
Sensibilität und Stabilität – stabilisierende Meditation

1. Vorbereitung

Basisatmung – Wechselatmung – Harmonisierung
Körperliche und psychische Haltung – Hara
Fragen Sie sich nun: Worin liegt die Hauptursache mangelnder Stabilität? Womit identifizieren Sie sich, wenn äußere oder innere Einflüsse Sie aus dem Gleichgewicht bringen? Welche Identifizierung verleiht Ihnen sowohl Sensibilität wie Stabilität? Durch welche Wesenskräfte vermögen Sie in sich zu ruhen, auch bei belastenden Einflüssen?

2. Konzentration

Durchdenken und durchspüren Sie die folgenden Fragen: Welche Bereiche Ihres Seins sind unbeständig und stets in Veränderung? Gibt es in Ihnen etwas Beständiges, Unveränderliches, Unvergängliches? Vermögen Sie in sich einen ruhenden Pol zu spüren und zu erleben? Ist Ihnen eine Wesenskraft vertraut, so daß Sie sich damit wesenhaft identifizieren können?
Konzentrieren Sie sich, wenn möglich einpunktig, jeweils über sieben Atemzüge auf die sieben Begriffe und ihre Schwingungen:
RUHE – FRIEDEN – KRAFT – LEBEN – LIEBE – LICHT – EINHEIT.
Sie können Ihre Konzentration mit Ihrem natürlichen Atem verbinden, um unmittelbar bewußt die Schwingungen zu erleben, die jeder dieser sieben Begriffe wesenhaft für Sie enthält.
Richten Sie nun Ihre einpunktige Konzentration auf das reine, unvergängliche Licht der Seele oder des Selbst. Sie können sich am Anfang z. B. durch folgende Sätze leiten lassen: DIE SEELE IST LICHT, REIN UND UNBEWEGT. SIE IST MEIN WAHRES WESEN, MEIN GEISTIGES SELBST. ICH BIN IN MEINEM INNERSTEN WESEN EINS MIT DIESEM SELBST. ICH RUHE IN MEINEM INNERSTEN WESEN.

3. Meditation

Versuchen Sie unmittelbar bewußt zu erleben: ICH BIN – SEELE. Dazu können Sie zunächst das ICH BIN mit der Einatmung verbinden und SEELE mit der Ausatmung. Lassen Sie immer längere Denkpausen und Freiräume zu. Allmählich denken Sie nicht mehr ICH BIN – SEELE, sondern erleben unmittelbar etwas von der Strahlung der Seele oder des Selbst. Um den Atem kümmern Sie sich nicht mehr. Dann werden Sie immer durchlässiger für die bereits in Ihnen wirkende Kraft der Seele oder des Selbst. Wenn Sie diese Strahlung in sich spüren, dann lassen Sie alle Persönlichkeitsbereiche, also Ihren Gedanken-, Gefühls- und Körperbereich, von der Strahlung der Seele erfüllen, während Sie selbst unbewegt im innersten Wesenszentrum ruhen.
Stellen Sie sich meditativ darauf ein, daß Sie immer in Ihrer Seele oder in Ihrem Selbst ruhen.

4. Beendigung der Übung

Versuchen Sie nun, was Sie innerlich erfahren haben, nach außen auszustrahlen, unabhängig von persönlichen Neigungen. Sie werden vermutlich bald die Erfahrung machen, daß die Strahlung nie versiegt. Die Seele oder das Selbst ist wie eine ewig sprudelnde Quelle, die es nur zu finden gilt. Wenn Sie sich einmal diese innere Kraftquelle erschlossen haben,

steht sie Ihnen immer – wenn Sie sich bewußt darauf ausrichten und in sie einlassen, also für sie durchlässig werden – zur Verfügung.
Wenn Ihnen jetzt Schwierigkeiten in bezug auf Sensibilität und Stabilität in Ihrem Leben bewußt werden, so bemühen Sie sich, diese meditativ zu klären und zu verarbeiten (siehe auch Übung VI, S. 137–138).
Beenden Sie die Übung langsam, wie bisher.

Übung III Überwindung von Angst

Bevor wir auf den Ablauf der Übung zur meditativen Überwindung von Angst eingehen, werden einige Gedanken zum Thema vorangestellt. Diese Gedanken sind als Fragen formuliert, damit Sie selbst Ihre eigenen schöpferischen Antworten finden können, die Ihrer individuellen Situation angemessen sind.
Hat alles, was mir das Schicksal (= geschicktes Heil) bisher geschickt hat, meiner Entwicklung und damit meiner Selbst- und Ganzwerdung gedient? Wenn nicht, hat es mir zumindest Chancen für meine Reifung gegeben? Kann ich dann an-nehmen, daß das, was es mir derzeit durch Menschen und Umstände anbietet oder was es mir künftig bringen wird, Gelegenheiten für meine Selbstverwirklichung sind? Will ich diese wahr-nehmen und für meine Entwicklung nutzen?
Wovor habe ich Angst? Bin ich wirklich bedroht, oder bedrohen mich meine eigenen Vorstellungen und Befürchtungen, mein Sicherheitsstreben oder mein Widerstand gegen Veränderung und Neuwerdung? Inwieweit spielen unverarbeitete Einflüsse aus der Vergangenheit eine Rolle? Wodurch lassen sich diese aufarbeiten? Ist meine Angst akut oder chronisch? Bezieht sie sich auf Menschen, Tiere, Umstände, auf eine eventuelle Trennung, auf Krankheit, Tod oder worauf sonst? Kann ich diese Angst konkretisieren? Wo finde ich Informationen und Literatur, um den Gegenstand der Angst besser zu durchschauen? Verstärken unkontrollierte Gedanken und Emotionen meine Angst? Will ich mich bewußt der Situation stellen und daraus lernen, wovor ich Angst habe? Oder weiche ich aus? Wäre dies im Sinne der Entwicklung aller an der Situation Beteiligten?
Wenn Entwicklung ein Gesetz des Lebens ist, darf ich dann vertrauen, daß ich immer die notwendige innere und äußere Hilfe bekomme, um den nächsten Schritt meiner Entwicklung gehen zu können? Welche äußeren Hilfen und inneren Fähigkeiten bräuchte ich? Wodurch lassen sie sich erwerben? Welchen Einsatz erfordern sie? Ist mir bewußt, daß in meiner Seele alle Kräfte und Fähigkeiten liegen, die zur Lebensbewältigung und Selbstverwirklichung erforderlich sind?
Habe ich mich ebenso ernsthaft wie stetig um den Zugang zu meiner Seele bemüht? Sind mir dadurch Möglichkeiten, Fähigkeiten und Wesenskräfte bewußter geworden? Gelingt mir wenigstens zeitweise eine Identifizierung mit meiner Seele? Welche Wirkung hat dies auf meine Angst und die Bewältigung der mir gestellten Aufgaben? Nehmen dabei meine Kräfte ab oder zu?
Wodurch ist es möglich, daß mich immer wieder die Umstände beherrschen, anstatt daß ich sie als Gelegenheit für meine Entwicklung nutze und damit sie beherrsche?
Wenn sich eine Situation, z. B. Krankheit oder Trennung, nicht mehr ändern läßt, was kann ich daraus für die Zukunft lernen? Habe ich zumindest etwas Einfluß? Müßte ich täglich mehr und intensiver nach innen gehen, um aus der Rückverbindung mit meiner Seele die Selbstwerdung und Selbstverwirklichung zu unterstützen? Welche Vorstellungen, Erwartungen und Gebundenheiten meines Ichs stehen der Selbstwerdung im Wege? Welche fördern sie? Was müßte ich loslassen? Was muß ich lernen, um angsterfüllte Zustände vermeiden zu können, z. B. um ernährungsbedingte Krankheiten zu verhindern, um die Partnerschaft angstfrei leben oder um die Erziehung der Kinder bewußter gestalten zu können? Welche Menschen, Bücher, Kurse usw. können mir hier helfen, mein Bewußtsein zu weiten und mich sinnvoller auf jede Lebenssituation einstellen zu können?
Wurde der negative Einfluß nur durch äußere Umstände verstärkt oder auch durch mangelnde Rückverbindung zu meinem Selbst? Habe ich dies durch unkontrolliertes Fühlen und Denken verstärkt?
Wodurch läßt sich die innere Rückverbindung verstärken? Läßt sich dadurch der Sinn mancher Belastungen schneller und besser erkennen? Gelingt es mir immer mehr, bewußt Voraussetzungen für eine positive und entwicklungsreichere Lebensgestaltung zu schaffen? Kann ich stete Wandlung, Neuwerdung und Reifung bejahen? Bejahe ich auch die damit unweigerlich verbundenen Schicksalseinflüsse? Bejahe ich auch die damit verbundenen Belastungen, Einflüsse und Umstände sowie die Menschen, die sie mir vermitteln? Kann ich auch an diesen Menschen Entwicklungsvorgänge erkennen? Wie kann ich ihnen durch weise Liebe helfen?
(Bitte für die jeweilige Lebenssituation ändern und ergänzen!)

1. Vorbereitung

Vorbereitung wie bei Übung II (siehe S. 133)

2. Konzentration

Konzentration wie bei Übung II (siehe S. 133)

3. Meditation

Erleben Sie unmittelbar bewußt: ICH BIN – SEELE. ICH BIN – SELBST-BEWUSST. ICH BIN – SELBST-

BEWUSST-SEIN. Sie können hier entweder die einpunktige Konzentration, die am Anfang an den Atemvorgang gebunden sein kann, durchführen, und zwar mit immer längeren Denkpausen, oder Sie können sich auch unmittelbar der Strahlung Ihrer Seele öffnen, wenn Sie für diese subtilen Schwingungen ohne weitere Einstimmung durchlässig sind. Fragen Sie sich dann: Kann ich diesen seelisch-geistigen Lebenskräften in mir vertrauen?
Konzentrieren Sie sich einpunktig auf VERTRAUEN. Öffnen Sie sich dieser Wesenskraft voll Vertrauen, nehmen Sie die Schwingung des Vertrauens in sich wahr. Vertiefen Sie diese Erfahrung durch die Ausrichtung auf SELBST-VERTRAUEN. Und schließlich richten Sie sich, wenn Sie mögen, auf GOTT-VERTRAUEN aus. Bei Störung durch andere Gedanken kehren Sie immer wieder geduldig zu diesen Begriffen zurück, um dann sehr kontrolliert längere Denkpausen zuzulassen, in denen Sie das Denken überschreiten.
Öffnen Sie sich wieder in allen Bereichen Ihrer Persönlichkeit, aber auch vom Körper her (Haltung und Hara eventuell verbessern!) der Strahlung des seelisch-geistigen Vertrauens. Ruhen Sie unbewegt in Ihrer Wesensmitte.

4. Beendigung der Übung

Lassen Sie die Wesenskraft des Vertrauens durch sich hindurchstrahlen, unabhängig von Belastungen oder Ängsten. Wenn Sie hier oder dort in der Psyche oder im Körper Verspannungen oder Blockaden spüren, können Sie einmal ausprobieren, die Kraft des Vertrauens speziell dorthin zu lenken, um diese Bereiche von ihr durchfluten zu lassen.
Stellen Sie sich zum Schluß dieser Übung bewußt auf einige Ansätze zur Verwirklichung von Vertrauen im Alltag ein: Durch das Vertrauen zum Selbst oder zur Seele gestalten Sie bewußt an Ihrer Entwicklung mit, und Sie helfen auch anderen auf ihrem Entwicklungsweg. Selbst- oder Gottvertrauen ist eine Grundkraft des Lebens und führt über die Grenzen von Leben und Tod hinaus. Bewußtwerdung ist immer Grenzüberschreitung. Durch Gedanken- und Gefühlskontrolle sowie durch Meditation können Sie bewußt Voraussetzungen für ein vertrauensvolles, sinnerfülltes Leben schaffen.

Übung IV Meditation gegen Schlafstörungen

1. Vorbereitung

Führen Sie eine Entspannungsübung im Liegen durch, wie sie im Kapitel über den Atem (siehe S. 30, 32) beschrieben wurde.
Erspüren Sie den Basisatem, und lassen Sie sich vertrauensvoll in die Basisatmung ein!

2. Erkenntnisübung

Stellen Sie sich einige oder alle der folgenden Fragen: Worin liegt die psychische Ursache meiner augenblicklichen Schlafstörung? Warum kann ich mich nicht mehr vertrauensvoll dem Unbewußten überlassen, und mich in den Schlaf sinken lassen? Ist die Ein- oder die Ausatmung länger? Halte ich im Bewußtsein etwas fest, oder kann ich loslassen? Sind es allein die Umstände, die mich belasten, oder ist es auch meine Einstellung zu ihnen? Worin liegen derzeit meine Entwicklungsprobleme? Was kann ich – soll ich – derzeit an den Belastungen lernen? Suche ich Stütze oder Sicherheit außer mir anstatt in mir? Worin liegt für mich eine Aufgabe, die persönliche Aufgabe und Hin-gabe, die mich erfüllt, mich innerlich freier werden und mich mehr zu mir selbst finden läßt? Wodurch kann ich wieder froh und glücklich werden, unabhängig von Umständen und anderen Menschen? Wem kann ich helfen? Wen kann ich glücklich machen, eventuell durch Freigeben, durch Verständnis und durch eine entwicklungsorientierte Einstellung? Wo brauche ich mehr Abstand oder Konsequenz? Lebe ich mit mir und meiner Umwelt in Frieden? Bin ich friedliebend?

Durchdenken Sie solche Fragen meditativ, und nehmen Sie sie in Ihre innere Stille mit hinein.

3. Konzentration

Die folgenden beiden Übungsteile nicht im Liegen, sondern im Bett sitzend ausführen.

Haltung – Hara – Harmonisierung
Singen Sie *Om,* und horchen Sie dem Laut innerlich nach. Singen Sie, ohne sich anzustrengen, das *Om* so lange, wie Ihr Atem jeweils auf einem tiefen Ton reicht. Dann spüren und lauschen Sie auf den Nachklang der *Om*-Schwingung in sich.
Stellen Sie sich auf Ihre natürliche Basisatmung ein: Sie sind im Hara und besetzen das Bewußtsein bei jeder Einatmung mit RU- und bei jeder Ausatmung mit -HE. Sie stellen sich also bewußt auf Ruhe ein. (Wenn Ihnen Los-lassen näherliegt als Ru-he, so verwenden Sie diesen Begriff.)

4. Meditation

Suchen Sie im Hara, in Ihrer Erdmitte, den ruhenden Pol. Erleben Sie dann, wie in der Bewegung des Atemgeschehens nach der verlängerten Ausatmung ein Moment der Ruhe und Stille entsteht. Lassen Sie sich ganz in die Atemstille ein, bis Sie in sich ruhen. Erleben Sie meditativ DIE RUHE IN DER BEWEGUNG und umgekehrt DIE BEWEGUNG IN DER RUHE. Versuchen Sie, sich Ihrem innersten Wesen durch einpunktige Konzentration auf VERTRAUEN oder FRIEDEN

zu öffnen, bis Sie diese Wesenskraft unmittelbar erleben. Lassen Sie sich von dieser Wesenskraft in Ihren Persönlichkeitsbereichen durchströmen und erfüllen.
Erspüren Sie, inwieweit Sie jetzt mehr in sich selbst ruhen als zu Beginn der Übung. Lassen Sie sich immer tiefer in den Hara ein, lassen Sie sich von seiner ruhigen Kraft durchströmen.

5. Beendigung der Übung

Wird die Übung vor dem Einschlafen durchgeführt, können Sie sich nun in diesem Zustand des Friedens und Vertrauens von Ihren Seinskräften in den Schlaf hinübergleiten lassen. Lassen Sie die Augen geschlossen, und legen Sie sich zum Schlafen nieder. Bei verfrühtem Erwachen erspüren Sie umgehend Ihre Basisatmung, und Sie können sich dann sofort auf RUHE, VERTRAUEN oder FRIEDEN einstellen, bis Sie wieder einschlafen.

Übung V Bewußtwerden geistiger Kräfte

1. Vorbereitung

Haltung: körperlich aufrecht – freier Atem – Hara – körperlich gelöst – psychisch gelassen – Ruhe – Selbstkontrolle
Welche Hindernisse Ihrer Entwicklung sind Ihnen bewußt? Liegen die Ursachen in den Umständen oder auch in Ihnen? Sind die Hindernisse eher körperlich oder eher psychisch bedingt? Welche Einstellung brauchen Sie, um Kraft für ihre Überwindung zu erlangen? Welche Wesenskräfte müßten Sie dafür entwickeln?
Aphorismus 1,32 der Yoga-Sutras des Pantanjali lautet: »Zur Bekämpfung der Hindernisse übt man die Sammlung der inneren Ruhe« (Hauer). Stellen Sie sich also die Frage: Auf welche seelisch-geistigen Kräfte muß ich mich beharrlich konzentrieren, um Hindernisse zu überwinden, sei es in der Meditation oder in meiner Lebensentwicklung?

2. Konzentration – Meditation

Einige Vorschläge für die Meditation: OM – RUHE – FRIEDEN – ERKENNTNISLICHT – SCHÖPFERISCHER WILLE – WILLE ZUM GUTEN – VERSTEHEN – GEDULD – AUSDAUER – BESTÄNDIGKEIT – GELASSENHEIT – VERTRAUEN – SELBSTVERTRAUEN – EMPFÄNGLICHKEIT – VERWIRKLICHUNGSKRAFT – HEILENDE KRAFT – HARMONIE – LEBENSKRAFT – WAHRHEIT – FREIHEIT – SELBSTBEWUSSTSEIN – ICH BIN – SEELENKRAFT – WEISE LIEBE – CHRISTUS-LIEBE – ALL-LIEBE

Wählen Sie einen der oben angeführten Begriffe (oder einen anderen, der Ihnen näherliegt), und besetzen Sie damit Ihr Bewußtsein. Üben Sie einpunktige Konzentration und Meditation wie in Übung I (siehe S. 132/133).
Übergeben Sie Ihr jeweiliges Hindernis vertrauensvoll dem innersten Wesen, und bleiben Sie der heilenden, ganzmachenden Kraft Ihrer Seele geöffnet.
Lassen Sie sich von dieser Seelenkraft in allen Persönlichkeitsbereichen durchstrahlen und erfüllen.

3. Beendigung der Übung

Versuchen Sie, soweit als möglich, die Qualität des gewählten Begriffes als Kraft auszustrahlen.
Stellen Sie sich bewußt auf Möglichkeiten der Verwirklichung oder auf Schritte in Ihrer Entwicklung ein, die Ihnen helfen, sich über geistige Kräfte und die Überwindung von Hindernissen in der Meditation klarzuwerden. Beenden Sie die Übung langsam, wie bisher.

Halten Sie den gewählten Begriff über längere Zeit auch im Alltag in Ihrem Bewußtsein, damit die ihm innewohnende Wesenskraft weiter wirksam bleiben kann.

Übung VI Fragemeditation – Lösung von Problemen

1. Vorbereitung

Haltung wie bei Übung V

2. Konzentration

Stellen Sie sich eine Ihnen im Augenblick wesentliche Frage, möglichst klar und kurz formuliert.
Singen oder summen Sie *Om*. Horchen Sie dann innerlich auf die Schwingungen und Nachschwingungen dieses Lautes.

3. Meditation

Vergegenwärtigen Sie sich: das Selbst, die Seele ist Bewußtseinslicht; das Selbst, die Seele ist strahlendes Zentrum vollkommender Bewußtheit und Liebe. In Ihrer Seele sind alle Einsicht und Weisheit gegenwärtig. Die Lösung jedes Problems liegt in unserer Seele bereits klar vor. Öffnen Sie sich der Tiefe Ihrer Geist-Seele und der Strahlung dieses Lebenszentrums. Vertrauen Sie sich Ihrer schöpferischen Kraft und inneren Führung an, bis Sie bewußt eine Verbindung – eine Rückverbindung – spüren.
Vergegenwärtigen Sie sich erneut Ihre Frage: Meine Frage ist: »...« Diese Frage halten Sie unabgelenkt und assoziationsfrei in Ihrem Bewußtsein

aufrecht. Halten Sie diese Frage in das Licht Ihrer Seele. Lassen Sie die Frage als aussendende Kraft wirken, so daß Sie in höheren Bewußtseinsebenen der Seele Energie auslöst. Versuchen Sie, offen für Lichtblicke, Antworten, Erkenntnisse, Einsichten oder Impulse aus der Seele zu sein. Wenn störende Gedanken in der Meditation auftreten oder Sie das Gefühl haben, keine Antworten oder keine Resonanz zu gewinnen, dann besetzen Sie Ihr Bewußtsein aufs neue mit Ihrer Frage, bis das Denken allmählich überschritten werden kann. Lassen Sie dann die Frage immer wieder los, und seien Sie offen für Seelenimpulse. Je mehr Liebe und Hingabefähigkeit wir entwickeln, um so empfänglicher werden wir.
Wenn keinerlei neue Einsichten gewonnen werden, können Sie Zwischenfragen stellen wie: Habe ich meine Frage richtig gestellt? Ist sie schöpferisch, also positiv für die Entwicklung aller Beteiligten? Ist meine Frage klar gestellt, frei von Neugier und Eigennutz? Erhoffe oder erwarte ich unbewußt eine bestimmte Antwort? Habe ich Angst vor Konsequenzen der Verwirklichung, wenn der schöpferische Wille und Plan meinem Eigenwillen entgegensteht? Kann ich der inneren Führung vielleicht noch nicht genug vertrauen, daß das Schicksal das beste für meine Entwicklung schickt?
Prüfen Sie bei Erkenntnissen, Antworten oder Bewußtseinsimpulsen, die Sie empfangen, ob Ichkräfte im Spiel sind. Äußert sich in einer inneren Antwort der schöpferische Wille durch Liebe für alle Beteiligten – oder wird damit nur mein eigener Vorteil begünstigt? Können Sie durch die gewonnene Einsicht verantwortungsbewußter für das Leben wirken? Schenkt Sie Ihnen Frieden und innere Sicherheit?

4. Beendigung der Übung

Beenden Sie die Übung in der bisherigen Weise, oder schließen Sie eine andere Meditationsübung an, z. B. mit der Ausrichtung auf Harmonie.

Um zu wirklich von innen her getragenen Antworten zu gelangen, empfiehlt es sich, daß Sie diese Art Fragemeditation 3–5 Tage hintereinander durchführen, nach Möglichkeit morgens und abends. Versuchen Sie, eine kontrollierte Offenheit für neue Erkenntnisse zu gewinnen. Jede Einsicht wird sich durch äußere Zeichen sowie durch Verwirklichungskraft, inneren Frieden und Liebe bestätigen.

Übung VII Unterstützung von Heilungsprozessen durch Meditation

1. Vorbereitung

Vorbereitung und Haltung wie bisher

2. Erkenntnisübung: Ursachenfindung

Um sich selbst der möglichen Ursachen von gesundheitlichen oder psychischen Störungen bewußter zu werden, sollten Sie folgende Fragen meditativ durchdenken – vielleicht auch um weitere Fragen, die Ihnen wichtig sind, ergänzen. Kernfragen, die Sie danach herausgefunden haben, können Sie im Sinne der Fragemeditation einsetzen.

- Woran leide ich? Leide ich mehr körperlich, oder betrifft es mehr meine Psyche?
- Welcher Körperbereich ist erkrankt, und welchem Chakra untersteht er (siehe nächstes Kapitel, S. 148–152)?
- Welcher Art ist die Erkrankung (z. B. Entzündung, Erkältung, Erschöpfung, Verformung, Verfestigung, Kristallisierung, Wucherung, Ausfluß, Abbau, Schwäche usw.? Betrifft es Kreislauf, Herztätigkeit, Verdauung, Unterleib, usw.)?
- Ist die Erkrankung akut, schleichend oder chronisch?
- Welche äußeren Umstände haben bei der Erkrankung mitgewirkt?
- In welcher inneren Verfassung war ich? Wie verlief die innere Entwicklung?
- War die Harmonie in mir gestört? Durch welche Umstände und welche Einstellung zu ihnen?
- Welche Kräfte in mir verursachten die Störung des Gleichgewichtes meiner körperlichen und psychischen Verfassung?
- Welche Fehlhaltung meines Bewußtseins (Erwartung, Motiv, Bindung, Vorstellung, Eigenwille, Identifizierung, Absicht, Angst usw.) hat mitgewirkt?
- Wenn wahre Heilung – Ganzwerdung – eine Bewußtseinsveränderung voraussetzt, worin liegt für mich die Aufgabe, um den nächsten Schritt in meiner Entwicklung gehen zu können? Was will das Schicksal von mir?
- Wo ist die Reibungsstelle zwischen Persönlichkeits- und Seelenkräften, also zwischen Eigenwille und dem schöpferischen Willen der Seele?
- Welche Seelenkraft brauche ich, um wieder heil werden zu können und um bewußt Voraussetzungen für meine Gesundung zu schaffen?

3. Meditation

Bemühen Sie sich um einpunktige Konzentration auf jene Seelenkraft, die zur Bewußtseinsänderung sowie zur Überwindung von äußeren oder inneren Belastungen erforderlich ist (bei Unzufriedenheit z. B. Konzentration auf FRIEDEN, bei Mutlosigkeit oder Unmut auf MUT, bei Angst auf VERTRAUEN usw.).

Lassen Sie dann immer wieder kontrolliert Denkpausen zu, bis Sie das Denken überschreiten können, damit Sie diese Kraft so unmittelbar wie möglich bewußt erleben. Geben Sie dieser Seelenkraft immer mehr Raum in Ihrem Bewußtsein! Werden Sie durchlässig für die Strahlung aus dem »heilen« Zentrum Ihrer Seele, aus der heraus Sie in jedem Augenblick leben. Vertrauen Sie sich dieser heilenden Kraft Ihrer Seele an mit der Einstellung: »Wenn ich nicht mehr vom Ich her eingreife, können sich die Kräfte in mir auf natürliche Weise ordnen.«
Lassen Sie sich von der Schwingung dieser Seelenkraft tragen, nach innen ziehen oder heben. Eventuell stellen Sie dann bewußt die Ihnen am wichtigsten erscheinende Frage und halten sich für eine Einsicht oder eine intuitive Eingebung von innen her offen.

4. Beendigung der Übung

Lassen Sie sich von der betreffenden Kraft durchströmen, und strahlen Sie sie auch aus.
Stellen Sie einen konkreten Bezug zum Alltag und zur Verwirklichung her.
Beenden Sie dann die Übung langsam, wie bisher.

Übung VIII Heilung ist Ganzwerdung

1. Vorbereitung

Vorbereitung und Haltung wie bisher

2. Vorschläge für eine heilende, »ganzmachende« Meditation

Sie können z. B. – wenn Sie mögen – die Grundübung des Hara als einpunktige Konzentration, die zur Meditation wird, durchführen (siehe Kapitel »Energie aus dem Hara«, S. 47/48).
Eine weitere Möglichkeit: Stellen Sie sich – zunächst gedanklich – auf ein Bild vollkommener Gesundheit aus der Seele heraus ein. Versuchen Sie, in allen Persönlichkeitsbereichen für dieses zunächst vorgestellte Bild vollkommener Gesundheit empfänglich und durchlässig zu werden. Sie spiegeln damit in Ihrer gedanklichen Vorstellung die Wirklichkeit der Seele wider! Stellen Sie sich so lange auf das Bild vollkommener Gesundheit in Ihrer Seele ein, bis Ihr Persönlichkeitsbild mit dem Inbild der Seele übereinstimmt.
Sie können sich auch in ein in seiner Harmonie gestörtes Organ, einen Muskel, einen Knochen oder ein Gelenk einleben und versuchen, sich für die heilende Strahlung der Seele zu öffnen. Dann können Sie durch diesen Körperbereich oder die erkrankte Körperstelle »hindurchatmen«, um die Eigenschwingung zu harmonisieren und zu erhöhen, damit sie der Gesamtschwingung Ihrer vollkommenen Seele angeglichen wird. Es empfiehlt sich, mit dem Einatmen bewußt die Energie der Seele in sich aufzunehmen und mit dem Ausatmen den betreffenden Körperteil zu durchstrahlen.
Sie können sich auch auf eine Seelenkraft konzentrieren wie HARMONIE, RUHE, FRIEDEN, LIEBE, REINHEIT, WANDLUNGSKRAFT usw. oder auf JESUS CHRISTUS, HEILAND, CHRISTUS-LIEBE oder auch auf ein Mantra wie OM MANI PADME HUM (= göttlicher Juwel im Herzenslotos) oder SO HAM (Er ist ich. Ich bin Er. Der Vater und ich sind eins. So lauten einige annähernde Übertragungen). Weitere Begriffe, die helfen können: VATER, DEIN WILLE GESCHEHE, ICH BIN SEELE, VERTRAUEN AUF DIE KRAFT AUS DEM SELBST usw.
Bemühen Sie sich um einpunktige Konzentration auf einen von Ihnen ausgewählten Begriff oder Satz, solange es Ihre Zeit erlaubt.
Lassen Sie die angesprochene Seelenkraft durch sich wirken im Gedanken- und im Gefühlsbereich, in denen die wesentlichen Ursachen aller gesundheitlichen Störungen liegen. Als Konzentrationshilfe dient, daß Sie sich während der Einatmung der Seele öffnen und mit dem Ausatmen die heilende, ganzmachende Strahlung der Seele durch sich hindurchströmen lassen. Zuletzt lassen Sie die Seelenstrahlung durch Ihre Persönlichkeit als Ganzes wirken, mit einem Höchstmaß an Durchlässigkeit und meditativer Offenheit. Diese Offenheit für die Seele sollte natürlich zu allen Zeiten aufrechterhalten bleiben. Andernfalls könnten möglicherweise starke Schwingungsunterschiede, die die Nerven und damit den gesamten Gesundheitszustand belasten, entstehen. Nur wenn eine grundsätzlich bejahende Einstellung zum Leben, also eine positive Haltung zu Wandlung und Entwicklung besteht und aufrechterhalten bleibt, kann sich die *Ganzwerdung* als *Heilung* wirklich vollziehen.

3. Beendigung der Übung

Beenden Sie dann die Übung langsam, wie bisher.

Übung IX Meditation für Kranke

1. Vorbereitung

Haltung – freier Atem – Hara – Harmonisierung

2. Meditatives Durchdenken von Fragen

Wie helfe ich nahestehenden Erkrankten am sinnvollsten? Ist mir der Unterschied zwischen Liebe und weiser Liebe bewußt?
Welches Entwicklungsgeschehen kann ich beim Kranken erkennen und wie kann ich es unterstützen?
Wie kann ich helfen, ohne den Bezug von Ursache und Wirkung zu stören?

Wo liegt die Hilfe zur Selbsthilfe? Wie fördere ich die Selbständigkeit und Unabhängigkeit des Kranken mir gegenüber?
Geht es um die Gesundung des Kranken oder um einen Lernprozeß für seine Entwicklung und Wandlung?
Wie ehrlich darf und muß ich zum Kranken sein?
Worauf habe ich ihn vorzubereiten, damit er keine Phase seiner Entwicklung versäumt? Wie kann ich ihn dabei unterstützen, ohne ihn in seinem freien Willen zu beeinträchtigen?
Die Übermittlung von Kraft sollte auf natürliche Weise durch den liebevollen Umgang mit dem Kranken geschehen. Die Übermittlung von Seelenkraft setzt bewußte Einwilligung des Kranken voraus und dazu den eindeutigen Impuls aus der Seele. Im Zweifelsfalle die Fragemeditation durchführen (siehe S. 137/138).
Vermeiden wir jede noch so gutgemeinte Beeinflussung, auch dann, wenn es jemand will. Jeder soll lernen, aus seiner Seele zu schöpfen und sein Leben bewußt zu gestalten, um wieder *heil* werden zu können.

3. Meditation

Haltung wie oben
Richten Sie Ihre einpunktige Konzentration auf eine heilende Seelenkraft, und lassen Sie immer längere Denkpausen zu.
Lassen Sie diese Kraft durch sich hindurch weiterstrahlen zur *Seele* des Kranken.
Wenn Sie sicher sind, daß es dem Kranken recht ist und daß er von Ihnen unabhängig bleibt, dann durchstrahlen Sie seinen Raum mit dieser Seelenkraft. Seine Persönlichkeit durchstrahlen Sie nur, wenn der Kranke es will. Übergeben Sie den Kranken in aller Liebe den heilenden Kräften seiner Seele und deren schöpferischem Willen, damit er die Kraft erhält, die er für seine Entwicklung und damit auch für seine Heilung braucht.
Zum Schluß fragen Sie sich, wie Sie dem Kranken helfen können.

4. Beendigung der Übung

Beenden Sie dann die Übung langsam, wie bisher.

Noch ein Gedanke zum Alltag: Beobachten Sie einmal, wodurch Sie oft Ihrer Gesundheit schaden, sei es durch die Lebens- und Ernährungsweise, sei es durch Genußgifte oder durch psychische Fehlhaltungen. Sind Ihnen die Folgen bewußt? Wollen Sie hier etwas verändern? Will es auch der Kranke, dem Sie helfen?

Übung X Selbsthilfe durch Meditation

1. Vorbereitung

Haltung – freier Atem – Hara – Harmonisierung

2. Möglichkeiten zur Selbsthilfe bei schlechter Verfassung

Machen Sie sich bewußt: Meine augenblickliche Verfassung ist Wirkung mangelnder Rückverbindung zu meinem Selbst oder zu meiner Seele. (Durch falsche Identifizierung entsteht Bewußtseinseinengung, und damit wachsen Angst, Überforderung, Spannung und Fehllenkung von Kräften.)
Lösen Sie sich wenigstens für die Zeit der Übung von Ihrer Ichidentifikation, und öffnen Sie sich den Kräften Ihrer Seele, Ihres tiefsten, geistigen Wesens. Konzentrieren Sie sich einpunktig auf ICH BIN SEELE oder SELBST-BEWUSST-SEIN oder SELBST-VERTRAUEN oder MEIN INNERSTES WESEN IST LICHT. Oder geben Sie jener Seelenkraft, zu der Sie den direktesten und wohltuendsten Kontakt finden, im Bewußtsein Raum. Lassen Sie sich davon durchstrahlen, bis Sie spüren, daß alles Fremde von Ihnen abfällt und Sie sich wieder wohler fühlen. Lassen Sie sehr kontrolliert immer längere Denkpausen zu. (Es ist ganz normal, daß Ihnen diese Übung zunächst um so schwerer fällt, je schlechter Sie sich zur Zeit fühlen. Doch gerade in diesem Moment gilt es, eigene Erfahrungen mit inneren Kräften zu sammeln. Jede echte Bemühung um eine meditative Lösung bringt unmittelbare positive Wirkung.)
Ehe Sie die Übung beenden, machen Sie sich bewußt: Mein Bewußtsein ist geistiger Natur, jenseits von Leid, Trennung und Angst. Das Licht meiner Seele – meines Selbst – ist eins mit dem Licht der Welt. Die Liebe meiner Seele ist eins mit der Liebe Gottes. Als Seele bin ich Licht, Liebe, Frieden, Freude! Ich öffne mich der Quelle dieser Kräfte, um sie unbegrenzt verschenken zu können. Welche Seelenkraft brauche ich, um Schwierigkeiten überwinden zu können?

3. Beendigung der Übung

Beenden Sie dann die Übung langsam, wie bisher.

Ein Wort zum Schluß dieses Kapitels, das in praktischer Weise in einige Formen der Meditation einführen kann. Es gibt eine Fülle verschiedener Meditationsmethoden, die in diesem Rahmen noch nicht einmal andeutungsweise behandelt werden können. Einige sind weithin bekannt, z. B. die Konzentration und Meditation auf einen Punkt, auf eine farbige Fläche, auf eine Kerze, auf das Kreuz, auf einen Kreis usw. Auch die Versenkung in schöpferische Impulse oder erhebende Inspiration durch Kunstwerke oder durch eigene künstlerische Beschäftigung gehören zumindest zu Vorstufen der Meditation. Gerade Musik als subtilste, am wenigsten greifbare und dennoch so intensiv erfahrbare Kunstform ist hier zu nennen. Für jede Meditationsform werden Sie sicher für sich selbst ganz individuelle Weisen herausfinden können.

Aura und Chakras

Feinstoffliche Kräfte und Bewusstseinsvorgänge

Im Rahmen dieser Einführung versuchen wir, einen westlich orientierten Zugang zu Yoga hinsichtlich seiner feinstofflichen Themenbereiche zu finden. Hierzu gehören Stichworte wie *Aura, Chakras* und *Kundalini.* Sowohl Anfänger auf dem Yoga-Weg wie Menschen, die an Esoterik, New Age und anderen Entwicklungswegen interessiert sind, werden immer mehr mit diesen Begriffen konfrontiert, sei es durch Literatur, sei es durch eigene spontane Erfahrungen mit feinstofflichen Kräften oder als Nebenerscheinung von Bewußtseinsübungen.

Wie in wahrscheinlich allen Lebensbereichen gibt es auch hier eine Fülle unterschiedlicher, teils sogar widersprüchlicher Aussagen und Erfahrungen. Verschiedene Schulen und Denksysteme haben oft jeweils andere Menschenbilder und Weltkonzepte. Hier soll ausdrücklich *nicht* der Versuch unternommen werden, eine vollständige und/oder letztgültige Darstellung zu leisten. Vielmehr geht es uns um eine dem Rahmen dieses Buches angemessene Einführung und praktische Hilfe, um entweder selbsterlebte Phänomene einordnen oder um sich bei entsprechendem Interesse in einer verantwortlichen Weise weiter informieren zu können.

Daß es zu diesem Thema so viele unterschiedliche Auffassungen gibt, liegt unter anderem daran, daß das Wissen um diese Dinge lange Jahrhunderte und manchmal Jahrtausende hindurch als Geheimwissen nur mündlich und auch nur wenigen Auserwählten überliefert wurde. Symbolische und allegorische, künstlerische und literarische Darstellungen verschleierten – für den Uneingeweihten – oft mehr, als sie offenbarten. Falsche Interpretationen führten zu Verwirrungen. Schließlich läßt sich über dieses Thema nur dann etwas Gültiges vermitteln, wenn sowohl der Lehrer wie der Schüler bereits über zumindest ähnliche Erfahrungen verfügen. Aber eigenes Erleben von feinstofflichen Vorgängen ist nicht ohne weiteres jedem zugänglich. Und der Gewinn solcher Erfahrungen setzt meist voraus, daß man dafür überhaupt offen ist – ein vermeintliches Paradoxon, indes: Auch in der modernen Naturwissenschaft weiß man heute, daß tatsächlich die eigene Wahrnehmung die jeweilige Wirklichkeit entscheidend bestimmt. Also: Ich »mache« meine eigene Wirklichkeit durch die Art und Weise meiner Wahrnehmung. Es mag kompliziert klingen, ist aber einfach. Ein Beispiel: Nur wenn wir still im Wald spazierengehen und bewußt lauschen, werden wir der vielen Klänge und Geräusche der Natur gewahr. Ein zweites Beispiel: Wenn wir eine bestimmte Musik bereits kennen, vielleicht sogar studiert haben, werden wir Nuancen in ihrer Darbietung zu schätzen wissen; nur dann wird unsere Wirklichkeit durch diese Nuancen bewußt bereichert. Sie wird entscheidend von unserer Wahrnehmung beeinflußt.

In diesem Sinne sollen und können die folgenden Hinweise lediglich eine vorbereitende Hilfe zur eigenen weiteren Orientierung sein. Gute Fachliteratur (siehe dazu auch S. 175) und seriöse, kompetente Yoga-Lehrer können weiterführen.

Feinstoffliche Energiebereiche

Im Yoga beschreibt man die Aura als ein Feld von Energien und Kräften, die den Menschen durchdringen und umgeben. In diesem Kraftfeld befinden sich die Bewußtseinszentren, die sogenannten *chakras*.
Über diese Bewußtseins- oder Energiezentren wirken unterschiedliche Bewußtseinskräfte aus ursprünglich rein geistig-seelischen Ebenen auf die mentalen und emotionalen Bereiche, bis hinein in den Körper des Menschen. Inzwischen wird auch von Naturwissenschaftlern bestätigt, daß alle Materie letztlich nur eine besonders dichte Form von Energie ist und daß es sozusagen Ebenen oder Schichten unterschiedlicher Energie-Materie-Verhältnisse gibt. Die folgende Skizze eines vom Yoga ausgehenden Menschenbildes ist nur als vereinfachtes Beispiel unter vielen möglichen Anschauungen gedacht.

- Die reinste Form von Energie wäre demnach allgegenwärtiges, geistiges Sein, ungeteilte, formlose, zeitlose, reine Urenergie; das *Ganze* oder *Gott*.
- Als erste Verdichtung davon entstünde individuelles Bewußt-sein, das Selbst oder die Seele. Diese individualisierte Urenergie drückt sich in ersten Schöpfungsformen als sehr hohe Licht- und Schallschwingungen aus. Licht und Ton sind hier aber noch formlos und in bewußter Verbindung zur rein geistigen Urenergie.
- Als weitere Verdichtung entstünden Licht- und Klangformen, Lichtwesen und Sphärenklänge, Licht- und Klangwelten. Pythagoras sprach bereits davon, daß die Schöpfung wie ein großer Zusammenklang einer Vielzahl von Tönen und Klängen sei.
- Als folgende Verdichtung des Geistes oder der Urenergie wäre die Welt der Ideen zu nennen, also der energetische Ursachenbereich für alles, was an weiteren Schöpfungsformen entsteht.
- Als nächste Stufe der Verdichtung wäre die Entstehung des Egos, des Ichseins zu nennen. Hier entstehen Gedanken, Gefühle und Wünsche persönlicher Art, die sich allerdings noch immer in feinstofflichen Bereichen ausdrücken, in sogenannten Astralsphären. Dies ist eine Bilder- und Formenwelt, ähnlich wie wir sie im Traum erleben. Die Erlebnisstärke kann dabei sehr intensiv sein.
- Danach folgt die vitale Ebene, also jener Bereich von Kräften, die unmittelbar auf den grobstofflichen Körper einwirken. Es sind weitgehend psychosomatische Erscheinungen, also körperliche Reaktionen auf Gedanken und Gefühle, die meist unbewußt ablaufen.
- Die stärkste Verdichtung des Geistes oder der Urenergie ist unser Körper und damit jede grobstoffliche Form. Doch ohne ein lebendiges Bewußtsein wäre der Körper nicht mehr belebt. Dies zeigt, daß selbst rein körperliche Vorgänge noch einen Rückbezug zum Geist besitzen.

Diesen Ebenen werden nun verschiedene *Körper* zugeordnet, z. B. der *Lichtkörper* oder *Kausalkörper* der zweiten und dritten Ebene, der *höhere Mentalkörper* der vierten, der *niedriger schwingende Mentalkörper* und der *Emotionalkörper* der fünften Ebene, der *Vitalkörper* der sechsten Ebene und schließlich der sichtbare *physische Körper* der siebten Ebene. Diese Körper sind nicht wie bei einer Zwiebel übereinanderliegende Hüllen, sondern alle diese Kraftfelder durchdringen und durchstrahlen einander; vor allem die höheren durchstrahlen – je nach der Transparenz des Menschen – die niedriger schwingenden Kraftfelder. Anstatt *Körper* sind auch Begriffe wie *vital-ätherisches Kraftfeld, astral-ätherisches, mental-ätherisches Kraftfeld* üblich.
Selbstverständlich ist dies nur eine knappe Zusammenfassung und keine vollständige systematische Darstellung. Aber vielleicht ist es für den Leser doch eine kleine Orientierungshilfe. Dies vor allem dann, wenn in der Meditation neue Erfahrungen bewußt werden, so daß sich diese eher einordnen lassen und nicht, wie es meistens geschieht, zu einer maßlosen Überbewertung führen. Wie viele Mißverständnisse und wieviel Intoleranz sind daraus schon erwachsen! Dabei kann jeder nur in der Weise wahrnehmen, es wurde in der Einleitung bereits angedeutet, wie es seinem Entwicklungsweg und seiner Entwicklungsstufe entspricht. So sind auch die unterschiedlichen Erfahrungen und Lehrmeinungen entstanden. Wesentlich ist aber für jeden das wachsende Bewußtsein, daß er mehr als nur sein physischer Körper ist. Daraus entwickelt sich auch das Bewußtsein, daß alles, was lebt, mehr als die sichtbare Form ist; ja daß, wie Novalis bereits erkannte, die Form nur der symbolhafte Ausdruck eines ihr innewohnenden Bewußt-seins und seiner ausstrahlenden Qualitäten ist. Solche Zusammenhänge weisen auch auf die Möglichkeit eines Weiterlebens ohne physischen Körper hin, sogar auf eine Weiterentwicklung, wenn es um Ganzwerdung oder um Bewußtwerdung unserer Ganzheit gehen soll. Für Menschen, die durch langjährige Meditation innere Erfahrungen haben, sind diese Weisheiten grundlegende Wahrheit, die ihr Leben erweitert und bereichert.
Durch allmähliche Selbsterfahrung und -erkenntnis kommt die innere Klarheit, daß wir bewußtes Sein sind.

KUNDALINI

Nach den Lehren des Yoga ruht am unteren Ende der Wirbelsäule kosmische Lebenskraft, im Sanskrit *kundalini-shakti* oder auch *Schlangenkraft* genannt. Über der Schädeldecke, im obersten Energiezentrum, ist bewußtes Sein gegenwärtig. Im Laufe eines unvorstellbar langen Entwicklungsweges steigt *kundalini-shakti* auf, aktiviert alle Zentren und vereint sich schließlich im oberen Energiezentrum mit dem allbewußten Sein. Dieser Vorgang wird *Erleuchtung* oder auch *samadhi* genannt.

Der Weg des Kundalini-Yoga hat diese Vereinigung zum Ziel. Hier wird der aktive Aspekt der Kundalini *shakti* und der ruhende Aspekt *shiva* genannt. *Shiva* und *shakti* – Bewußt-sein und Kraft – sind im Ursprung eine untrennbare Einheit. In der Schöpfung sind sie jedoch scheinbar getrennt. Schöpfung ist – nach dem Kundalini-Yoga – der Weg der Bewußtwerdung dieser Einheit von Bewußtsein und Kraft, von Geist und Materie, von Gott und Mensch. Erst die Einung von *shakti* und *shiva* im höchsten Energiezentrum führt, so der Kundalini-Yoga, zum Eingehen in das ursprüngliche kosmische oder göttlich-allumfassende Bewußt-sein. Aus dieser Sicht ist jedes Geschöpf Teil der Ganzheit, also gleichwertig, jedoch auf einer unterschiedlichen Entwicklungsstufe. Daraus resultieren sein Bewußtseinsgrad und sein Bewußtseinsvermögen.

Tantra-Yoga-Praktiken verfolgen den Weg zur Einung weiblicher und männlicher Kräfte im Bewußtsein des Menschen. In jedem Menschen ist eine meist unbewußte Sehnsucht nach Einheit lebendig. Sie wird meist auf die Vereinigung beider Geschlechter projiziert, was bereits ein erster Schritt auf diesem langen Entwicklungsweg sein mag. Die Ursache dieser Ursehnsucht liegt jedoch viel tiefer und umfaßt das Ziel menschlicher Entwicklung: die Einheit des Menschen mit Gott, des Geschöpfes mit seinem Schöpfer, des Teils mit dem Ganzen.

Beim Thema Kundalini kann nicht genug gewarnt werden vor ihrer willentlichen oder auch spielerischen Aktivierung. Der Mensch ahnt nicht, mit welch intensiven, kosmischen Kräften er sich dabei einläßt! Verfrühtes Aktivieren von Chakras und der Kundalini kann gefährliche körperliche und psychische Folgen haben. Deshalb raten wir davon ab, mit Kundalini-Techniken, wie sie heute vielfach leichtfertig angeboten werden, zu üben. Schlaflosigkeit, Angstzustände, inneres Brennen wie von Feuer, nervliche Überrei-

zung, bedrängende Bilderfluten und ein psychisches Chaos sind leider keine Seltenheit, wenn mit diesen zwar »nur« feinstofflichen, aber sehr wirksamen Kräften unwissend, unsachgemäß oder unverantwortlich umgegangen wird. Meistens dauert es einige Zeit, bis sich die Wirkungen einstellen. Dann aber sind die Menschen meist sich selbst überlassen, ohne daß sie mit diesen Kräften umzugehen wissen.
Es ist auch nicht leicht, diese gewaltigen Kräfte wieder zur Ruhe zu bringen; denn das Bewußtsein ist von ihnen voll besetzt.

Jede ganzheitliche, natürliche Entwicklung, bei der bewußte geistige Ausrichtung, behutsame Übung und harmonische Lebensführung im Alltag Hand in Hand gehen, wird automatisch und ohne irgendeine Gefahr zur sanften Anregung aller Bewußtseinszentren durch die Kundalini-Kraft führen!

Die Chakras

Die Chakras sind Bewußtseins- oder Energiezentren. Sie werden auch Kraftzentren genannt. Im Sanskrit bedeutet *chakra Rad* oder *Wirbel.*
In diesen Zentren kreisen oder wirbeln bestimmte Kräfte, die in ihrer Qualität und Intensität dem Bewußtseinszustand des Menschen entsprechen. Nach den Lehren des Yoga gibt es sieben Hauptzentren und viele kleinere Nebenzentren. Fünf der Haupt-Chakras sind im geistigen Hauptkanal zwischen der *kundalini-shakti* im untersten Zentrum – dem Wurzel- oder Basiszentrum – und dem Allbewußten Sein im Scheitelzentrum verwurzelt. Dieser Verbindungsstrom ist dreifach und wird im Sanskrit *sushumna, ida* und *pingala* genannt. *Ida* und *pingala* repräsentieren die weibliche und die männliche Seite der Psyche des Menschen, während *sushumna* von Polarität befreite geistige Energie ist.
Alle drei Ströme fließen in der und um die Wirbelsäule. Fünf der Hauptzentren sind also im mittleren Kanal – der *sushumna* – verwurzelt, während an der Nasenwurzel und über der Schädeldecke zwei weitere Hauptzentren sind.
Die Chakras sind nach den Yogalehren *nicht* materiell und nicht direkt im physischen Körper. Sie sind energetischer, also feinstofflicher Natur und befinden sich in unserer Aura im sogenannten Ätherkörper. Die Chakras wirken aber über ihre Strahlung auch in unseren physischen Körper hinein, so daß sie – ihrer Lage entsprechend – bestimmte Körperbereiche beeinflussen.
In der folgenden Übersicht finden Sie Entsprechungen, die sich sowohl auf Bewußtseinsvorgänge wie auf den physischen Körper beziehen.
Nun noch ein Hinweis zu den Farbentsprechungen: Manche Auraseher teilen mit, daß das Nabelzentrum nicht grün, sondern gelb, und das Herzzentrum nicht gelb, sondern grün sei. Wir folgen hier sowohl der klassischen Yogatradition wie auch den eigenen Erfahrungen der Verfasserin.
Noch einmal: Die folgende Übersicht über die sieben Hauptzentren, ist eine Orientierungshilfe und kein Versuch einer dogmatischen Festlegung!

Svadhishthana-Chakra

Deutscher Name: Sakral- oder Geschlechtszentrum;
Lageentsprechung des Bewußtseinszentrums: Kreuzbein;
Strahlung des Zentrums: oberhalb der Geschlechtsorgane, in Höhe der Unterleibsorgane;
Farben (vorwiegend): zinnoberrot, hellrot;
Nervengeflecht: Kreuzbeingeflecht;
beeinflußte endokrine Drüsen: Keimdrüsen;
beeinflußte Organe: Unterleibs- und Geschlechtsorgane;
vorherrschende Krankheitstendenzen: Krankheiten im Zusammenhang mit Körperflüssigkeiten (Blut, Lymphe, Säfte), Geschlechts- und Nervenkrankheiten, Aids, Störungen der Gedärme und Ausscheidungsorgane sowie der Milz, Erkrankungen im Kreuzbeinbereich, Kraftlosigkeit, Kräfteblockade, Kräfteüberschuß, Hauterkrankungen.

Muladhara-Chakra

Deutscher Name: Wurzel- oder Basiszentrum;
Lageentsprechung des Bewußtseinszentrums: Steißbein;
Strahlung des Zentrums: Dammbereich, Beckenboden;
Farben (vorwiegend): karminrot, ziegelrot;
Nervengeflecht: Steißbeingeflecht;
beeinflußte endokrine Drüsen: Nebennieren;
beeinflußte Organe: Nieren, Ausscheidungsorgane;
vorherrschende Krankheiten: zu hoher oder zu niedriger Blutdruck, Tumore, Gewebsveränderungen, Nierenkrankheiten, Blasen- und Prostataleiden, Fuß- und Knochenerkrankungen, Steißbeinverletzungen.

Psychische Bewusstseinsvorgänge

Zentrum: Überlebenszentrum;
Energie: unbewußte existentielle Kraft zur Selbsterhaltung, Lebenskraft, kollektive Kraft, Lebenswille, Eigenwille, grundlegende Kräfte für alle Lebensäußerungen;
Bewußtsein: meist unbewußtes Dasein, Substanzbewußtsein, Materiebewußtsein, Stofflichkeit, Stoff- und Erdgebundenheit, Überlebenswille; transzendiert: bewußte Freiheit in der Materie;
positive Aspekte: unbewußter Wille zu sein, unbewußter Lebenswille, existentielle Kraft, Selbsterhaltung, Rhythmus, Ausdauer;
negative Aspekte: unbewußter Eigenwille, unbewußte Selbstsucht, Lebens-, Todes- und Existenzangst, unbewußte Selbstzerstörung, Trägheit, Passivität, Materialismus.

Psychische Bewusstseinsvorgänge

Zentrum: Sexualzentrum;
Energie: Vitalität, Antriebskraft für Arterhaltung, Motorik und Bewegung;
Bewußtsein: Form- und Körperbewußtsein, Körperempfinden, Leiblichkeit; transzendiert: heilende Kräfte;
positive Aspekte: persönliches Antriebszentrum, tiefverwurzelte Instinkttriebe, Aktivität, körperliche Anziehung und Ausstrahlung, Hautkontakt, Gruppenleben, Vitalität, Zeugungskraft, Stabilität, formgebende, tragende, ordnende, vereinende, ganzmachende Kraft, Entwicklungsdrang;
negative Aspekte: Triebhaftigkeit, Begierde, Leidenschaftlichkeit, Überaktivität, körperliche Abstoßung, Aggressivität, fehlgelenkte oder mangelnde Aktivität, sexuelle Entgleisung, Lustabhängigkeit, Zerstörungssucht, primitive Magie, Sexualmagie.

Manipura-Chakra

Deutscher Name: Nabelzentrum;
Lageentsprechung des Bewußtseinszentrums: Lendenwirbelsäule;
Strahlung des Zentrums: Nabel- und Magenbereich, Leibmitte;
Farben (vorwiegend): rosig mit lichtgrünem Schimmer;
Nervengeflecht: Sonnengeflecht;
beeinflußte endokrine Drüsen: Bauchspeicheldrüse (Pankreas);
beeinflußte Organe: Magen, Leber, Gallenblase, Bauchspeicheldrüse (Pankreas);
vorherrschende Krankheitstendenzen: Störungen von Magen, Leber, Gallenblase und Bauchspeicheldrüse, Fettleibigkeit, Belastungen der Lendenwirbelsäule, Atem-, Schlaf- und Nervenstörungen, Hautkrankheiten.

Psychische Bewusstseinsvorgänge

Zentrum: Gefühlszentrum;
Energie: Gefühlskraft, Wunschkraft, persönliche begrenzte Neigungen;
Bewußtsein: ichbezogenes Bewußtsein, Ichgefühl, Emotionalität, Bewußtwerden der Dualität und Polarität; transzendiert: bewußtes Überschreiten der Dualität;
positive Aspekte: Mitgefühl, Einfühlungsvermögen, Mitleid, Sehnsucht, Empfindungs- und Leidensfähigkeit, Naturliebe, soziale Neigungen, unbewußte Gefühle, Gebundenheiten, unbewußte Einflüsse und Neigungen;
negative Aspekte: Gefühlsspannungen und Projektionen, Gefühllosigkeit, Erregbarkeit, Wunschabhängigkeit, Angst, Leidscheu, Selbstmitleid, Täuschung, Eifersucht, Abneigung, Neid, Traumwelt und -leben.

Anahata-Chakra

Deutscher Name: Herzzentrum;
Lageentsprechung des Bewußtseinszentrums: Brustwirbelsäule;
Strahlung des Zentrums: Herzbereich, Brustmitte;
Farben (vorwiegend): rot-gold, goldgelb;
Nervengeflecht: Herzgeflecht;
beeinflußte endokrine Drüsen: Thymusdrüse;
beeinflußte Organe: Herz-Kreislauf-System, Blut, auch Vagusnerv;
vorherrschende Krankheitstendenzen: Herzerkrankungen, Kreislaufstörungen, Blutkrankheiten, Unruhe, Störungen im Immunsystem, Aids, Atem- und Lungenleiden, Belastung der Brustwirbelsäule, Infektionskrankheiten.

Psychische Bewusstseinsvorgänge

Zentrum: Menschenmitte;
Energie: überpersönliche Liebeskraft, weise Liebe, religiöse Liebe, universelle Liebe, Wärme, Frieden;
Bewußtsein: Kommunikation, Gruppenbewußtsein, ganzheitliches Verantwortungsbewußtsein, Seelenverbindung, Selbsterleben, integriertes menschliches Bewußtsein, Selbstwert; transzendiert: universelle Liebe;
positive Aspekte: Fürsorge, Wärme, Freundschaft, Selbstwert, durch Seelenliebe Überschreiten der Dualität, mystische Liebe, Nächstenliebe, Opferbereitschaft, ethische Verwirklichung, Gruppenliebe, Verwirklichungskraft, Großherzigkeit, Mitverantwortung, künstlerische Erlebniskraft, Religiosität, Verantwortung für die Natur;
negative Aspekte: Verantwortungslosigkeit durch Eigenliebe, Engherzigkeit, Selbstüberschätzung, »Löwe im Herzen«, Besitzanspruch, Selbstaufopferung ohne innere Freiheit, Anspruch auf Dankbarkeit und Zuwendung, Streben nach Selbsterlösung.

Vishuddha-Chakra

Deutscher Name: Hals-/Kehlzentrum;
Lageentsprechung des Bewußtseinszentrums: Halswirbelsäule;
Strahlung des Zentrums: Kehlkopf;
Farben (vorwiegend): rauchig-silbergrau, purpur oder blaugrün beeinflußt;
Nervengeflecht: Halsgeflecht;
beeinflußte endokrine Drüsen: Schilddrüse und Nebenschilddrüsen;
beeinflußte Organe: Atmungssystem, Schilddrüse, Ernährungskanal;
vorherrschende Krankheitstendenzen: Stoffwechselstörungen, Krebs, Hals-, Nasen- und Ohrenleiden, Erkrankungen der Halswirbelsäule, Sprachstörungen, Erkrankung der Stimmbänder, Schilddrüsenleiden, Angina, Gewebswucherungen bei Fehlfunktionen der Schilddrüse, Tetanie.

Psychische Bewusstseinsvorgänge

Zentrum: mentales Zentrum;
Energie: Mentalkräfte, Vorstellungs- und Gestaltungskraft, Unterscheidungskraft, Konzentrationskraft;
Bewußtsein: persönliches Ichbewußtsein, persönliche Individualität, Persönlichkeitsbewußtsein, persönliches Verantwortungsbewußtsein, Wort-, Sprach- und Tonbewußtsein;
positive Aspekte: intellektuelle Aktivität, Wissensdurst, analytisches und dualistisches Denken, Verständnis, Sprachfähigkeit, Inspiration, Ideale, Wissenschaftlichkeit, Unterscheidungskraft, Geduld, Einsicht, Toleranz, Verarbeitung und Kontrolle von Gefühlen, Formgebung, Format, Vorstellungskraft, künstlerische Gestaltungskraft, bewußte Verbundenheit, Wirbewußtsein;
negative Aspekte: Ehrgeiz, Ruhmsucht, Machtsuche, Stolz, Autoritätsanspruch, Intoleranz, Erwartungen, Ansprüche, bewußte Trennung und Isolation, Eitelkeit, Illusion, Ichsucht, Intellektualismus, Geiz, trennende Kraft, negative Einbildung, Verwirrung durch unverarbeitete Gefühle.

Ajna-Chakra

Deutscher Name: Stirnzentrum;
Lageentsprechung des Bewußtseinszentrums: Kopfmitte, Hirnanhangdrüse (Hypophyse);
Strahlung des Zentrums: hinter der Augenbrauenmitte;
Farben (vorwiegend): blauviolett (indigoblau), auch rosa-gelb;
Nervengeflecht: Stammhirngeflecht;
beeinflußte endokrine Drüsen: Hirnanhangdrüse (Hypophyse);
beeinflußte Organe: Kleinhirn, autonomes Nerven- und Hormonsystem, linkes Auge, Ohren;
vorherrschende Krankheiten: Ichspaltung, sogenannte Geisteskrankheiten, Gehirnerkrankungen, Augenleiden, Krebs, Nervenleiden.

Psychische Bewusstseinsvorgänge

Zentrum: Intuitions- und Weisheitszentrum, Himmelsmitte;
Energie: Seelenenergie, geistige Energie, Entwicklungskraft, geistige Strahlkraft;
Bewußtsein: Selbst- oder Seelenbewußtsein, All-Liebe, Weisheit, geistige Individualität, schöpferisches Bewußtsein, Verantwortungsbewußtsein, Bewußtwerdung der Einheit;
positive Aspekte: Erkenntnis des Lebenssinnes, Bewußtwerdung, Weitsicht, Ursachenerkennung, geistige Ideale, Heil- und Strahlkraft, Selbstverantwortung, Liebe, Weisheit, geistiges Streben, Intuition, Erleuchtung, Führereigenschaft, Streben nach Einheit, weiße Magie, Ganzheit;
negative Aspekte: bewußte Selbstsucht, Sünde wider den Geist, Mißbrauch geistiger Kräfte, persönliche Machtausübung, Verblendung, schwarze Magie, Selbstverherrlichung, bewußte Selbstzerstörung.

Sahasrara-Chakra

Deutscher Name: Scheitelzentrum;
Lageentsprechung des Bewußtseinszentrums: Scheitel;
Strahlung des Zentrums: Mittelhirn;
Farben (vorwiegend): weiß wie ein Kristall, in dem sich alle Farben spiegeln, und gold durch die Wiederholung des Herzzentrums;
Nervengeflecht: Großhirngeflecht;
beeinflußte endokrine Drüsen: Zirbeldrüse;
beeinflußte Organe: Großhirnrinde, rechtes Auge, Organe und Gewebe des ganzen Körpers;
vorherrschende Krankheitstendenzen: Nerven- und Lungenleiden, Atem- und Schlafstörungen, Krebs.

Psychische Bewusstseinsvorgänge

Zentrum: Zentrum geistiger Welten;
Energie: schöpferischer, geistiger Wille, geistige Energien;
Bewußtsein: Bewußtsein der Einheit, gelebte Geistigkeit, kosmisches Bewußtsein, universelle Bewußtheit, geistiges Sein;
positive Aspekte: geistiger Wille, Bewußtwerdung des »Ich-Bin«, schöpferische Dynamik, Verwirklichung geistiger Einheit, Selbstopfer;
negative Aspekte: Selbstverherrlichung, das dramatische Ich, Ichauflösung, Auflehnung gegen den Willen Gottes.

Übungsteil

Die Aura, das Strahlungsfeld jedes Menschen, kann auf vielfältige Weise gespürt werden. Manche Menschen teilen mit, daß sie die Aura sehen, andere spüren oder fühlen sie. Es ist inzwischen auch allgemein bekannt, daß jeder Körper von einem elektromagnetischen Kraftfeld umgeben ist, das über die Hautbegrenzung hinausreicht.

Daß feine, unsichtbare Kräfte wirken, läßt sich an kleinen Beispielen deutlich machen:

Wenn wir in einer überfüllten U-Bahn oder Straßenbahn im vorderen Teil des Wagens stehen, haben wir manchmal das Bedürfnis, nach hinten zu schauen. Wie oft sehen wir dann jemanden, der uns intensiv betrachtet! Um wieviel stärker ist der Energiefluß, wenn sich Mutter und Kind oder zwei liebende Partner in die Augen schauen! Wie oft kommt es zu gedanklichen und gefühlhaften Reaktionen, zu einem Kräfteaustausch oder sogar -ausgleich! Oft spricht der andere ohne Überlegung aus, was in einem selbst gerade vorgeht. Obwohl die Liebe und die Zuwendung eine unmittelbare subjektive Wirklichkeit für die Beteiligten darstellen, läßt sich der Energiefluß zwischen Menschen physikalisch nicht beweisen. Feinere Meßmethoden, wie die Kirlian-Photographie, geben hier eher Aufschluß. Den Beteiligten jedoch sind solche Vorgänge klar; denn sie wirken oft über große Entfernungen hinweg. Wie oft denken wir spontan ganz intensiv an einen bestimmten Menschen! Kurz darauf läutet das Telefon, und genau dieser Mensch ruft uns an. Wir sagen dann erstaunt: »Eben habe ich an dich denken müssen!« Oder wir rufen diesen Menschen an, und er wollte uns eben anrufen, ja es kann bei ihm besetzt sein, weil er gerade versucht, uns zu erreichen. Oder es kommt in den nächsten Tagen Post von ihm. Hier müssen also *Kräfteberührungen* selbst über weite Entfernungen möglich sein. In der PSI-Forschung gibt es diesbezüglich bereits viele Hinweise sowohl auf mentale wie auch emotionale und sogar körperliche »Berührungen« selbst über weite Entfernungen. Um ein wenig von dieser *Aura* wahrzunehmen, stellen wir einige sehr einfache, kleine Übungen vor. Dabei geht es darum, dieses Strahlungsfeld zu erspüren. Seine Qualität und seine Ausstrahlungsintensität hängen stark von der augenblicklichen Verfassung des Menschen ab. Negative Gedanken und Stimmungen, Gefühle wie Aggression, Haß oder Kummer beispielsweise lassen die Strahlungssphäre äußerst disharmonisch und bewegt sein. Ist nicht manchmal – ohne Vorurteil – zu spüren, wenn ein solcher Mensch den Raum betritt, in dem wir uns gerade aufhalten, auch wenn wir ihn noch nicht kennen? Und wie licht und froh kann es in uns werden, wenn ein Mensch mit einer harmonischen und lichtvollen Ausstrahlung zu uns kommt! So schafft sich jeder selbst seine Aura durch seine Weise des Denkens, Fühlens und Erlebens. Wir spüren doch auch sofort, wenn jemand »auf unserer Wellenlänge« liegt!

1. Grenzen des Körpers erspüren

Nehmen Sie eine entspannte Haltung ein, am besten – weil am bewußtesten – im geraden Sitzen. Achten Sie auf eine harmonische Verfassung, in der Sie im Hara ruhen.
Leben Sie sich in Ihren Körper ein, und durchspüren Sie ihn, z. B. von den Füßen bis zum Kopf. Nehmen Sie dabei bewußt Fühlung mit Ihrem Körper auf.
Nun erspüren Sie, wo Ihr Körpergefühl aufhört. Spüren Sie bis in die äußersten Hautschichten hinein. Ist hier Ihr Körper zu Ende? Hören Sie an der Haut auf zu sein, zu spüren und zu erleben? Enden Sie mit Ihrer Haut? Nun fühlen Sie durch die Haut hindurch, also über die Haut hinaus! »Machen« Sie dabei nichts! Wie immer Sie die Grenzen Ihres Körpers empfinden, ist es für Sie – nicht für andere! – richtig! Erspüren Sie: Wie weit über Ihre Haut hinaus empfinden Sie sich? Wie weit reichen Sie? Wo spüren Sie Ihre Grenze? Wo hören Sie auf zu sein, zu fühlen und zu erleben? Spüren Sie in den Raum hinein, der Sie umgibt. Suchen Sie Ihre Grenzen, an denen Sie aufhören!
Sie können sich immer weiter ausdehnen. Beobachten Sie jetzt, wie Sie sich fühlen. Bleiben Sie im Hara verankert, damit Sie nicht durch ein vielleicht ungewohntes Empfinden verunsichert werden. Ein Kribbeln oder Wärme auf der Haut deutet auf vertiefte Entspannung und damit auf eine verbesserte Durchblutung hin. Auch ein leichtes Schwebegefühl ist kein Grund zur Beunruhigung, sondern zeigt, daß Ihr Bewußtsein nicht mehr so körperidentifiziert ist, sondern daß ihm sein Feinstoffkörper etwas bewußt wird.
Erspüren Sie, ob Ihr erweitertes Empfinden angenehm oder unangenehm oder vielleicht nur neu ist? Hat sich Ihre Sensibilität verstärkt oder vermindert? Wie fühlen Sie sich im ganzen? Eingeengt oder weit, dunkel oder heller, unfrei oder freier?
Wenn Sie diese Übung beenden wollen, erspüren Sie Ihre Atembewegung im Beckenraum. Mit den Füßen – und wenn Sie auf dem Boden sitzen, auch mit den Beinen und dem Gesäß – erfühlen Sie den Boden. Nehmen Sie Ihre Haltung wahr, und leben Sie sich wieder ganz in Ihren Körper ein, bis Sie ihn wahrnehmen können. Notfalls bewegen Sie Ihre Zehen oder Finger ein wenig, und sofort ist Ihr Körpergefühl wieder bewußt. Atmen Sie dann einige Male tief durch, dehnen und räkeln Sie sich, bis Sie gähnen können. Dann erleben Sie sich wieder im Hara verankert, jetzt und auch nach der Übung.

2. Handübungen

In aufrechter, entspannter Haltung sensibilisieren Sie zuerst Ihre Hände. Dazu nehmen Sie Ihre Hände vor der Brust ganz zart zusammen, spreizen leicht die Finger und kreisen nun die Hände gegeneinander, so daß Sie die vielen Bällchen Ihrer Finger und Ihrer Handflächen spüren (1). Die Hände also nicht fest reiben, sondern einfühlsam aneinander versetzt kreisen, so daß eine Hand die andere erspüren kann (2). Das Kreisen soll ganz langsam und bewußt geschehen. Erspüren Sie dabei die zunehmende Wärme der Hände.

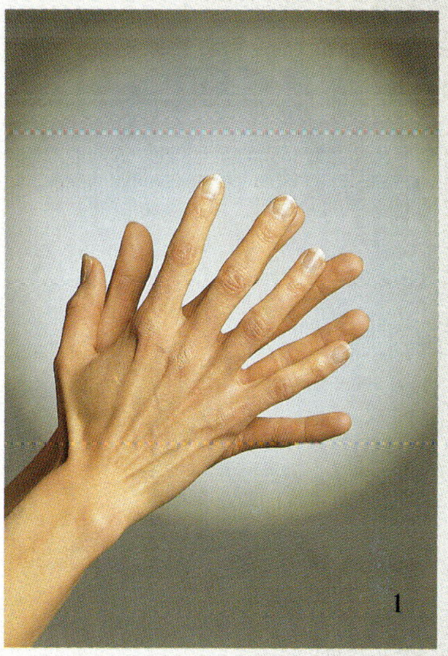
1

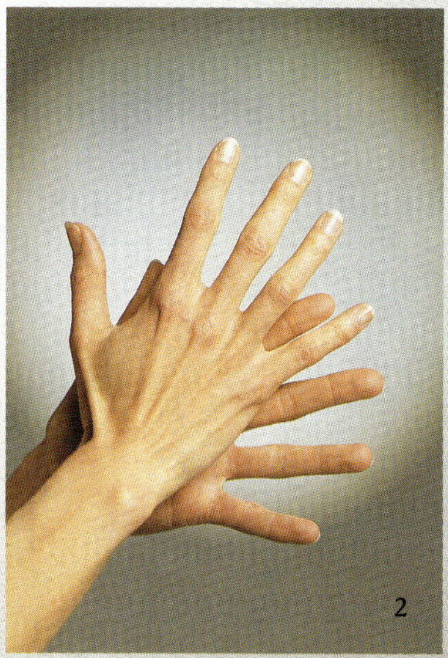
2

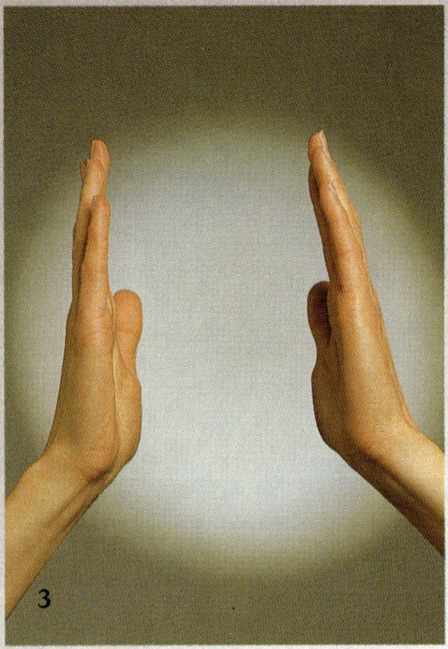
3

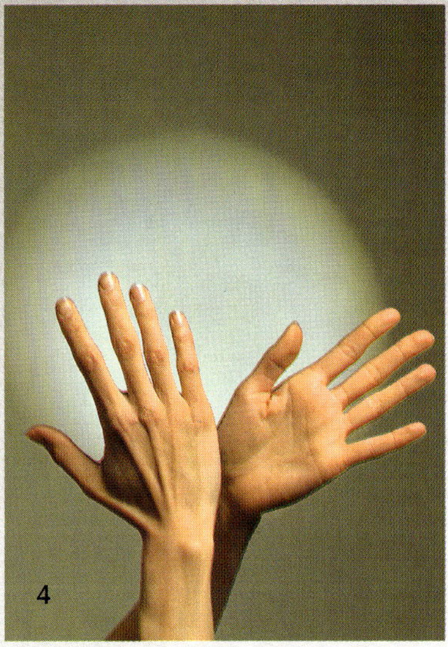
4

5

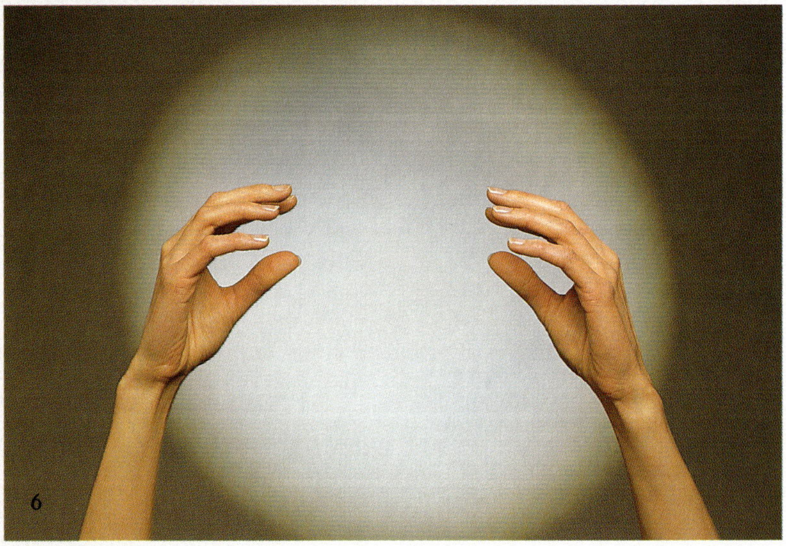
6

Nun halten Sie die Hände etwa 10 Zentimeter auseinander und nehmen ihre Wärmeausstrahlung wahr (3). Um diese bewußter zu machen, nehmen Sie die Hände zwischendurch auseinander, eine Hand zum Brustkorb und eine nach vorne, so daß Sie die Kühle der Luft spüren (4). Dann die Hände wieder etwa 10 Zentimeter auseinanderhalten und die Strahlung der Handflächen wahrnehmen. Dies immer wieder im Wechsel üben, damit die Wahrnehmungsfähigkeit bewußter wird.
Halten Sie nun die Hände so, daß die Fingerspitzen aufeinanderzeigen, etwa so, als ob Sie einen weichen Ball zwischen den Händen hielten (5). Spüren Sie in dieser Handhaltung mehr Strahlung? Dies mag bei jedem anders sein. Nun erspüren Sie, ob Sie entweder zwischen den Mitten der beiden Handteller oder zwischen den Fingerkuppen ein Kribbeln, wie von schwachem Strom, spüren oder vielleicht auch Wärme. Sie können dabei die Hände und Finger etwas drehen und hin- und herbewegen, um zwischen den gegenüberliegenden Fingerkuppen deutlicher einen Kraftstrom wahrzunehmen.
Dann entfernen Sie die Hände sehr langsam voneinander, lassen sie aber weiterhin einander zugewandt (6). Wie weit können Sie die Hände auseinander nehmen, um immer noch den Wärme- oder Kraftstrom spüren zu können? Waren die Hände zu weit auseinander, nehmen Sie sie langsam und einfühlsam etwas näher zusammen, bis Sie den Kraftstrom wieder wahrnehmen können. Nehmen Sie die Hände immer wieder weiter auseinander und näher zusammen, um zu erleben, wie weit Ihre Handstrahlung reicht.
Schließlich können Sie die Hände in kleine, kreisende Bewegung versetzen, sie also langsam etwas rotieren lassen. Die Hände werden so empfindsamer. Dadurch kann das Kraftfeld zwischen den Händen oft noch bewußter gespürt werden.
Wenn Sie die Übungen beenden wollen, schütteln Sie Ihre Hände aus, als ob Sie Wasser von den Fingerspitzen abschütteln wollten. Dann löst sich die Aufladung wieder. Solche Handübungen sind für Pianisten, Geiger, überhaupt für alle Musiker wertvoll, die höchste Sensibilität in ihren Händen brauchen.

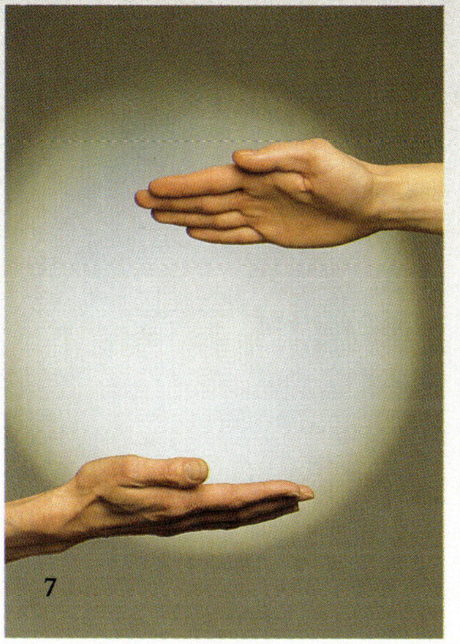

7

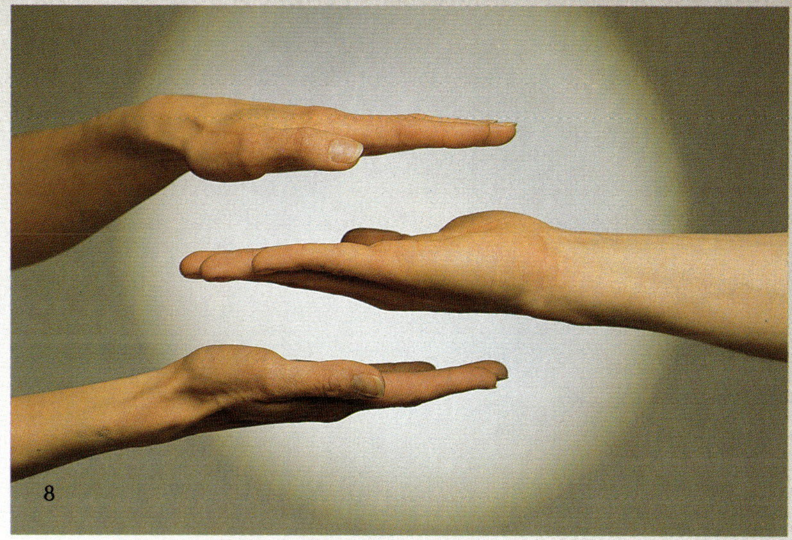

8

3. Handübungen für Partner

Nachdem beide Partner ihre Hände sensibilisiert haben, können Sie jeweils mit einer Hand einander anstrahlen (7). Wie weit können Sie die Hände auseinander nehmen, um den Kraft- oder Wärmestrom noch wahrnehmen zu können?
Ein Partner hält seine Hand mit der Handfläche nach oben, während der andere eine Hand darunter und eine darüber hält (8). Auch hierbei ist die Strahlung der Hände gut spürbar. Dann können die Hände weiter voneinander entfernt werden (9). Erspüren Sie, aus welcher Entfernung Sie noch die Strahlung wahrnehmen können.

4. Aura-Reinigungsübung

Haltung – freie Atmung – Hara – Harmonisierung
Bei jedem Einatmen, das immer frei zugelassen wird, im Bewußtsein Licht aus dem innersten Wesen aufnehmen, bei jedem Ausatmen alles Dunkle, Angstvolle, Unvollkommene ausatmen und an die Erde abgeben. Dies mindestens sieben Mal, besser 7 x 7mal.
Die Atmung weiterhin frei zulassen und wie zuvor mit jedem Einatmen

9

Licht im Bewußtsein aus dem innersten Wesen aufnehmen, bei jedem Ausatmen sich von diesem Licht durchdringen und erfüllen lassen. Wer will, kann violettes Licht aufnehmen, das reinigt und eine Wandlung bewirken kann. Dies wiederum mindestens sieben Mal, besser 7 x 7 Atemzüge. Diese Übung kann auch zu einer Lichtmeditation weitergeführt werden. Hierzu lösen Sie Ihr Bewußtsein vom Atemvorgang und öffnen sich dem Licht Ihrer Seele, oder Sie konzentrieren sich auf eine bestimmte Lichtqualität wie Licht der Erkenntnis, des Vertrauens, der Bewußtheit, Licht der Wahrheit, der Liebe, der Auferstehung. Sich aber immer nur auf *eine* Lichtqualität konzentrieren! Dann immer längere Pausen im Denken zulassen, bis das *Denken an Licht* überschritten und LICHT unmittelbar bewußt erlebt werden kann. Bitte stellen Sie sich nicht Licht vor, erwarten Sie auch kein Licht, sondern versuchen Sie das Denken zu überschreiten, dann entsteht im Bewußtsein tatsächlich LICHT! Diese Erfahrung ist wertvoller als vorgestelltes Licht zu sehen! Schließlich steht die Vor-stellung zwischen Ihrem Bewußtsein und Ihrem Bewußtseinslicht!

Zum Abschluß dieses Kapitels folgt noch eine Chakra-Meditation. Auch hierfür ist es nicht nötig, sich auf jedes Chakra zu konzentrieren, was immer die Gefahr in sich birgt, daß wir dadurch Energiezentren willentlich aktivieren oder sogar in Funktionen eingreifen, wie wir es uns – von unserer ganzheitlichen Entwicklung her gesehen – nicht wünschen. Es genügt, wenn wir die Bewußtseinsqualitäten meditativ, also unmittelbar bewußt erleben, damit wir sie im Alltag verwirklichen und damit leben können. Dies erst bewirkt eine gefahrlose Entwicklung unserer Chakras und zugleich ihre Stabilisierung. Nur meditativ oder atemtechnisch ihre Entwicklung anzuregen, ohne die entsprechende Lebensverwirklichung, bewirkt ein chaotisches Schicksal, das für den Betreffenden wie auch für seine Umwelt meist große Belastungen bringt. Es geht also nicht um interessante oder attraktive Erlebnisse, durchaus jenen ähnlich, die durch Drogen erfahrbar sind, sondern um einen allmählichen Entwicklungs- und Reifungsprozeß. Unser tägliches Leben – nichts davon ausgenommen – ist der Prüfstand, der uns immer wieder zeigt, wo wir stehen und was wir derzeit zu lernen haben. Dies bereichert unseren Alltag und läßt selbst unangenehme Situationen oder Belastungen zu wertvollen Phasen der Entwicklung werden.

5. Chakra-Meditation

Haltung – freie Atmung – Hara – Harmonisierung
Konzentrieren Sie sich, möglichst einpunktig, dann mit sehr kontrollierten kurzen, später längeren Denkpausen, auf die unten genannten Chakra-Energien. Sie überschreiten dadurch das Denken und erleben die Energien unmittelbar bewußt.
Je langsamer Sie sich auf die Begriffe konzentrieren, um so eher überschreiten Sie das Denken und kommen zum Erleben der Energien, die dieser Begriff zum Ausdruck bringt. Bleiben Sie bei diesem Erleben, solange es Ihre Zeit erlaubt.

LEBENSKRAFT – LEBENSWILLE
SCHÖPFERISCHE KRAFT – HEILENDE KRAFT
LÄUTERNDE HARMONIE – HINGABEFÄHIGKEIT
ALLUMFASSENDE LIEBE – SEELENKRAFT
LEBENSGESTALTENDE KRAFT – VERWIRKLICHUNGSKRAFT
ERKENNTNISLICHT – BEWUSSTHEIT
SCHÖPFERISCHER WILLE – FRIEDENSBEWUSSTSEIN

Wenn Sie eine solch intensive Übung beenden wollen, lassen Sie sich dafür Zeit. Es braucht einige Zeit der Übung und auch vieler Erfahrungen auf dem inneren Weg, bis *innen* und *außen* eine harmonische Einheit bilden, so daß der Schwingungsunterschied während der Meditation im Vergleich zum Alltag nicht zu groß ist. Um dies in der Übung auszugleichen, ist es sinnvoll, sich gegen Ende der Übung auf die Lebensverwirklichung einzustellen. Dies kann in Form von Fragen erfolgen, wie die freigewordenen Seelenkräfte im Alltag schöpferisch, also im Sinne des Schöpfers, eingesetzt werden können und auch sollen.
Dann vergegenwärtigen Sie sich den Raum, in dem Sie sind. Erspüren Sie den Boden, und spüren Sie durch den Boden in die Erde. Dadurch ist jederzeit ein Kräfteausgleich möglich.
Nun leben Sie sich in Ihren Körper ein. Sollten Sie ihn nicht gleich spüren können, was durchaus möglich ist, wenn Sie tief in der Meditation waren, dann bewegen Sie ein wenig Ihre Zehen und Ihre Fingerspitzen. Dadurch kommt auch wieder das Körpergefühl. Sie können dann schlucken und tief durchatmen, bis ein tiefes Dehnen und Gähnen einsetzt.
Wenn Sie auf dem Boden sitzend geübt haben, dann nehmen Sie Ihren Oberkörper, die Arme und die Hände auf dem Boden nach vorne, soweit wie dies möglich ist. Das Gesäß bleibt in Bodenfühlung. Dadurch wird der Kopf stark durchblutet, der Rücken gedehnt und gelöst, die Atmung vertieft sich, und die Hüftgelenke werden elastisch. Die Beine bleiben bei dieser Form des *Yoga-Mudra* auf dem Boden verschränkt (siehe S. 78/79). In dieser Gebetshaltung kann ein tiefer Dank an das innerste Lebenszentrum erfolgen für die Führung und die Kraft in der Übung. Sie können sich in dieser Haltung aber auch nur tief ausgeatmet entspannen. Mit dem neuen Einatmen richten Sie sich wieder auf, bereit, die frei gewordenen Kräfte liebevoll zu verwirklichen.
Sie werden immer wieder erstaunt sein, welche interessanten und manchmal zunächst unmöglich erscheinenden Impulse von innen kommen! Aber Sie werden auch entdekken, wie sinnvoll und kreativ deren Verwirklichung im Leben ist! Durch solche Überlegungen der Lebensverwirklichung werden die in der Meditation befreiten geistigen Kräfte kanalisiert, und die Chakras schließen sich dabei wieder so weit, wie es der Entwicklungsstufe des Betreffenden entspricht.

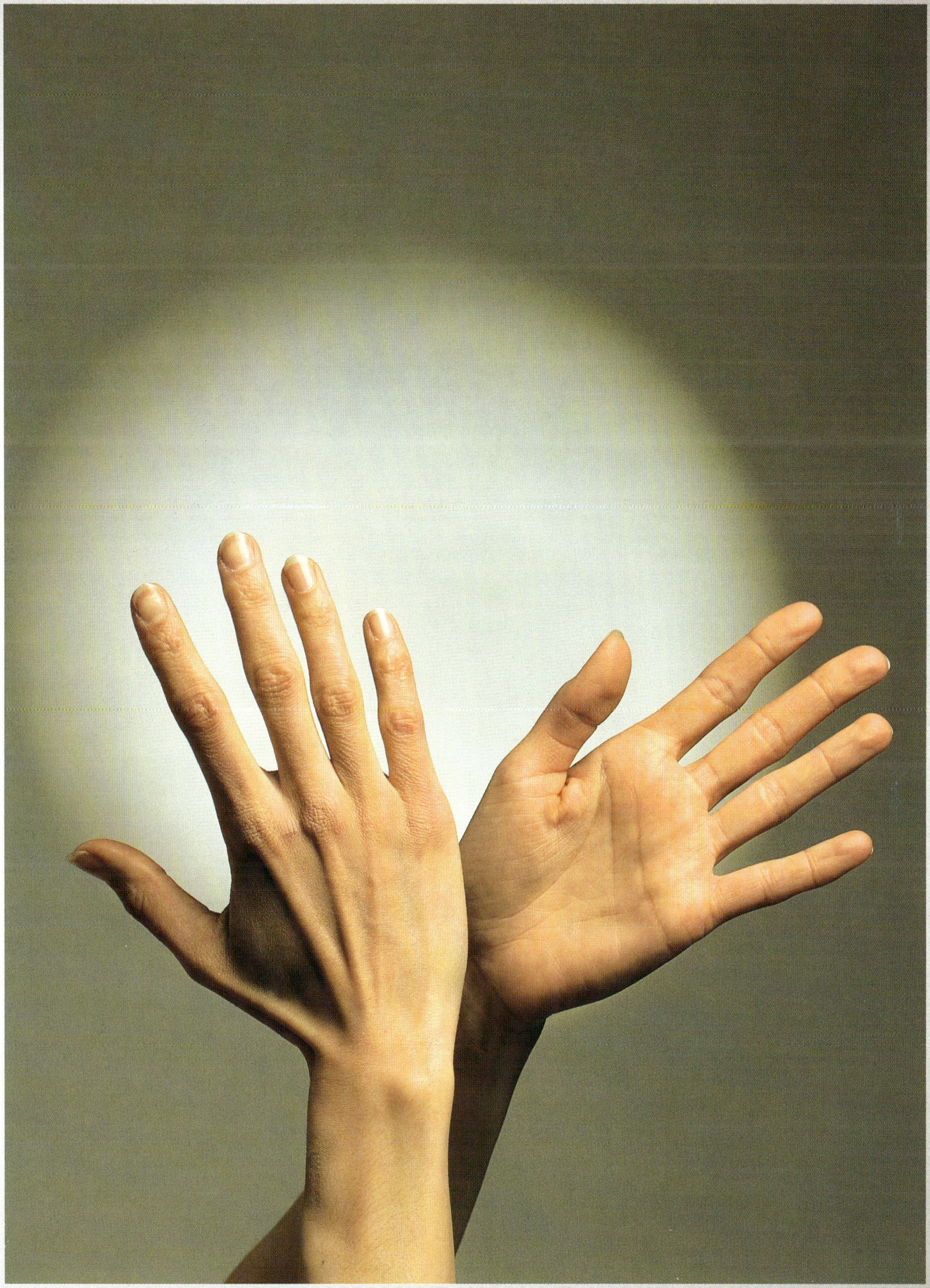

Yoga – ein Weg zur Mitte

Yoga und Frieden

Yoga und Frieden – was hat das miteinander zu tun? 25 Jahre Praxis im Münchner Yoga-Zentrum haben zwangsläufig dazu geführt, die Wirksamkeit von Yoga auch in diesem wichtigen gesellschaftlichen Bereich zu beobachten – über die Anwendung von Yoga zur Verbesserung der körperlichen und psychischen Verfassung hinaus. Gerade weil es bei jeder Yoga-Übung letztlich um geistige Entwicklung und Bewußtwerdung geht, ist das Ergebnis der langjährigen Erfahrungen nicht überraschend:

Yoga hilft entscheidend mit, den Menschen in der Gesellschaft friedensfähiger und friedvoller zu machen, weil Yoga mit dem Bemühen um den inneren Frieden beginnt.

Dadurch werden Ursachen für eine friedensfähige Gesellschaft gelegt, die über den engen Rahmen des persönlichen Lebens weit hinausreichen. Friedensarbeit beginnt stets beim einzelnen.

Jeder kann einen Beitrag für den Frieden und für die Verbesserung der Lebensverhältnisse auf unserer Erde leisten, wenn er mit sich selbst Frieden schließt, wenn er sich und andere annimmt, so wie jeder auf seiner Entwicklungsstufe eben ist. Darüber hinaus ist es wichtig, mit der Natur in Frieden zu leben und zu vermeiden, sie auf sinnlose und vermeidbare Weise zu belasten. Jeder kann Friedenskräfte aussenden, so daß er im Laufe der Zeit auch mit seiner Umwelt besser in Frieden zu leben vermag.

Damit entsteht allmählich bei immer mehr Menschen ein Friedensbewußtsein, das die energetischen Grundlagen für einen weltweiten Frieden zu schaffen vermag.

Sie liegen im Denken, Fühlen, Motivieren und Verantworten, während das Tun eine Wirkung dieser Bewußtseinsvorgänge ist. Doch wer lebt im Alltag so verantwortungsbewußt, daß er sich klar darüber ist, welche Kräfte er mit jedem Gedanken und mit jedem Gefühl, mit seinen Erwartungen und Stimmungen, Wünschen und Vorstellungen, mit jeder Meinung, Absicht, Ablehnung oder Bejahung, mit Freude oder Trauer, mit seinen Gewohnheiten und allem Verhalten aussendet? Wer ist sich bewußt, wie diese Kräfte weiterwirken in uns und in unserer Umwelt?

Radioaktive Strahlung nehmen wir auch nicht bewußt wahr. Dennoch übt sie ihre Wirkung auf alles Leben aus, ebenso sind auch unsere Gefühls- und Gedankenkräfte für die meisten nicht mit den Sinnen faßbar. Aber diese Kräfte wirken sich auf den Empfänger wie auf den Absender entsprechend aus.

In unserer polar angelegten Schöpfung stehen sich scheinbare Gegensätze gegenüber: Friede – Unfriede, Freiheit – Unfreiheit, Licht – Dunkel, Freude – Leid, Fülle – Entbehrung, Tag – Nacht, männlich – weiblich, Geist – Materie. Hierbei handelt es sich um relative Zustände, die vom Standpunkt und damit vom Bewußtseinsniveau des einzelnen bestimmt werden. Wer diese Einsicht im Alltag konsequent umsetzt, befreit sich immer mehr von persönlichen Wertungen. Der Wert verlagert sich dann allmählich auf die Entwicklung selbst und weniger darauf, wodurch sich ein Mensch entwickelt.

Jeder Mensch gibt seinen Kräften eine von zwei grundlegenden Richtungen: entweder eine lebensaufbauende oder eine lebenszerstörende. Daraus entstehen die beiden großen und machtvollen, sich gegenüberstehenden Kräftegruppen: die sogenannten positiven und die sogenannten negativen. Sie werden durch unsere unbewußten wie bewußten Persönlichkeits- und Seelenkräfte geschaffen, erhalten und verstärkt. Da sie für die Entscheidungsfreiheit und für die Bewußtwerdung jedes Menschen grundsätzlich notwendig sind, wäre es falsch, sie zu werten.

Damit sich die Entwicklung der Menschheit unter möglichst günstigen Umständen vollziehen kann, sollten die beiden großen Kräftegruppen in ihrem Gleichgewicht nicht zu sehr gestört sein. Unser derzeitiges Weltgeschehen zeigt jedoch, daß die negativen Kräfte in bedrohlicher Weise überwiegen. Katastrophen und Kriege sind Auswirkungen davon, das heißt Entladungen, die immer wieder einen gewissen Ausgleich im großen Kräfteverhältnis schaffen. Alle Waffenlager – konventionelle, atomare, chemische, biologische – sind, energetisch gesehen, die Materialisierung innerer Bewaffnung und Abwehr. Sie sind die Manifestation psychischer Spannungen und Aggressionen, realer Feindschaft und Drohung, also einer feinstofflichen Kriegsführung im kleinen Lebenskreis eines jeden. Je größer die Ängste werden, um so mehr verstärken sich die Mittel der Machtbeweise. Solche geladenen Kräfte summieren sich, ziehen sich an, verbinden sich und verkörpern sich gemäß ihres Kräftepotentials.

Dies gilt entsprechend auch für positive Kräftegruppen.

Im Raja-Yoga (Yoga-Sutra 2,35) heißt es: »Wenn man in der Gewaltlosigkeit fest gegründet ist, schafft man eine Atmosphäre des Friedens, und alle, die in die Nähe kommen, geben die Feindschaft auf« (Deshpande).

Damit ist nicht jene Schwäche gemeint, die um des »lieben Friedens willen« vieles erdulden läßt. Dieser »faule Friede« entbehrt der Grundlage von Verbundenheit, Ehrlichkeit und Vertrauen, was die Entwicklung aller Beteiligten belastet. Erst ein entwicklungsbezogenes Bewußtsein erschließt Sinn und Hintergrund von Geschehnissen und befreit alle notwendigen Kräfte, um alte Begrenzungen zu über-

winden und sich wandeln lassen zu können. Leben ist Wandlung, ist stete Neuwerdung auf dem Weg zu leib-seelisch-geistiger Ganzheit. Dabei geht es um die Bewußtwerdung auch jener Seinsbereiche, die uns noch nicht bewußt sind. Wenn wir sie auch noch nicht bewußt erleben können, so ist doch in jedem Menschen eine Ahnung, eine Sehnsucht danach, tief im Inneren verborgen.
Solange wir unser geistiges Selbstsein noch nicht bewußt erfahren haben, liegt der Schwerpunkt des Strebens auf dem *Haben* anstatt auf dem *Sein.* Dies führt dazu, daß wir meistens mehr als andere haben wollen. Eine solche Bewußtseinshaltung schafft Spannungen, Forderungen, Neid und Machtgier, die den Frieden – im kleinen wie im großen – gefährden. Das ganze Wettrüsten beruht darauf. Und hier liegt auch das Grundproblem: Wie viele Menschen versuchen ihre gutgemeinte Friedensarbeit aus dieser Fehlhaltung des Bewußtseins.
So geht es bei einer ganzheitlichen Friedensarbeit darum, die wesenhaften und damit wesentlichen Voraussetzungen des Friedens zu erkennen und bewußt – zuerst in sich und dann als Wirkung in der Umwelt – die Grundlagen zu schaffen. Das bedeutet nicht, daß wir uns dem Egoismus und der Gewalt anderer ausliefern, sondern daß wir lernen, aus unserer inneren Kraftquelle und aus einem entwicklungsorientierten Nichtverletzen heraus Frieden zu leben. Hierbei verlagern sich unsere Wertungen von Haben und Sein. Jeder erfährt dadurch ein Höchstmaß an Selbstbewußtwerdung, wobei seelisch-geistige Kräfte frei werden, die in jenen weiterwirken, die dafür empfänglich sind.
Wir alle brauchen zuerst Menschen, die für uns eine Atmosphäre der Liebe und des Friedens geschaffen haben. Dadurch konnten wir erfahren, daß es sich lohnt, für uns und unsere Umwelt eine solche Kraft zu entwickeln: nicht nur gelegentlich, sondern als stabiles Kraftfeld, das auch für unser Heim und unser weiteres Umfeld zu einer heilenden Kraftquelle wird.

Wie not-wendend ist es, daß immer mehr Menschen – anstatt das Negative zu bekämpfen und es dadurch noch zu verstärken – Friedenskräfte entwickeln und diese im Leben einsetzen! Das kann bereits am Morgen nach dem Erwachen beginnen: mit tiefer Dankbarkeit, einem Gebet, mit Meditation, Hara, Atem- und Hatha-Yoga-Übungen, mit guter Literatur und Musik oder was immer Liebe und Freude sich selbst, anderen und dem Schöpfer gegenüber auslöst. Wenn dann im Laufe des Tages Hektik, Probleme, unerwartete Zwischenfälle und Streit aus der Umwelt an uns oder aus uns selbst herankommen, sind wir eher vorbereitet und bewußt genug, uns zu fragen, ob wir nun ebenfalls »Kriegsarbeit« oder doch lieber Friedensarbeit leisten wollen. Ich stelle mir manchmal die dunklen Wolken oder die »Molotowcocktails« vor, die durch mich auf feinstofflicher Ebene entstünden und die früher oder später ihre Wirkungen ausüben würden.
Selbstverständlich falle auch ich immer wieder in alte Gewohnheiten zurück oder bin für negative Einflüsse resonanzfähig. Wie viele Kriegsgedanken und -gefühle können damit verbunden sein! Sie werden jedoch immer eher bewußt und lassen sich – oft noch, ehe sie sich durch Wort oder Tat materialisieren – korrigieren, also verarbeiten und positiv umpolen. Gelingt dies nicht, mache ich mir bewußt, daß Traurigkeit über mein Unvermögen keineswegs die Friedensarbeit unterstützt! Also übe ich Loslassen und Vertrauen, bis ich wieder Mut zur weiteren Friedensarbeit finde.
Bieten sich hier nicht auch für ältere und kranke Menschen Möglichkeiten, in ihrem Herzen und Denken solche Friedensarbeit zu leisten? Jeder kann dies, auch bei noch so wenig Zeit; denn die Bewußtseinshaltung ist entscheidend, also die Motivation und die damit verbundene Erlebnistiefe aus der Wesensfühlung. Durch solche reinigenden Bewußtseinsvorgänge erhöhen wir allmählich unsere Eigenschwingung, wodurch die Strahlung aus dem inneren Wesen zunimmt. Sie kann und muß stärker werden als die von außen drohende radioaktive Strahlung!
Wenn wir in unserer inneren Friedensarbeit weiterwachsen, können immer mehr kleine Friedenszentren auf der Erde entstehen. Sie schaffen allmählich einen Ausgleich gegenüber den zerstörenden Kräften, die oft noch durch Massenmedien verherrlicht und verstärkt werden. Es braucht also unseren vollen Einsatz in jedem Augenblick!
Abschließend sollen noch einige einfache Übungen aufgezeigt werden, welche die Friedensarbeit unterstützen können.

Übungsteil

1. Eigene Spannungen loslassen – Frieden in sich erspüren

Jede harmonisierende Übung, alles was der Selbstwerdung und damit der Wesensfühlung dient – alle Re-ligio im Sinne der Rückverbindung zum geistigen Seinszentrum in sich –, ist Hilfe für den Frieden auf Erden. Grundlage jeder Übung ist das Loslassen von körperlichen wie psychischen Spannungen, von Sorgen, Vorstellungen und Erwartungen, um frei zu werden für neues Erleben.

In entspannter, aufrechter Sitzhaltung lassen Sie den Atem kommen und gehen, wie er will. Bei jedem Einatmen denken Sie »Los-«, beim Ausatmen »-lassen«. Dabei geben Sie jedesmal Spannungen, Belastungen, ja letztlich alle Bewußtseinsinhalte an die Erde ab, bis Sie fühlen, daß Sie gelöster und freier werden.
Eine überall und jederzeit durchführbare Bewußtseinsübung kann darin bestehen, daß Sie mit jedem Einatmen Friedenskraft aus Ihrem inneren geistigen Wesen aufnehmen und mit jedem Ausatmen Friedenskraft – z. B. als Liebe, Verstehen, Harmonie, Vertrauen, Geduld, Dankbarkeit, Licht

oder Wille zum Guten – ausatmen und ausstrahlen. Üben Sie dies konzentriert und lange genug, können Sie allmählich überall um sich herum eine harmonische, friedvolle Atmosphäre schaffen. Wenn diese Kräfte anfänglich auch nur schwach spürbar sein mögen, so lassen sie sich doch durch regelmäßiges tägliches Üben immer mehr verstärken.

2. Jeder Mensch ist Lichtkraft

Sie stellen sich vor, daß Sie und Ihre Freunde, die sich ebenfalls für den Frieden einsetzen, ein kleines Lichtzentrum auf unserer Erde sind. Sie stellen sich dann viele solcher Lichtpunkte über die ganze Welt verteilt vor, die alle durch Lichtstrahlen miteinander verbunden sind, so daß rund um den Planeten ein Liebe-Licht-Netz entsteht. Mit jedem Einatmen nehmen Sie aus Ihrem geistigen Wesen Friedenskraft auf, und mit jedem Ausatmen lassen Sie diese Wesenskraft in das Lichtnetz einstrahlen. Dabei können Sie dieser großen Gruppe von Menschen verbunden sein, die, wie Sie, manche Niederlage, aber auch Freude im Wirken für den Frieden erfahren. Aus einer solchen wesenhaften Verbundenheit strömen uns spürbar Friedenskräfte zu, die uns helfen, diese so notwendige Aufgabe weiterzuführen und dabei immer glücklicher zu werden.

3. Meditation für den eigenen Lebenskreis

Haltung – freier Atem – Hara – Harmonisierung
Verstärken Sie durch einpunktige Konzentration auf ICH BIN SEELE die Rückverbindung zur Seele.
Erleben Sie sich als Teil der Familie, des Berufs- und Freundeskreises, als Seele unter Seelen. Welche Neigungen, Bindungen und Erwartungen haben Sie diesen Menschen gegenüber? Welche Erwartungen haben diese Menschen Ihnen gegenüber? Welches Entwicklungsgeschehen steht dahinter? Was können Sie daraus lernen? Wie können Sie schöpferische Kräfte einbringen und die Entwicklung aller durch weise Liebe unterstützen? Dient dies auch Ihrer Entwicklung und Reifung?
Konzentrieren Sie sich möglichst einpunktig auf **WEISE LIEBE.** Lassen Sie kontrolliert Denkpausen zu, bis Sie diese Seelenenergie unmittelbar bewußt erleben.
Strahlen Sie Liebe zu den Menschen hin (nicht in sie ein; denn das würde ihren Freiraum verletzen, den wir für uns auch nicht durch andere verletzen lassen wollen!), unabhängig von Neigungen und Gegenliebe!
Erleben Sie sich erneut als Teil der Familie wie oben in dieser Übung beschrieben. Hat sich Ihre Einstellung diesen Menschen gegenüber im Vergleich zu Beginn dieser Übung verändert, wenig oder viel?
Beenden Sie die Übung wie bisher (siehe S. 156).

4. Meditation bei Abneigung oder Angst

Haltung wie bisher
Vergegenwärtigen Sie sich den Menschen, vor dem Sie Angst haben oder gegen den Sie Abneigung empfinden. Sind Sie sich bewußt, daß Sie sich durch Angst oder Abneigung im Bewußtsein an diesen Menschen binden? Jede Kraft, die wir ausstrahlen, führt beim Empfänger zu einer meist unbewußten Resonanz, die gesetzmäßig, früher oder später, zu uns zurückkehrt. Sind wir also zu einer inneren Haltung fähig, die jederzeit zu uns zurückkommen kann? Sind wir zu einer bedingungslosen Liebe fähig, die weder uns noch andere bindet oder verletzt? Sind Sie sich bewußt, daß alle Menschen, genauso wie Sie, verkörperte Seelen auf dem Weg der geistigen Entwicklung sind? Können Sie selbst von Menschen, gegen die Sie Abneigung empfinden, lernen? Wie können Sie ihnen in ihrer Entwicklung helfen oder diese zumindest nicht behindern?
Dann richten Sie Ihre einpunktige Konzentration auf SELBSTBEWUSSTSEIN, machen Sie Denkpausen, um wenigstens für kurze Zeit das Denken zu überschreiten, um Bewußtseinsqualität und -kraft zu erleben: Selbst-bewußt-sein!
Machen Sie sich dann bewußt, daß Ihre Geist-Seele eins ist mit allen Seelen, also auch mit der Seele des Menschen, demgegenüber Sie auf der Ichebene Abneigung empfunden haben.
Vergegenwärtigen Sie sich: Die schöpferische Liebe durchstrahlt die ganze Schöpfung. Sie durchstrahlt auch mich und vermag mir Kraft zu geben, damit ich mich in der rechten Weise auf die Herausforderungen und Prüfungen des Lebens einstellen kann. Geben Sie sich in dieser Meditation die Freiheit, im inneren Erlebnisraum etwas von der Schwingung zu erleben, die von diesem Gedanken ausgeht.
Stellen Sie sich darauf ein, daß Sie den Willen zum Guten durch weise Liebe im Alltag zu verwirklichen versuchen.
Beenden Sie die Übung wie bisher.

5. Lebensaufbauende Kräfte verschenken

Haltung – freie Atmung – Hara – Harmonisierung
Vergegenwärtigen Sie sich: Mein Bewußtsein ist geistiger Natur. In meinem tiefsten, bewußten Sein sind alle Kräfte vorhanden, um sie weiterschenken und verwirklichen zu können.
Das Licht meiner Geist-Seele ist eins mit dem Licht der Welt. Die Liebe meiner Seele ist eins mit der All-Liebe. Als Seele bin ich Licht, Liebe, Friede, Freude! Ich öffne mich der Quelle dieser Kräfte in mir, um sie unbegrenzt im Alltag zu verwirklichen und an meine Umwelt zu verschenken. Welche Seelenkraft brauche ich derzeit besonders, um Schwierigkeiten überwinden oder einem Menschen helfen zu können?
Geben Sie dann jener Seelenkraft, die Sie derzeit besonders brauchen, durch

einpunktige Konzentration im Bewußtsein Raum, bis Sie sie unmittelbar bewußt erleben.
Strahlen Sie diese Kraft dann aus: an Ihre Umwelt oder an bereits Verstorbene. Zuletzt strahlen Sie diese Kraft hin zu allen Menschen, ohne Absicht oder Neigung oder Erwartung.
Beenden Sie die Übung wie bisher.

6. Friedensmeditation I

Haltung – freie Atmung – Hara – Harmonisierung
Fragen Sie sich: Lebe ich mit mir in Frieden? Mit meinem Schicksal, mit meiner Vergangenheit, mit meinem Lebenseinsatz und meinen Fähigkeiten? Lebe ich mit meinem Körper in Frieden? Bin ich mit meiner Gesundheit zu frieden? Oder kann ich für sie mehr tun hinsichtlich Ernährung, Schlaf, Lebensweise und Ruhepausen? Lebe ich mit meinem Fühlen und Denken in Frieden? Ist mein Fühlen harmonisch und mein Denken friedensbewußt? Lebe ich mit meiner Umwelt in Frieden? Mit meiner Familie, meinen Verwandten, Freunden, Kollegen, mit meinem Chef oder meinen Angestellten? Akzeptiere ich sie so, wie sie sind? Helfe ich ihnen in ihrer Entwicklung? Bin ich bereit, durch sie zu lernen? Lebe ich mit der Natur in Frieden? Belaste ich die Natur sowenig wie möglich? Was kann ich im Rahmen meiner Möglichkeiten alles tun, um das ökologische Gleichgewicht in der Natur wieder aufzubauen? Bin ich in dieser Hinsicht genügend informiert und interessiert? Setze ich mich für Tiere ein (nicht nur für ein eventuelles eigenes)? (Bitte erweitern Sie diesen Fragenkomplex entsprechend Ihrer Situation!)
Konzentrieren Sie sich dann einpunktig auf einen der folgenden Sätze:
DER FRIEDEN DER WELT BEGINNT IN MEINEM HERZEN.
FRIEDEN IST UNTER ANDEREM ERGEBNIS WEISER LIEBE UND FREIHEIT.
GEBE ICH MEINER UMWELT BEIDES?
»MEINEN FRIEDEN GEBE ICH EUCH.«
»FRIEDE SEI MIT DIR.«
CHRISTUS-FRIEDE ODER FRIEDE *OM.*
Öffnen Sie sich dabei der Quelle des Friedens in Ihrer Seele, so daß Sie empfänglich und durchlässig für die Kraft des Friedens sind. Lassen Sie dann immer längere Denkpausen zu, um Frieden als Bewußtseinszustand zu erleben.
Lassen Sie dann die Kraft des Friedens unbegrenzt ausstrahlen und weiterstrahlen: zuerst in Ihrem Lebenskreis, also in Ihrer Wohnung, zum Arbeitsplatz, in den Kreis Ihrer Familie, zu Ihren Freunden, auch zu Ihren sogenannten Gegnern, die meistens unsere besten Lehrer sind. Dann lassen Sie die Kraft des Friedens weiterstrahlen und -strömen in die Umwelt, in die Natur und schließlich unbegrenzt zu allen Menschen rund um die Welt.
Für Ihre Lebenspraxis fragen Sie sich: Wie kann ich Frieden, frei von Schwäche oder Angst, auch bei Belastungen verwirklichen? Machen Sie sich bewußt: Es gibt einen Frieden, der die Vernunft übersteigt; er wohnt in den Herzen derer, die überpersönlich lieben. Es gibt eine Kraft, die alles neu machen kann; sie lebt in denen, die die Einheit allen Lebens erkennen und im Alltag verwirklichen.
Beenden Sie die Übung wie bisher.

7. Friedensmeditation II

Haltung – freie Atmung – Hara – Harmonisierung
Konzentrieren Sie sich einpunktig über je sieben Atemzüge auf die nachfolgenden Begriffe. Lassen Sie immer längere Denkpausen zu, wenn Sie diese Übung als Meditation durchführen. Andernfalls nehmen Sie mit jedem Einatmen aus Ihrer Seele die entsprechende Bewußtseinskraft auf und lassen davon Ihr Denken und Fühlen, Ihren Körper bei jedem Ausatmen durchstrahlen. Sie können dann jeden Raum mit dieser Kraft durchstrahlen, wobei Sie die jeweilige Bewußtseinsqualität erleben:
FRIEDVOLLE RUHE
FRIEDEN
VERWIRKLICHUNGSKRAFT
ALL-LIEBE (oder: BEDINGUNGSLOSE LIEBE)
LICHT DER SEELE
HARMONIE (oder: HEILKRAFT)
SCHÖPFERWILLE
Vor Beendigung der Übung öffnen Sie sich für innere Impulse zur Lebensverwirklichung, wodurch sich die Chakras, die durch die starke Konzentration auf Seelenkräfte etwas geöffnet wurden, wieder schließen und die freigewordenen Kräfte kanalisiert werden. Dies ist wichtig, sonst kann es nach der Übung eine Überstimulierung geben, die den Übergang zum Alltag erschwert oder im Einzelfall sogar belasten kann.
Beenden Sie die Übung wie bisher.

Nachgedanken

Liebe Leser,
Sie kennen nun eine Reihe von Übungsmöglichkeiten, die einen Zugang zur eigenen Mitte öffnen können. Dennoch ist viel Geduld für den weiteren Weg erforderlich; denn Selbstbewußtwerdung läßt sich auch durch Yoga nicht »machen«! Wir können uns mit Übungen vorbereiten, um zu lernen, in unserem Bewußtsein Raum zu schaffen, um das Größere in uns zuzulassen. Dabei erkennen wir auch, welche Kräfte und Fähigkeiten sich in uns und durch uns in der Welt offenbaren wollen. So werden wir ein schöpferischer Mitarbeiter des Schöpfers, sowohl hinsichtlich unserer eigenen Lebensgestaltung wie auch als Helfer für andere. Wenn wir lernen, aus unserer eigenen Tiefe zu schöpfen, finden wir zu einer unerschöpflichen Quelle in uns, die uns und anderen Vertrauen zum Leben, zur Entwicklung und zur inneren Führung gibt. Dieses aus Erfahrung gewonnene Vertrauen ist heute nötiger denn je! Wir brauchen in unserer Zeit größter Veränderung und Wandlung Menschen, die durch ihr Leben von einer inneren Kraft zeugen, die nicht von dieser Welt ist. Damit bekommen auch andere den Mut und die Kraft, nicht nur äußerlich ihr Leben in der Welt zu leben, sondern auch in der Stille in ihr eigenes Inneres zu schauen und es für neue Dimensionen des Erlebens zu öffnen. Aus solcher Rückverbindung zur inneren Ganzheit wird im Laufe der Zeit ein Bewußtsein erwachsen, aus dem wir über Liebe diese innere Wirklichkeit durch unser Leben zum Ausdruck bringen.
Dieser Weg ist beglückend und schwierig zugleich: beglückend durch die vielfältigen Geschenke größerer Freiheit, tieferer Freude, Liebesfähigkeit und Bewußtheit; schwierig durch manche Phasen starker Wandlung. Dabei muß oft Altes, Vertrautes, unserer Entwicklung nicht mehr Entsprechendes losgelassen und zurückgelassen werden. Denn jeder Neuwerdung geht Wandlung voraus oder christlich ausgedrückt: Vor jedem Ostermorgen sind die Kartage! Doch der Ostermorgen überstrahlt alles, was vorher war!
Und: Jeder, der seinen Weg verantwortungsbewußt geht, findet Weggefährten, wodurch neue Verbindungen und Weg-freundschaften entstehen.

Anhang

Fachwortverzeichnis

Ahamkara
Sanskr.: *aham = ich, kara = machend, bewirkend;* also Ichmacher, Ichbezug

Aikido
Jap.: *ai = vereinigen, reine Liebe, in Harmonie sein, ki = geistige, kosmische Kraft, do = Weg.* Diese japanische Kampfsportart geht auf Meister Uyeshiba zurück; in täglicher Übung sollen die Gesetze des Zusammenspiels von Geist, Psyche und Körper erfahren und angewendet werden, damit der Übende die Erleuchtung erreicht

Aktive Dehnung
Wird eine Streckung durch Sinn- und Zielbezogenheit weitergeführt und über die Körperform hinaus gespürt, ist dies kein mechanischer, sondern ein vom Erleben verursachter Bewegungsvorgang, der den Stoffwechsel anregt und die Atmung vertieft

Akupunktur
Lat.: *acus = Nadel, pungere, punctum = stechen;* eine alte asiatische Heilmethode, bei der auf bestimmten Energiebahnen (Meridianen), die den einzelnen Organen zugeordnet werden, durch Setzen von Nadeln Kräfte ausgeglichen werden

All-Geist
Siehe Brahman

All-Liebe
Überpersönliche Liebesfähigkeit, die alle und alles in gleicher Weise liebt, weil Gott Liebe und in allen Menschen und Geschöpfen gegenwärtig ist; auch Christus-Liebe oder geistige Liebe

Ananda
Sanskr.: Seligkeit, absolute Freude, Wonne, Jubel, Glückszustand

Aphorismus
Gr.-lat.: geistreiche und prägnant abgefaßte Gedanken oder Lehrsätze. Der Raja-Yoga besteht aus etwa 200 Aphorismen

Asana
Sanskr.: *as- = sitzen, weilen;* im System des Hatha-Yoga sind es Körperstellungen verbunden mit der dazugehörigen Bewußtseinshaltung. Im Acht-Stufen-Weg des Raja-Yoga ist A. die dritte Stufe, um Ruhe und Konzentration zu erlangen

Askese
Gr.-nlat.: Übung; Selbstüberwindung, Selbstdisziplin; enthaltsame und entsagende Lebensweise zur Verwirklichung sittlicher und religiöser Ideale; oft übertriebene Selbstquälerei

Assoziationen
Lat.-fr.: Gedankenverbindungen, Verknüpfung von Vorstellungen, von denen die erste die folgenden hervorgerufen hat

Astral
Lat.: *astrum = Stern;* feinstofflicher Empfindungsbereich, der sich als Licht-, Farb- und Kräfteformen oder -strahlung äußert. Sensitive erkennen daran den Gedanken- und Gefühlszustand eines Menschen

Astral-ätherisch
Jener Bereich des Feinstoffkörpers, der Gefühl, Wunsch und Empfindung aus der Umwelt aufzunehmen und selbst zum Ausdruck zu bringen vermag

Ätherkörper
Die Gesamtheit des feinstofflichen Energieleibes, in dem die Energiezentren sind. Ä. wird jedoch meistens nur für den vital-ätherischen Bereich gebraucht, in dem die Lebensströme und die Lebenskraft sind, die den physischen Körper beleben und erhalten

Atman
Sanskr.: geistige Wirklichkeit als unsterbliches Selbst im Menschen gegenwärtig; der wahre Geist-Mensch, Gottes Gegenwart im Menschen. Seine Eigenschaften sind *sat-cit-ananda,* d. h. Seins-Bewußtseins-Seligkeit

Augustinus, Aurelius (354–430)
Afrikanischer Römer, Priester, Bischof, Kirchenvater und Philosoph, einflußreichster Kirchenlehrer und Politiker der katholischen Kirche. Beeinflußte die gesamte abendländische Theologie und Philosophie des Mittelalters und wirkt auch in unsere Zeit noch in starkem Maße herein. In seinen *»Bekenntnissen«* schildert er seinen Lebensweg und seine Bekehrung

AUM
Sanskr.: der heilige Laut, das heilige Mantra Indiens. Es ist sowohl ein spirituelles Symbol der Form als auch des Klanges. Es gilt als Manifestation des universellen Bewußtseins, als Gegenwart des Absoluten in der Schöpfung

Aura
Lat.; unsichtbare feinstoffliche Kräfte-, Licht- und Farbstrahlung des Menschen

Aurobindo, Sri Ghose (1872–1950)
Indischer Heiliger, Verfasser zahlreicher Werke. Er entwickelte den sogenannten Integralen Yoga, der sich nicht ausschließlich mit dem spirituellen Aufstieg zum Göttlichen hin befaßt, sondern auch mit Methoden, den geistigen Weg mit dem alltäglichen Leben zu verbinden. Dabei geht es ihm auch um die Umwandlung der Natur, wobei er die physische Natur einschließt

Autogenes Training
Ein von J. H. Schultz entwickeltes Aufbautraining, das zu innerer Ruhe und körperlicher Entspannung führt. Höhere Stufen des A.T. ermöglichen dem Geübten tiefere Eingriffe in unbewußt gesteuerte psychosomatische Vorgänge

Autonomes Nervensystem
Siehe Vegetatives Nervensystem

Basisatmung
Atemweise, bei der der untere Teil der Lungen voll beatmet wird, so daß durch die starke Zwerchfellbewegung alle im Bauch- und Beckenraum eingelagerten Organe sanft durchbewegt werden

Beuger
Muskel, der beim Beugen zusammengezogen und damit verkürzt wird

Bewußtsein
Wach- oder Tagesbewußtsein als Ichfunktion, wodurch Vorgänge in und um uns klar wahrnehmbar, erfahrbar und erlebbar werden

Bewußtes Sein
Durch Gedankenstille erfahrbarer überbewußter Zustand, der frei ist von einer Identifizierung und daher als Seinsfühlung, Seinserfahrung oder als Selbst-sein erlebt werden kann

Bewußtseinszentren
Siehe Chakra

Bewußtseinsqualität
Wahrnehmen und Erleben von seelisch-geistigen Kräften und Eigenschaften, wesenhaftes Erleben

Bhakti-Yoga
Sanskr.: Weg der Liebe und der Hingabe; einer der vier hauptsächlichen Yoga-Wege zur Vereinigung mit Gott

Bogenschießen
Jap.; Weg-Sportart, bei der es um ein Höchstmaß an harmonischer Verfassung, letztlich um Erleuchtung geht

Böhme, Jakob (1575–1624)
Deutscher Mystiker, Schuster, Philosoph und Schriftsteller in Görlitz. Das Charakteristische der Schriften B.s ist die Verschmelzung von Mystik und Naturphilosophie. Als metaphysisch-religiöser Dualist übte er Einfluß auf Baader, Oetinger und Schelling aus

Brahma
Sanskr.: ist der Schöpfergott im Hinduismus

Brahman
Sanskr.: das ewige, unvergängliche Absolute; die höchste nichtduale Wirklichkeit des Vedanta. Aus B. gehen alle Schöpfungen hervor und in ihn kehren sie wieder heim. Er ist als Atman in jedem Menschen gegenwärtig

Buddhi
Sanskr.: Verstand, Einsicht, Urteilskraft, Erkenntnis, Weisheit, Intelligenz. Als Funktionskreis der Denksubstanz Unterscheidungs- und Erkenntnisvermögen als selektive Fähigkeit

Buddhismus
Eine der großen Weltreligionen, die auf ihren Begründer Gautama Buddha (etwa 600 v. Chr.) zurückgeht

Chakra
Sanskr.: Rad, Kreis; auch Lotosblüten oder Bewußtseinszentren. Als Energieorgane dienen sie der Aufnahme, Verarbeitung, Umwandlung und Abgabe bestimmter, vom Bewußtseinszustand abhängiger Energien oder Kräfte; daher auch Energie- oder Kraftzentren

Ch'i
Chin., jap.: *ki.* Die Lebenskraft, der kosmische Geist, der alles Lebende durchdringt und belebt

Ch'i-hai
Chin.: Ozean des Atems, Meer der Lebenskraft

Cit
Sanskr.: Geist, geistiges Bewußt-sein

Citta
Sanskr.: Denksubstanz, das mentale Kraftfeld des Menschen; im übertragenen Sinn der Spiegel des Bewußtseins, in dem sich entweder äußere und psychische Vorgänge oder das geistige Selbst spiegeln können

Dehngrenze
Bei den Übungen des Hatha-Yoga soll zuerst die Grenze der Dehnmöglichkeit in dieser Haltung erspürt, wahrgenommen und akzeptiert, also nicht bis zur Schmerzgrenze gedehnt werden. Durch Entspannen und Loslassen in Verbindung mit dem Ausatmen läßt sich die Dehngrenze zugunsten einer stärkeren Dehnung erweitern

Denksubstanz
Siehe Citta

Dharana
Sanskr.: im System des Raja-Yoga die sechste Stufe der Konzentration

Dhyana
Sanskr.: im System des Raja-Yoga die siebte Stufe der Meditation

Eckhart, auch Eckart oder Eckehart, genannt Meister (um 1260 – vor dem 30. April 1328)
Größter Vertreter der deutschen Mystik. Sein Hauptthema war das völlige Einswerden der Menschenseele mit Gott. Zu seinen Schülern gehörte auch Johannes Tauler, der später sein Nachfolger wurde. Nach seinem Tod übten seine Schriften einen starken Einfluß auf Jakob Böhme, Angelus Silesius und auf den deutschen Idealismus aus

Eigenschwingung
Die jedem Menschen eigene Schwingung, die aus dem inneren Wesen oder dem Selbst kommt; sie wird verändert durch Gedanken, durch Gefühle und durch Umwelteinflüsse, sofern er sie in sich einläßt und sich damit identifiziert. Im Tiefschlaf findet der Mensch wieder zu seiner Eigenschwingung, jedoch unbewußt, in der Meditation bewußt

Einpunktig
Sanskr.: *ekagrata,* wörtlich *Einspitzigkeit des Denkens;* im Raja-Yoga wird dann von einpunktiger Konzentration gesprochen, wenn die Aufmerksamkeit länger als 12 Sekunden in einer Gedankenwelle der Denksubstanz gehalten werden kann. Dadurch hört vorübergehend die unbewußte Identifizierung mit Gedankeninhalten auf, so daß bei anhaltender Einpunktigkeit Neues erkannt werden kann

Emotion
Gemütsbewegung, Affekt, psychische Erregung, Gefühlszustand

Emotionalkörper
Feinstofflicher Gefühlskörper, siehe Astralkörper

Endokrines Drüsensystem
Drüsen, die ihre Sekrete (Hormone) unmittelbar in die Blutbahn abgeben

Energie
Geistiger Einstrom, der vom Menschen noch keine persönliche Qualifizierung, also Färbung und Prägung erhalten hat. Kraft ist persönlich verarbeitete und bewertete Energie

Energiezentrum
Siehe Chakra

Erdmitte
Jap.: *hara,* Bauch, genauer Unterbauch. Die jedem Menschen eingeborene Erdkraft, die etwas unterhalb des Nabels durch Üben erfahrbar wird. Ruht der Mensch in seinem Hara, stehen ihm wesentlich mehr Kräfte zur Verfügung, als wenn er sich in seinen Schultern vom Ich her festhält

Erkenntnislicht
Bewußtheit als Lichtqualität, Bewußtseinserweiterung; spontane oder durch anhaltende einpunktige Konzentration in der Meditation entstehende Bewußtwerdung, die als Lichterlebnis erfahren wird. Damit sind meistens klare Erkenntnisse verbunden, vor allem über das Selbstsein

Erlebniskraft
Intensität des Erlebens, das durch Resonanz unterbewußter Kräfte, also durch frühere, oft noch unverarbeitete Erlebnisse verstärkt wird. Neue Erkenntnisse, und meditatives Erleben jedoch vermögen durch innere Erfahrungen das Erleben noch stärker zu intensivieren

Erleuchtung
Anfangs meist plötzliches Erwachen aus einer Art Traumschlaf in einen überbewußten Lichtzustand umfassender Ganzheit und Einheit. Durch öftere Erleuchtungserlebnisse geht er in einen licht- und formlosen, jedoch klar bewußten Seinszustand über bis hin zur Erfahrung geistiger Wirklichkeit, die jenseits alles Beschreibbaren ist

Esoterik
Gr.: *esotericos = innen, verborgen, geheim.* E. umfaßt Geheimschriften, -bünde und -zirkel, die alte Geheimlehren vermittelten und vermitteln. Doch was früher, z. B. für Pythagoräer, esotericos war, wird heute an Schulen gelehrt. Leider finden sich unter dem Namen E. auch manche Spekulationen, okkulte oder aber spiritistische Praktiken

Feinstoff
Alles ist Energie, sei es als zur festen Form verdichtet und für die Sinne des Menschen begreifbar oder als Kräfteformen, -farben, -ballungen, -qualitäten und -zustände, die für die fünf Sinne nicht mehr wahrnehmbar sind. Dazu gehören z. B. Gedanken, Vorstellungen, Motive, Zielsetzungen, Erwartungen, Projektionen und Gefühle aller Art, die für Sensitive durchaus feinstofflich-formhaft wahrnehmbar sein können. Die feinstofflichen seelisch-geistigen, psychischen und vitalen Vorgänge sind die Ursachen für irdisches Geschehen; denn der Geist bewegt die Materie! Auch das sogenannte Jenseits, die Himmel und Höllen können als feinstofflich-energetische Zustände angesehen werden

Gedankenkräfte
Ein kurz gedachter Gedanke ist eine schwache Kraft. Wird er aber über längere Zeit bewußt aufrechterhalten, nimmt seine Kraft zu. Die meisten Gedanken erhalten jedoch nicht durch anhaltende Konzentration ihre Kraft, sondern durch Resonanz unterbewußter, früherer verwandter Erlebniswerte

Gedankenwellen
Sanskr.: *vrtti;* es sind durch Eindrücke entstehende Bewegungen im mentalen Kraftfeld des Menschen, also in der Denksubstanz; siehe Denksubstanz

Gefühlskräfte
Spannungszustände im Unter- und Unbewußten. Alles Wahrnehmen und Erleben, sei es bewußt oder nur teilbewußt, wertet der Mensch und identifiziert sich mit diesen Erlebniswerten. Dabei entstehen im Unterbewußten bis hinein in das organisch Unbewußte Mechanismen, die ihr Eigenleben führen. Werden durch Eindrücke oder durch un- oder teilbewußtes Denken, Vorstellen, Wünschen, Erwarten, Projizieren usw. frühere Erlebniswerte angesprochen, kommen sie in Resonanz und prägen diesem Gedanken ihre Wertladung, ihre Gefühlsladung auf. Damit ist das Denken weitgehend gefühlhaft

Geistiges Sein
Siehe Sein

Gorakh, auch Gorakhnath oder Goraksanatha (etwa um 1100, 1200 oder 1400 n. Chr.)
Er gilt als Begründer des Hatha-Yoga

Grobstoff
Feste, flüssige und gasförmige Stoffe

Guru
Sanskr.: Spiritueller Lehrer, Meister, Betreuer, Wegweiser

Hara
Siehe Erdmitte

Hatha-Yoga
Sanskr.: *ha = Sonne, tha = Mond, Yoga = Verbindung, Vereinigung.* Der Sinn des H.-Y. liegt in der Harmonisierung und Vereinigung der Sonnen- und Mondkräfte, also der männlichen und weiblichen Kräfte in Körper und Psyche

Herzmitte
Auch Menschenmitte. Sie ist das Integrationszentrum, in dem die Kräfte der Erd- und der Himmelsmitte durch Herzkraft – durch bedingungslose Liebe – harmonisch verbunden werden können

Himmelsmitte
Die dem Menschen eingeborenen geistigen Kräfte in der Kopfmitte hinter der Nasenwurzel

Hinduismus
Indische Volksreligion, nach dem Vedismus und Brahmanismus die letzte Phase der indischen Religion

Homöopathie
Ein von S. F. Hahnemann begründetes Heilverfahren, wonach Kranke mit niedrig dosierten Mitteln behandelt werden, die in höherer Dosierung beim Gesunden ein ähnliches Krankheitsbild hervorrufen würden

Ichbezug
Siehe Ahamkara

Ichkraft
Intensität der Bezugs- und Identifizierungskraft mit früheren Erlebniswerten; auch Integrationsfähigkeit neuen Erlebens mit bisherigen Erfahrungen. Damit verbunden sind Durchsetzungs-, Überzeugungs- und Selbstbehauptungskräfte

Ida
Sanskr.: einer der drei Hauptkraftströme, der in der und um die Wirbelsäule strömt. Ida ist der seelisch-weibliche Kraftstrom und fließt durch die linke Seite des Rückenmarks; Pingala, der körperlich-männliche Kraftstrom, fließt durch die rechte Seite der Wirbelsäule. Ida und Pingala kreuzen dreimal das Rückenmark, so daß das Bild eines Merkurstabes entsteht. Im mittleren Hohlraum der Wirbelsäule fließt Sushumna, der von Dualität befreite geistige Energiestrom, durch den die Kundalini vom Wurzelzentrum aufsteigt, um sich im obersten Chakra mit dem reinen Geist zu vereinen

Ikebana
Jap.: ein meditativer Weg des Blumensteckens

Inkarnation
Lat.: *in = in, caro = Fleisch;* Fleischwerdung, Menschwerdung, z. B. des Christus; Einkörperung der Geist-Seele in menschliche Gestalt

Inspiration
Lat.: *in = ein, spirare = atmen;* Einhauchung, geistige Eingebung, Anregung

Intuition
Lat.: Anschauen; ein unmittelbares Gewahrwerden von Einsichten, ganzheitlichen Zusammenhängen und Erkenntnissen ohne gedankliche Schlußfolgerung

Jivatman
Sanskr.: Geist-Seele oder Selbst, das sich als Mensch verkörpert, sich aber seines geistigen Selbst bewußt ist im Gegensatz zu Jiva, ebenfalls ein verkörpertes Selbst, das sich aber mit seinem Körper, seinem Fühlen und Denken identifiziert und damit ein normal Sterblicher ist. Jivatman bezeichnet auch die individuelle oder persönliche Seele

Jnana-Mudra
Sanskr.: *jna = Wissen, Weisheit, Erkenntnis; mudra = Siegel, Zeichen, symbolische Geste.* Handgebärde, bei der die Spitze des Zeigefingers die Daumenspitze berührt, während die anderen drei Finger ausgestreckt bleiben. Die Haltung ist Symbol für Erkenntnis

Jnana-Yoga
Weg der Erkenntnis, einer der vier Hauptwege, der durch Unterscheidung und Erkenntnis zu Gott führt

Judo
Jap.: eine in Japan entwickelte Technik der Selbstverteidigung ohne Waffen oder Gewalt mit festen Regeln; bei uns wird meist die sportliche Form geübt

Karma-Yoga
Einer der vier Hauptwege zur Vereinigung mit Gott. Es ist der Weg der selbstlosen Tat, des uneigennützigen Handelns und der Pflichterfüllung. Die Idee des K.-Y. zeigt viele Parallelen zum Christentum, wie es Christus lehrte

Kirpal Singh Ji Maharaj (1894–1974)
Heiliger Indiens, Meister des Surat-Shabd-Yoga (siehe dort)

Kollektive Urerfahrungen
»Urerfahrungen des Menschengeschlechtes« aus grauer Vorzeit, die, nach C. G. Jung, im *»kollektiven Unbewußten«,* also in tiefen Schichten des Unbewußten jedes Menschen ruhen. Dazu gehören die Archetypen (griech. das zuerst Geprägte), also urtümliche Bilder, Urtypen, die z. B. im Traum symbolisch auftreten können, wobei Instinkte, also angeborene unbewußte Verhaltensweisen, z. B. bei plötzlicher Gefahr, zum Ausdruck kommen können

Konzentration
Lat., gr., fr.; im allgemeinen wird unter K. die Sammlung auf einen Themenbereich verstanden. Dies ist jedoch komplexes Denken, bei dem vielerlei Gedanken, Assoziationen, Vorstellungen, Erinnerungen und Projektionen, also Gedankenbewegungen vorhanden sind.
K. im Sinne des Raja-Yoga beginnt, wenn *ein* Gedanke frei von Assoziationen, Vorstellungen, Projektionen, Gefühlsresonanzen 12 Sekunden störungsfrei aufrechterhalten werden kann. Bei einer Dauer von 144 Sekun-

den geht der geklärte Bewußtseinszustand in Meditation, also in einen überbewußten Zustand über, in dem weder Gedanken noch Gefühle, mit denen sich der Mensch sonst identifiziert, vorhanden sind und bewußtes Sein entstehen kann

Kraftfeld
Innerhalb der Eigenschwingung (siehe dort) unterschiedliche Bereiche, die ineinander übergehen: vitales K., emotionales K., mentales K. sowie seelisch-geistige Kraftfelder. Je nachdem, welches K. in welcher Qualität vorherrscht, bestimmt es stark die Eigenschwingung des Menschen

Kriya-Yoga
Sanskr.: heiliges Tun; ein Yogaweg zur Reinigung und Läuterung, des Studiums und der Gottesverehrung

Kundalini-Shakti
Sanskr.: *kundala = die Schlange, die Zusammengerollte, shakti = Kraft, Energie,* also Schlangenkraft. Im indischen Raum hat sie noch viele Namen. K.-S. ist spirituelle, kosmische Lebenskraft, die im untersten Chakra zusammengerollt ruht, bis sie, wenn die Entwicklung des Menschen dafür weit genug fortgeschritten ist, durch den Sushumna-Kanal – den mittleren der drei Hauptströme in der Wirbelsäule – aufsteigt und alle Chakras vollends entfaltet, bis sie sich im obersten Sahasrara-Chakra mit dem statischen Aspekt geistigen Seins, der höchsten Universalen Seele, vereint

Kundalini-Yoga
Ziel dieses Yoga-Weges ist, Kundalini zu wecken und sie mit dem Göttlichen im obersten Chakra zu vereinen. Dabei werden alle Kräfte und Fähigkeiten, die im Menschen schlummern, zu höchster Tätigkeit entfaltet, Weisheit und Seligkeit erlangt. Wird jedoch K.-Y. zu früh oder aus falscher Motivation aktiviert, kann dies für die Entwicklung des Menschen sehr nachteilig, ja gefährlich sein

Lichtkraft
Bewußtheit, die durch Einstrahlung spiritueller Kraft aus dem seelisch-geistigen Bereich weiter und lichter wird, so daß neue Schwingungsbereiche erkannt, in die Eigenschwingung integriert und im Leben verwirklicht werden können. Solche Menschen sind Zeugen geistigen Bewußtseins, das nicht von dieser Welt ist, jedoch hier und jetzt durch die Weise ihres Lebens – durch Weisheit und auch bedingungslose Liebe – verwirklicht wird

Maharshi, Sri Ramana (1879–1950)
Einer der größten indischen Heiligen der Neuzeit; er lehrte den Jnana-Yoga, also den Weg der Erkenntnis, vor allem durch seine immerwährende Frage: »Wer bin ich?«

Manas
Sanskr.: individuelles Denkorgan, Denkfähigkeit, Wahrnehmungsvermögen über die Sinne aus der Umwelt, aus dem Unbewußten und Überbewußten; Konzentrationskraft, Vorstellungs- und Gestaltungskraft, Verstand

Mantra
Auch Mantram. Sanskr.: ein Name Gottes, eine energiegeladene Silbe oder Wortfolge, ein Machtwort, in der Meditation und tagsüber gedacht oder gesprochen. Ein M. wird von einem Meister für die Meditation und für den Alltag, meist bei einer Einweihung in einen bestimmten Yogaweg gegeben. Der Schüler soll es geheim und heilig halten und über diesen Aspekt Gottes meditieren. Schutz, Kraft und Wirkung des M. sind abhängig von der Bewußtseinshaltung und Lebensverwirklichung des Meditierenden

Mantra-Yoga
Sanskr.: der Yoga-Weg, auf dem durch ständiges Wiederholen eines Mantra nach Vereinigung mit Gott gestrebt wird. Auch im christlichen Raum sind Wiederholungen eines Gebets bekannt, z. B. der Rosenkranz

Meditation
M. ist ein gedankenfreier, überbewußter Seinszustand, in dem Wesen, Licht, Energie, Feinstofflichkeit und letztlich Leben des Meditationsinhaltes bewußt werden können. M. ist ein Sammelbegriff für eine Vielzahl religiöser Übungen, die von der Methode her sehr verschieden sein können. Ziel der M. ist, das Bewußtsein des Übenden in einen Zustand zu bringen, in dem spirituelle Erfahrungen, ein Erwachen, Erleuchtung und schließlich Einung mit dem Inhalt der Meditation bewußt erfahren werden. Siehe auch Konzentration

Meditativ
Durch konzentrierte Gedankenstille aus der inneren Rückverbindung eine Übung durchführen, tanzen oder sich bewegen, zeichnen, malen oder sogar kämpfen. Dabei erfährt sich der Übende in einem Ganzheitsbewußtsein von seelischer, psychischer und körperlicher Harmonie, in der die Kräfte frei strömen, das Bewußtsein ungebunden und von aller Erwartung frei ist. Hierbei können Wirkungen entstehen, die über den Verstand nicht möglich wären

Menschenmitte
Siehe Herzmitte

Mental
Lat.-mlat.: gedanklich, das Denken betreffend entsprechend der Anschauungen, Auffassungsweise und Gesinnung; entspricht dem Sanskrit-Wort *manas;* (siehe dort)

Mental-ätherisch
Ist jener Bereich des Ätherkörpers (siehe dort) oder Feinstoffkörpers, in dem alle mentalen, also gedanklichen Vorgänge stattfinden. Es ist also das mentale Kraftfeld des Menschen, mit dem er wahrnimmt, unterscheidet, erkennt, sich erinnert, sich konzentriert und bewußt als Ich erlebt

Mentalkörper
Eine andere Ausdrucksweise für den mental-ätherischen Bereich, in dem *manas, buddhi* und *ahamkara* (siehe dort), also Denken und Verstehen, Unterscheiden und Erkennen sowie der Ichbezug angelegt sind

Meridian
Energiebahnen auf der Oberfläche des Körpers, die bestimmten Organen zugeordnet werden

Motivation
Lat.: das Bewegende; Beweggrund für das Handeln, häufig begleitet von einer anschaulichen Zielvorstellung

Mystiker
Ein Mensch, der durch besondere Formen der Religiosität, vor allem durch Hingabe und Versenkung (= tiefe Meditation), zu persönlicher Vereinigung mit Gott zu gelangen sucht. M. gab und gibt es in allen Hochreligionen

New Age
Engl.: Neues Zeitalter; Sammelbezeichnung für verschiedene esoterische und exoterische Gruppen, die großenteils bewußtseinserweiternde Programme anbieten und oft vermarkten. New-Age-Gruppen sind heute kaum noch überschaubar und werden von oft widersprüchlichen Motiven und Zielsetzungen geleitet. Über N. A. gibt es vielfältige Literatur

Niyama
Im Acht-Stufen-Weg des Raja-Yoga die zweite Stufe der Regeln oder Vorschriften: Reinheit, Zufriedenheit, Selbstzucht, Studium und Hingabe an Gott

OM
Siehe AUM

Paramatma(n)
Sanskr.: der höchste Atman; der Weltengeist oder All-Geist; als absolutes Bewußtsein identisch mit Brahman (siehe dort)

Parasympathikus
Der dem Sympathikus entgegengesetzt wirkende Teil des vegetativen Nervensystems. Der P. wirkt verlangsamend auf den Rhythmus von Herzschlag und Atmung; Drüsensekretion und Darmperistaltik regt er an, ebenso Blase und Rektum; die Beckenarterien werden durch den Einfluß des P. erweitert; im Auge bewirkt der P. eine Verengung der Pupille

Patanjali
Ist der Verfasser der Yoga-Sutras, der Aphorismen des Raja-Yoga. Vermutlich lebte er im 2. Jh. v. Chr. In seinen Yoga-Sutras gibt er Übungen für Konzentration und Meditation, die zur Vereinigung mit dem geistigen Selbst führen sollen

Physiologisch
Die natürlichen Lebensvorgänge und Organfunktionen betreffend

Pingala
Siehe Ida

Polarität
Vorhandensein zweier Pole, Gegensätzlichkeit bei wesenhafter Zusammengehörigkeit; z. B. Süd- und Nordpol

Prana
Sanskr.: Atem, Lebensodem; auch Lebenskraft, kosmische Lebenskraft, die den Körper durchdringt und erhält und sich in den Geschöpfen am deutlichsten als Atemstrom manifestiert. Es werden fünf Prana-Arten im menschlichen Körper unterschieden, entsprechend ihren Funktionen für Kraftaufnahme, -abgabe, -ausgleich, -verteilung und der Herstellung einer Verbindung zwischen Körper und geistigem Wesen. Prana ist die Vitalität in der Luft, in der Nahrung und in allem Lebenden

Pranayama
Sanskr.: Beherrschung des Prana; durch meist rhythmische Atemübungen, verbunden mit bewußter Konzentration und Vorstellungskraft, läßt sich Prana, die Lebenskraft, entfalten, lenken und später kontrollieren. P. ist die vierte Stufe im Acht-Stufen-Weg des Raja-Yoga

Pratyahara
Sanskr.: die fünfte Stufe des Raja-Yoga, die darin besteht, die Aufmerksamkeit von Sinneskontakten und psychischen Einflüssen abzuziehen. Dadurch vermag das Bewußtsein alle Achtsamkeit unabgelenkt auf das Objekt der Meditation zu richten. P. ist eine unerläßliche Vorbedingung für Konzentration, der sechsten, und Meditation, der siebten Stufe des Raja-Yoga. Dadurch erst wird die Achtsamkeit frei von der Vorherrschaft der Sinne und das Bewußtsein offen für innere, spirituelle Erfahrungen. Hier erst öffnet sich der innere *Weg;* alles andere sind notwendige Vorbereitungen

Psi
Von Parasensitive; gemeint sind damit paranormale Fähigkeiten wie außersinnliche Wahrnehmungen, Hellsehen, Telepathie usw.

Psychosomatisch
Gr.: psychisch-körperliche Wechselbeziehungen und -wirkungen betreffend

Purusha
Sanskr.: Mensch; der wirkliche Mensch, der rein Geistige Mensch, der unsterbliche, reine Geist im Menschen, das *»Geistesfünkelin«* im Seelengrund bei Meister Eckhart. Im Vedanta ist Purusha identisch mit Atman und somit auch mit Brahman

Raja-Yoga
Sanskr.: königlicher Weg; einer der vier wichtigsten Yoga-Wege, der zur Vereinigung mit dem höchsten Universalen Geist führen soll. Das System des R.-Y. besteht aus einem Acht-Stufen-Weg. Die Hauptübung ist Gedankenkontrolle und -beherrschung durch Konzentration. Auf diesem Weg werden alle Hindernisse abgebaut, die dem Ziel entgegenstehen, so daß Bewußtwerdung und Vereinigung mit dem reinen Geist die Folge ist. Der Be-

griff des R.-Y. wurde allerdings erst lange Zeit nach Patanjali (siehe dort) geprägt

Ramakrishna, Bhagvan Sri Ramakrishna Paramahansa (1834 oder 1836–1886)
Er war der bedeutendste Heilige im Indien des vorigen Jahrhunderts; er gilt noch heute in Indien als göttliche Inkarnation. Sein im westlichen Kulturkreis bekanntester Schüler war Swami Vivekananda

Religio
Rückverbindung zum geistigen Sein, zum Selbst

Samadhi
Sanskr.: Fest-zusammengefügt-Sein; durch anhaltende, störungsfreie Meditation kommt es zu einer Bewußt-Seins-Einheit mit dem Meditationsobjekt. Es gibt verschiedene Formen des S., gemeint ist jedoch die Bewußt-Seins-Einheit mit dem höchsten Geist, mit Atma, Purusha, schließlich mit Brahma. Für uns Christen geht es um die Einswerdung mit dem Christus-Bewußtsein; S. ist die achte Stufe im Raja-Yoga

Sanskrit
Sanskr.: vollkommen, vollendet und endgültig gemacht; indische Gelehrtensprache, durch die nichtalltägliche Bewußtseinsvorgänge, Stadien in der Meditation und geistig-seelische Prozesse vermittelt werden können. Die Alltagssprache könnte diese transzendenten Zustände nicht zum Ausdruck bringen

Sat-chit-ananda
Sanskr.: Seins-Bewußtseins-Seligkeit; diesen Zustand erfährt, wer mit Atma, Purusha, Brahma eins wird

Sawan, Baba Sawan Singh (1858–1948)
Heiliger Indiens und Meister des Surat-Shabd-Yoga (siehe dort)

Schlangenkraft
Siehe Kundalini

Seele
Dieser Begriff ist im Yoga nicht immer klar definiert; gemeint ist nicht der psychologische Aspekt, sondern der Strahlungsbereich von Atma, Purusha. Die Geist-Seele ist individualisierter Geist, in dem der gesamte Entwicklungsweg dieses Menschen gespeichert ist. Dieses geistige Wesen kann als Bindeglied zwischen der Persönlichkeit und dem reinen Geist angesehen werden

Seelenkräfte
Geistige Qualitäten, Fähigkeiten und Erkenntnisse, die durch Intuition bewußt werden können. Konzentration und Meditation auf solche Kräfte setzen sie frei, so daß sie für die Verwirklichung im Alltag bewußt zur Verfügung stehen

Sein
In der Meditation entstehender Bewußt-seins-zustand, der frei von Fühlen, Denken und Wollen und damit frei von Identifizierung ist. In diesem Zustand erfährt sich der Mensch frei von Körperlichkeit, jedoch ganz als er selbst als geistige Individualität. Dies ist eine Vorstufe des Samadhi (siehe dort)

Seinsgrund
Im Seinszustand erfahrbarer Grund, der trägt und Sicherheit gibt. Der Seinsgrund ist für den Christen Christus, für den Hindu Atma, Purusha, Brahma, für den Buddhisten Buddha, für den Yoga-Schüler das geistige Selbst. Ziel ist die Einswerdung mit dem Selbst

Seinsmeditation
Gegenstandslose Meditation, die, frei von jeder Identifizierung, zur Bewußtwerdung unseres geistigen Seins führt

Selbst
Siehe Atma, Purusha, Brahma. Prof. Hauer spricht von der *»selbsteigenen Wesensform«*, die durch Meditation bewußt werden kann. Der geistige Kern jedes Menschen, der er immer war, ist und sein wird. Sein Lebensweg und -ziel besteht in der allmählichen Bewußtwerdung seines Selbst

Selbst-bewußtes Sein
In der Meditation erfahrbarer Zustand, in dem der Mensch sein Selbstsein bewußt erlebt. Siehe Sat-cit-ananda

Selbsterkenntnis
Allmählich zunehmende Bewußtwerdung des geistigen Selbst, bis es vollbewußt erkannt, erlebt und auch im Alltag erfahren wird

Selbstverwirklichung
Die im Alltag bezeugte und gelebte Selbsterfahrung in der Meditation. Erst wenn der Mensch fähig wird, innere Erfahrungen im Leben durch weise Liebe umzusetzen, gewinnen diese an Wert. Andernfalls kann die Kluft zwischen dem Zustand während der Meditation und der Lebensverwirklichung eine Entwicklungsphase bewirken, die viel Leid zur Folge hat. Jeder Mensch ist aufgerufen, sein wahres Selbst im Leben zu verwirklichen

Shiva
Sanskr.: der Gütige, der Freundliche; die dritte Gottheit der Hindu-Trinität Brahma, Vishnu und Shiva, in der er der Gott der Auflösung und der Zerstörung ist. Im Kundalini-Yoga ist es der statische Aspekt des Reinen Geistes, während Kundalini-Shakti der dynamische Aspekt ist. Am Ende der Entwicklung des Menschen vereint sich Kundalini im obersten Chakra mit Shiva

Shivananda, Swami S. Sarasvati (1887–1963)
Indischer Heiliger und Hatha-Yogi, schrieb grundlegende Werke über Yoga; gründete eine weltweite Yoga-Vereinigung. S. war auch als Arzt tätig

Strecker
Wird z. B. ein Arm gestreckt, so zieht sich der Streckmuskel (Trizeps) zusammen, während der Beuger (Bizeps) sich dehnt

Sukshma-Prana
Sanskr.: *sukshma = fein, prana = Lebenskraft*

Surat-Shabd-Yoga
Ein Yoga-Weg, bei dem sich der Schüler auf das innere Licht und den inneren Ton konzentriert

Sushumna
Siehe Ida

Sympathikus
Dem Parasympathikus entgegengesetzt wirkender Teil des vegetativen Nervensystems. Die Funktionen des S. sind: Beschleunigung von Herzschlag und Atmung, Erweiterung der Bronchialäste; Muskeln der kleinen Arterien ziehen sich zusammen, der Blutdruck steigt, die Sekretion und die Darmperistaltik sowie Blasen- und Darmentleerung werden gehemmt, im Auge kommt es zur Pupillenerweiterung; der S. wirkt leistungssteigernd

T'ai Chi
Traditionelles chinesisches System von Übungen, das auf der Philosophie des Tao beruht. Seine äußere Form sind fließende, harmonische Bewegungen, die auf langsame Weise und ohne Anstrengung ausgeführt werden. Hauptaspekte sind: Gesundheit, Selbstverteidigung und Meditation

Tanden
Jap.: Zinnoberfeld; in der etwa 5000 Jahre alten chinesischen Heilpraxis ist der Punkt als *tan-t'ien* bekannt. Dieses vitale Zentrum ist weder eine organische noch eine physiologische Gegebenheit, sondern energetisch zu verstehen. Es liegt etwa zwei Finger breit unterhalb des Nabels in der Beckenmitte und ist zu verstehen als Urquell der Kraft

Theresia von Avila (1515–1582)
Spanische Mystikerin und Begründerin einer reformierten Richtung des Karmeliterordens; Patronin Spaniens, Klassikerin der spanischen Sprache. Ihr Spiritual war Johannes vom Kreuz. Sie beschrieb ihren inneren Weg in ihrem vielbändigen Werk, das auch Menschen in unserer Zeit viel zu geben vermag

Thomas von Aquin (1225/26?–1274)
Dominikaner bei Neapel, einflußreicher Scholastiker, Philosoph und Theologe

Tonus
Gr.: das Spannen, Anspannung; der durch Nerveneinfluß ständig wachgehaltene Spannungszustand der Gewebe, vor allem der Muskeln

Transparenz
Empfänglichkeit und Durchlässigkeit für spirituelle Kräfte und Impulse

Unbewußtes
Begriff für jene potentiell bewußtseinsfähigen psychischen Inhalte und Verhaltensbedingungen, die dem Individuum selbst nicht bewußt sind. Die Psychoanalyse deutet das U. als ein eigenständiges System von Mechanismen und Antriebsgesetzlichkeiten wie Verdrängung, Widerstand usw. C. G. Jung unterscheidet zwischen persönlichem U. – auch Unterbewußtes genannt, wie unterschwellige Erlebnisse, Vergessenes, Verdrängtes, in der Vergangenheit Erlebtes – und kollektivem U. (siehe Kollektive Urerfahrungen). Er nennt das U. den *»schöpferischen Mutterboden des Bewußtseins«*

Unio mystica
Mystische Vereinigung mit Gott

Upanishaden
Siehe Veda und Vedanta

Urbild
Siehe Kollektive Urerfahrungen

Veda
Sanskr.: Wissen, heilige Lehre, pl. Veden; die Gesamtheit der ältesten Texte der indischen Literatur, denen der Hindu übermenschlichen Ursprung und göttliche Autorität zuschreibt. Diese Heiligen Schriften entstanden etwa 4.–Anfang des 2. Jahrtausends v. Chr. und enthalten Hymnen, Gesänge, Opfersprüche und Belehrungen, die vorher mündlich überliefert wurden. Ans Ende der Veden wurden um 800–600 v. Chr. die Upanishaden angehängt; sie enthalten philosophische Aussagen, zeigen Wege zur Versenkung, höchste Weisheiten und Möglichkeiten ihrer Verwirklichung. Es gibt insgesamt 108 Upanishaden, von denen zehn die bedeutsamsten sind

Vedanta
Sanskr.: Zusammensetzung aus Veda und *anta = Ende;* die Upanishaden bilden die Geheimlehre des Vedanta, eines der sechs orthodoxen brahmanischen Systeme. Durch konsequente Ausbildung der in den Upanishaden vorliegenden philosophischen Gedanken sind sie der bedeutendste Faktor im geistigen Leben des Brahmanentums

Vegetatives Nervensystem
Neben dem Zentralnervensystem selbständiges Nervensystem mit weitverzweigtem Geflechtwerk aus markarmen Nervenfasern und zahlreichen Ganglienzellen. Es besteht aus dem Sympathikus und dem Parasympathikus, den beiden Gegenspielern; (siehe dort)

Versenkung
Tiefe, anhaltende Meditation

Vitalkörper
Jener Bereich des Feinstoff- oder Ätherkörpers, der dem physischen Körper Kraft und Vitalität verleiht. Oft wird dieser Bereich auch nur mit Ätherkörper bezeichnet

Vivekananda, Swami (1863–1902)
Schüler von Ramakrishna, gründete die Ramakrishna-Mission und die weltweite Vedanta-Gesellschaft; 1893 sprach er im Weltkongreß der Religionen in Chicago, wo er großes Aufsehen erregte. Er bereiste auch Europa und brachte als einer der ersten Yoga in den Westen. Seine bekanntesten Bücher sind: Karma- und Bhakti-Yoga, Jnana-Yoga und Raja-Yoga

Vritti
Sanskr.: Abrollen, einer (Gedanken-) Welle; es sind Gedankenschwingungen, also Bewegungen in der Denksubstanz, der Citta (siehe dort). Jeder Eindruck in der Denksubstanz erzeugt Gedankenwellen, die durch *ahamkara,* also durch unbewußte Resonanzen früherer verwandter Erlebniswerte, entsprechend verstärkt und geprägt und durch *buddhi* erhellt und bewußt werden

Wesenskraft
Siehe Seelenkräfte

Yama
Sanskr.: Selbstbeherrschung; die erste der acht Stufen des Raja-Yoga. Sie besteht aus fünf ethischen Übungen: Nichtverletzen, Wahrhaftigkeit, Nichtstehlen, reinem Lebenswandel beziehungsweise Enthaltung von Ausschweifung und Begierdelosigkeit. Dies bezieht sich auf Denken, Gefühl, Motivation, Wort und Tat

Yogananda, Swami Paramahamsa (1893–1952)
Y. ging als einer der ersten indischen Yogis nach Amerika, wo er in Boston und Los Angeles Zentralen der sogenannten Self-Realisation Fellowship gründete. Er lehrte hauptsächlich den Kriya-Yoga (siehe dort)

Yoga-Sutra
Siehe Patanjali

Zazen
Jap.: *za = Sitzen, zen = in Versunkenheit;* also Sitzen in Meditation

Zen
Im Japanischen eine Abkürzung des Wortes *zenna,* auch *zenno,* was dem Sanskrit-Begriff *dhyana,* also Meditation, gleichzusetzen ist. In der Übung der Meditation geht es dabei um das Überschreiten aller dualistischen Unterscheidungen mit dem Ziel der Erleuchtung und Befreiung

Weiterführende Literatur

Übergreifende Literaturauswahl

Aurobindo, Sri, *Der integrale Yoga.* Rowohlt, Reinbek
Aurobindo, Sri, *Die Synthese des Yoga.* Hinder und Deelmann, Gladenbach
Bhagavadgita/Aschtavakragita – Indiens heilige Gesänge. Diederichs, München
Brunton, Paul, *Von Yogis, Magiern und Fakiren – Begegnungen in Indien.* Droemer-Knaur, München
Eliade, Mircea, *Yoga – Unsterblichkeit und Freiheit.* Insel, Frankfurt/Main
Godman, David (Hrsg.), *Be As You Are. The Teachings of Sri Ramana Maharshi.* Arkana-Verlag, New York – Londen
Griscom, Chris, *Die Heilung der Gefühle.* Goldmann, München (Koautor: Wulfing von Rohr)
Griscom, Chris, *Zeit ist eine Illusion.* Goldmann, München (Koautor: Wulfing von Rohr)
Handbuch für die Yogalehrerausbildung und den Yogaunterricht. Zu beziehen über: Berufsverband Deutscher Yogalehrer e. V., Postfach 46, 8701 Giebelstadt
Harf, Anneliese, *Alles ist durchstrahlt von Deinem Licht.* Eigenverlag
Harf, Anneliese, *Himmel und Erde verbinden.* Goldmann, München
Harf, Anneliese, *Yoga-Praxis – Lebenskraft für jeden Tag.* Herder, Freiburg
Hauer, J. W., *Der Yoga – Ein indischer Weg zum Selbst.* Martin, Südergellersen
Kupfer, Karl-Heinz, *Yoga von A–Z.* Econ, Düsseldorf
Lexikon der östlichen Weisheitslehren. Scherz (O. W. Barth), München
Lysebeth, André van, *Durch Yoga zum eigenen Selbst.* Scherz (O. W. Barth), München
Maharshi, Ramana, *Gespräche des Weisen vom Berge Arunachala.* Ansata, Interlaken
Maharshi, Ramana, *Die Suche nach dem Selbst – Leben und ausgewählte Gespräche des Heiligen vom Berge Arunachala.* Ansata, Interlaken
Raab, Peter (Hrsg.), *ABC des Lebensglücks.* Herder, Freiburg (enthält zwei Kapitel von Anneliese Harf über Yoga und Bewußtsein)
Ramana Maharshi, *Seine Lehren.* Hugendubel, München
Ramana Maharshi, Sri, *Worte spiritueller Weisheit.* Droemer-Knaur, München
Sacharow, Boris, *Yoga aus dem Urquell.* Drei Eichen, Ergolding
Sacharow, Yogirai B., *Das ist Yoga!* Humboldt, München
Sivananda, Swami, *Yoga-Praxis für den Westen.* Humata, Bern
Upanishaden – Die Geheimlehre der Inder. Diederichs, München
Vivekananda, Swami, *Jnana-Yoga.* Bauer, Freiburg (2 Bände)
Vivekananda, Swami, *Karma-Yoga – Bhakti-Yoga.* Bauer, Freiburg
Vivekananda, Swami, *Raja-Yoga – Mit den Yoga-Aphorismen des Patanjali.* Bauer, Freiburg
Yogananda, Paramahamsa, *Autobiographie eines Yogi.* Scherz (O. W. Barth), München
Zimmer, Heinrich, *Philosophie und Religion Indiens.* Suhrkamp, Frankfurt/Main

Literaturauswahl zum Kapitel »Wunder des Atems« (S. 16–43)

Dürckheim, Karlfried von, *Der Alltag als Übung.* Huber, Stuttgart
Dürckheim, Karlfried von, *Übung des Leibes auf dem inneren Weg.* Lurz, München
Isbert, Otto Albrecht, *Bewußte Atempflege.* Drei Eichen, Ergolding
Iyengar, B. K., *Licht auf Pranayama.* Scherz (O. W. Barth), München
Iyengar, B. K., *Licht auf Yoga.* Scherz (O. W. Barth), München
Lindenberg, Wladimir, *Yoga mit den Augen eines Arztes.* Schikowski, Berlin

Lodes, Hiltrud, *Atme richtig – Der Schlüssel zu Gesundheit und Ausgeglichenheit.* Ehrenwirth, München
Lysebeth, André van, *Die große Kraft des Atems – Pranayama.*
Scherz (O. W. Barth), München
Middendorf, Ilse, *Der erfahrbare Atem – Eine Atemlehre.* Junfermann, Paderborn
Schaarschuch, Alice, *Der atmende Mensch.* Lorber & Turm, Bietigheim
Sivananda, Swami, *Kundalini-Yoga.* Scherz (O. W. Barth), München
Sivananda, Swami, *Yoga-Praxis für den Westen.* Humata, Bern
Speads, Carola, *Atem – Eine illustrierte Anleitung zur natürlichen Atmung.* Kösel, München
Stangl, Anton und Marie-Luise, *Das Entspannungsprogramm.* Heyne, München
Wadulla, Annamaria, *Bewußt atmen – Besser leben.* Hugendubel (Irisiana), München
Yogi Ramacharaka, *Die Kunst des Atmens der Hindu-Yogis.* Bauer, Freiburg

Literaturauswahl zum Kapitel »Energie aus dem Hara« (S. 44–55)

Dürckheim, Karlfried von, *Der Alltag als Übung.* Huber, Stuttgart
Dürckheim, Karlfried von, *Hara – Die Erdmitte des Menschen.* Scherz (O. W. Barth), München
Dürckheim, Karlfried von, *Vom doppelten Ursprung des Menschen.* Herder, Freiburg
Hsiao, P. S./Stiefvater, Erich W., *Übungsheft zur chinesischen Gymnastik.* Haug, Heidelberg
Minick, Michael, *Kung Fu – Heilgymnastik und Fitneßtraining für Körper, Geist und Seele.* Scherz (O. W. Barth), München
Neumann, Erich, *Tiefenpsychologie und neue Ethik.* Kindler, München
Palos, Stephan, *Atem und Meditation.* Heyne, München
Stiefvater, Erich W. und Ilse R., *Chinesische Atemlehre und Gymnastik.* Haug, Heidelberg
Tohei, Koichi, *Ki im täglichen Leben.* Kristkeitz, Berlin

Literaturauswahl zum Kapitel »Hatha-Yoga« (S. 56–105)

Déchanet, Jean-Marie, *Yoga für Christen.* Rüber, Stuttgart
Devananda, Vishnu, *Yoga für alle Lebensstufen in Bildern.* Gräfe und Unzer, München
Devi, Indra, *Ein neues Leben durch Yoga.* Ariston, Genf
Dorschner, Marlies/Vogel, Werner, *Yoga mit Heilwirkungen.* Schnitzer, St. Georgen/Schwarzwald
Gach, Michael, *Aku-Yoga – Gesund durch freien Fluß der Lebenskräfte.* Kösel, München
Hittleman, Richard, *Yoga – Das 28-Tage-Programm.* Heyne, München
Iyengar, B. K., *Licht auf Yoga.* Scherz (O. W. Barth), München
Lindenberg, Wladimir, *Yoga mit den Augen eines Arztes.* Schikowski, Berlin
Lysebeth, André van, *Yoga – Für die Menschen von heute.* Mosaik, München
Lysebeth, André und Denise van, *Meine tägliche Yogastunde.* Hippokrates, Stuttgart
Svâtmârâmas Hathayogapradîpikâ – Die Leuchte des Hathayoga. Olms, Hildesheim
Wadulla, Annamaria, *Yoga – Quelle der Gesundheit.* Bircher-Benner, Bad Homburg
Wagner, Carmen, *Yoga für Frauen.* Humboldt, München
Yesudian, Selvarajan/Haich, Elisabeth, *Sport & Yoga.* Drei Eichen, Ergolding

Literaturauswahl zum Kapitel »Konzentration« (S. 106–123)

Assagioli, Roberto, *Handbuch der Psychosynthesis.* Aurum, Freiburg
Bailey, Alice, *Vom Intellekt zur Intuition.* Rohm, Bietigheim
Fromm, Erich, *Haben oder Sein.* DVA, Stuttgart
Harf, Anneliese, *Yoga-Praxis – Lebenskraft für jeden Tag.* Herder, Freiburg
Isbert, Otto Albrecht, *Konzentration und schöpferisches Denken.* Goldmann, München
Nisargadatta Maharaj, *Ich bin.* Context, Bielefeld
Patanjali, *Die Wurzeln des Yoga* (kommentiert von Deshpande). Scherz (O. W. Barth), München
Prabhavanda/Isherwood, *Gotterkenntnis durch Yoga.* Drei Eichen, Ergolding
Riemann, Fritz, *Grundformen der Angst.* Reinhardt, München
Schmidt, Karl O., *In dir ist das Licht.* Drei Eichen, Ergolding
Schmidt, Karl O., *Du bist begabter als du ahnst.* Drei Eichen, Ergolding
Schmidt, Karl O., *Dynamisierung – der Schlüssel zum Glück.* Drei Eichen, Ergolding
Schmidt, Karl O., *Wie konzentriere ich mich?* Drei Eichen, Ergolding
Schmidt, Karl O., *Wunder der Willenskraft.* Drei Eichen, Ergolding
Shankara, *Das Kleinod der Unterscheidung.* Scherz (O. W. Barth), München
Sivananda, Swami, *Konzentration und Meditation.* Scherz (O. W. Barth), München
Trine, Ralph Waldo, *In Harmonie mit dem Unendlichen.* Engelhorn, Stuttgart
Vester, Frederic, *Denken – Lernen – Vergessen.* dtv, München
Vivekananda, Swami, *Jnana-Yoga.* Bauer, Freiburg (2 Bände)
Vivekananda, Swami, *Raja-Yoga – Mit den Aphorismen des Patanjali.* Bauer, Freiburg

Literaturauswahl zum Kapitel »Meditation« (S. 124–141)

Dürckheim, Karlfried von, *Durchbruch zum Wesen.* Huber, Stuttgart
Dürckheim, Karlfried von, *Meditieren – wozu und wie?* Herder, Freiburg
Dürckheim, Karlfried von, *Wunderbare Katze.* Scherz (O. W. Barth), München

Enomiya-Lassale, Hugo M., *Zen-Meditation für Christen.* Scherz (O. W. Barth), München
Kontemplative Meditation – Die Wolke des Nichtwissens. Matthias-Grünewald, Mainz
Krishnamurti, Jiddu, *Revolution durch Meditation.* Humata, Bern
Maharshi, Ramana, *Gespräche des Weisen vom Berge Arunachala.* Ansata, Interlaken
Maharshi, Ramana, *Die Suche nach dem Selbst – Leben und ausgewählte Gespräche des Heiligen vom Berge Arunachala.* Ansata, Interlaken
Ramana Maharshi, *Seine Lehren.* Hugendubel, München
Ramana Maharshi, Sri, *Worte spiritueller Weisheit.* Droemer-Knaur, München
Scharf, Siegfried, *Das große Buch der Herzensmeditation.* Aurum, Freiburg
Der Weg des Schweigens – Christliches Zen. Butzon & Bercker, Kevelaer
Weiss, Hartmut, *Yoga-Meditation.* Econ, Düsseldorf
White Eagle, *Meditation.* Aquamarin, Grafing
Wunderli, Jürg, *Meditation – Hilfe im Alltag.* Fink, Stuttgart
Yogananda, Paramahansa, *Meditationen zur Selbstverwirklichung.* Scherz (O. W. Barth), München

Literaturauswahl zum Kapitel »Aura und Chakras« (S. 142–157)

Avalon, Arthur, *Die Schlangenkraft – Die Entfaltung schöpferischer Kräfte im Menschen.* Scherz (O. W. Barth), München
Bailey, Alice, *Eine Abhandlung über Weiße Magie.* Rohm, Bietigheim
Bendit, Phoebe D. und Laurence J., *Die Brücke des Bewußtseins.* Adyar, Graz
Bohm, Werner, *Die Wurzeln der Kraft: Chakras – die Kraft der Lotosblumen.* Scherz (O. W. Barth), München
Capra, Fritjof, *Das Tao der Physik.* Scherz (O. W. Barth), München
Charon, Jean E., *Der Geist der Materie.* Zsolnay, Wien
Leadbeater, C. W., *Die Chakras.* Bauer, Freiburg
Leonard, George, *Der Rhythmus des Kosmos.* Rowohlt, Reinbek
Ostrander, Sheila/Schroeder, Lynn, *PSI.* Scherz (O. W. Barth), München
Pandit, M. P., *Kundalini-Yoga.* Drei Eichen, Ergolding
Pietschmann, Herbert, *Das Ende des naturwissenschaftlichen Zeitalters.* Ullstein, Berlin
Playfair, Guy Lyon/Hill, Scott, *Die Zyklen des Himmels.* Zsolnay, Wien
Pöppel, Ernst, *Grenzen des Bewußtseins.* DVA, Stuttgart
Sheldrake, Rupert, *Das schöpferische Universum.* Goldmann, München
Yukteswar, Jnanavatar S., *Die Heilige Wissenschaft.* Scherz (O. W. Barth), München

Literaturauswahl zum Kapitel »Yoga – ein Weg zur Mitte« (S. 158–163)

Alt, Franz, *Frieden ist möglich.* Piper, München
Die Bibel – Das Neue Testament
Brunton, Paul, *Die Weisheit des Überselbst.* Bauer, Freiburg
Dürckheim, Karlfried von, *Erlebnis und Wandlung.* Scherz (O. W. Barth), München
Fromm, Erich, *Die Kunst des Liebens.* Ullstein, Berlin
Gandhi, Mahatma, *Worte des Friedens.* Herder, Freiburg
Gibran, Khalil, *Der Prophet.* Walter, Heitersheim
Hippius, Maria, *Transzendenz der Erfahrung.* Scherz (O. W. Barth), München
Lapide, Pinchas, *Die Bergpredigt – Utopie oder Programm.* Matthias-Grünewald, Mainz
Lorenz, Konrad, *Noch kann man hoffen.* dtv, München
Martin Luther King, *Frieden ist kein Geschenk.* Herder, Wien
Muller, Robert, *Die Neuerschaffung der Welt.* Goldmann, München
Schmidt, Karl O., *In Harmonie mit dem Schicksal.* Drei Eichen, Ergolding
Schweitzer, Albert, *Friede oder Atomkrieg.* Beck, München
Szèkely, Edmond Bordeaux, *Die Lehren der Essener, »Essener Meditationen«.* Martin, Südergellersen
Weiss, Hartmut, *Quellen des Yoga.* Scherz (O. W. Barth), München
Weizsäcker, Carl Friedrich von, *Möglichkeiten und Probleme auf dem Weg zu einer vernünftigen Weltfriedensforschung.* Hanser, München

Adressennachweis

An die folgenden Anschriften können Sie sich wenden, wenn Sie weitere Fragen haben oder Yoga-Kurse besuchen möchten:

Berufsverband
Deutscher Yogalehrer e.V.
Heinrich-Grob-Straße 48
97250 Erlabrunn

In Österreich können Sie sich wenden an:
Gisela Spitzar
Zwischenhäg 16
A-6714 Nüziders

In der Schweiz können Sie sich wenden an:
Schweizerische Yoga-Gesellschaft
Sekretariat
Bubaubergplatz 9
CH-3011 Bern

Register

Halbfette Seitenzahlen verweisen auf eine ausführliche Erläuterung des Begriffs.